管理学基础

主　编　丁　勇　邵运川
主　审　陆满平

苏州大学出版社

图书在版编目(CIP)数据

管理学基础／丁勇，邵运川主编. —苏州：苏州大学出版社，2023.1（2024.8重印）
ISBN 978-7-5672-4249-4

Ⅰ.①管… Ⅱ.①丁…②邵… Ⅲ.①管理学 Ⅳ.①C93

中国国家版本馆CIP数据核字(2023)第000814号

管理学基础

丁 勇 邵运川 主编

责任编辑 薛华强

苏州大学出版社出版发行
(地址:苏州市十梓街1号 邮编:215006)
苏州市深广印刷有限公司印装
(地址:苏州市高新区浒关工业园青花路6号2号楼 邮编:215151)

开本 787 mm×1 092 mm 1/16 印张 16 字数 360 千
2023年1月第1版 2024年8月第2次印刷
ISBN 978-7-5672-4249-4 定价:58.00元

图书若有印装错误,本社负责调换
苏州大学出版社营销部 电话:0512－67481020
苏州大学出版社网址 http://www.sudapress.com
苏州大学出版社邮箱 sdcbs@suda.edu.cn

Preface 前言

高等职业教育是我国高等教育的重要组成部分，高等职业教育的应用性、岗位性、可操作性等特点，要求在教学上改革传统教学模式，强调理论联系实际，加强实际操作，注重培养学生的职业技术能力。

管理学基础是高职高专经济管理类专业的重要基础课程，目的是让学生掌握管理的基本理论和管理方法，具备相关的管理能力，使学生能够运用管理的基本技能和思维方法，结合实际情况进行基本的管理活动。因此，我们根据多年从事管理学课程教学的实践，结合当今管理学发展的现状，根据高职高专学生的特点，编写了本教材。本教材具有以下四个方面的特点：

第一，内容充实，体系完整。本书围绕管理的五大职能，对管理学的基本理论、基本原理、基本概念，以及重要理论的基本应用做了全面的介绍，内容基本上反映了当代管理学研究的最新成果，形成了较为完整的体系。

第二，通俗易懂，喜闻乐见。本书的读者群为高等职业院校的广大学生，为提高教材的适用性，必须降低理论难度和减少复杂的计算，为此，本书着重打造案例丰富、浅显易懂、生动活泼的体例风格，通过大量的案例、补充阅读和相关链接来全方位、多角度解释管理学原理，以增强教学的实用性和教材的可读性。

第三，融会贯通，学以致用。本教材的宗旨是引导学生独立思考管理学问题，培养运用管理学理论知识解决现实生活中的管理学问题。为此，书中引用了大量的案例，设计了大量的习题和技能训练项目，让学生边学边练，逐步提高管理能力。

第四，立德树人，融入思政。本教材努力做到与时俱进，对中国传统管理思想进行了详细介绍，增加了中国企业管理案例，强化学生关心社会、服务社会等思想政治素养的培育，提高学生热爱管理、学好管理学的积极性。

本书由江苏食品药品职业技术学院丁勇、邵运川任主编，其中第一、二、四、五、六章由丁勇教授负责撰写，第三、七、八章由邵运川副教授负责撰写。全书的统稿和最后的文字润色由丁勇负责。平安证券有限公司投资银行总部执行总经理陆满平博士任本书主审，并在审定过程中提出了许多宝贵意见，在此表示衷心感谢。

本教材编写过程中引用了众多中外学者的观点，出于行文顺畅的考虑，没有在文中逐一标明出处，我们在书后参考文献中一并列出，对此我们深表歉意，同时谨向这些学者致以由衷的敬意！由于本书撰写时间仓促，编者水平有限，书中难免有疏漏及不妥之处，敬请同行和读者批评指正，以便修订时加以改正、提高。

编　者

2022 年 12 月

Contents 目录

第一章

管理与管理者

学习目标

阅读和学习本章后，你应该能够：

- 理解管理的概念与特征
- 掌握管理的性质与职能
- 理解管理者的角色与技能
- 了解管理学的研究对象与研究方法
- 了解学习管理学的重要性

导入案例

什么是管理?

李叶和王斌是某高职院校同学，学的都是工商管理专业。毕业后，李叶去了深圳一家著名的外资企业从事管理工作，而王斌却通过专转本学习，后又考取了硕士研究生。一晃十多年过去了，王斌又以优异的成绩考入北京某名牌大学攻读管理科学与工程博士学位。李叶在当上部门经理后也来到该校攻读MBA。王斌在办理报到手续时与李叶不期而遇。他们就关于“什么是管理”的话题聊开了。

王斌非常谦虚地问：“李兄，我虽然读了许多有关管理方面的著作，但对于什么是管理还是心存疑虑，管理学家西蒙说‘管理就是决策’，有的管理学家却说‘管理是协调他人的活动’，如此等等。你是从事管理工作的，那你认为到底什么是管理?”

李叶略为思索了一会，说道：“你读的书比我多，思考问题也比我深，对于什么是管理，过去我从来没有认真去想过，不过从我工作的经验来看，管理其实就是管人，人管好了，什么都好。”

“那么依你看，善于交际、会拍‘马屁’的人就是最好的管理者了?”王斌追问道。

“那也不能这么说。”李叶忙回答，“虽然管人非常重要，但管理也不仅仅是管人，正如你所说的，管理者还必须做决策，组织和协调各部门的工作等等。”

“你说得对，管理不仅要管人，还要从事做计划、订目标、选人才、做决策、组织实施和控制等活动。”王斌继续发表自己的见解。

“可以这么说，我们搞管理的差不多啥都得做，今天开会，明天制订规则，后天拟订方案等等，所以说，搞好管理可真不容易。”李叶深有感触。

“那你怎么解释‘管理就是通过其他人来完成工作’，难道在现实中这种说法本身就是虚假的吗?”王斌显得有点激动地说。

李叶想了一会才回答道：“我个人认为，‘管理就是通过其他人来完成工作’这句话有失偏颇，管理的确要协调和控制其他人的活动，使之符合企业制定的目标和发展方向。但管理者绝不是我们有些人所理解的单纯的发号施令者，其实管理者的工作量非常大，在很多方面，他们还必须起到带头和表率的作用。”

“我同意你的观点，管理者不是发号施令者，管理也并不就是叫别人帮你做事。管理者是‘舵手’，是‘领航员’，他必须带领其他人一起为组织目标的实现而奋斗。不过听说在一些企业，只要你能吃、能喝、会拍‘马屁’，你就是一个好管理者，就会受到上级的器重，对此你有何高见?”

“在有些企业，的确存在着一些官僚主义、拉关系的现象，但这不是说管理就是陪人吃饭、喝酒、拍领导‘马屁’，绝大多数企业这种现象是很少出现的，只要你有真本事，能干出成绩，用不着你去拍马屁送礼，上级也一样器重你，你就能获得提拔，得到加薪。因此，从某种意义上来说，管理就是管理者带领组织成员一起去实现组织的目标。”

（资料来源：中国地质大学管理学院《管理学》精品课程网站 http://unit.cug.edu.cn/2006jpkc/glxt/wlkj/case/casel-zw.htm）

现代社会的生存能力及运作效率，越来越多地依赖于管理的效率。从某种角度来说，无论你是否从事管理工作，为了能更好地生活，人人都应当掌握一些管理的智慧。通过本章的学习，你会了解管理的含义，理解管理的意义，清楚管理的职能，明白成功的管理者应具备的素质和基本技能。

第一节 管理的概念与特征

任何组织都需要管理工作的支持，管理活动是保证组织通过作业活动有效地实现组织目标的手段。可以说，任何组织，小至企业，大至国家，都需要管理活动。管理活动的重要性伴随着组织规模的扩大和作业活动的复杂化而愈益明显。

一、管理的概念

管理是个含义极为广泛的概念，从字面上讲，管理就是管辖、治理的意思。通俗的说法有："管理就是管人理事""管理就是让别人按自己的意思去把事情办好"。关于管理的定义，至今仍未得到公认和统一。长期以来，许多中外学者从不同的研究角度出发，对管理做出了不同的解释。

世界大百科全书的解释是：管理就是对工商企业、政府机关、人民团体以及其他各种组织的一切活动的指导。它的目的是要使每一行为或决策有助于实现既定的目标。

被称为"科学管理之父"的泰勒认为：管理是一门怎样建立目标，然后用最好的方法经过他人的努力来达到目标的艺术。

管理学家法约尔认为：管理就是计划、组织、指挥、协调和控制。

美国管理协会的定义是：管理是通过他人的努力来达到目标。

上述定义各有特色，给人以有益的启示。借鉴国内外各种观点，结合现代管理发展趋势，我们认为，管理就是一定组织中的管理者，通过实施计划、组织、领导和控制来协调他人的活动，带领人们既有效果又有效率地实现组织目标的过程。

管理的这一定义包含以下四层含义：

(1) 管理作为组织的一种有目的的活动，必须为有效实现组织目标服务，这是管理的基本出发点。管理活动的效果主要取决于组织目标的实现程度。离开组织目标的实现，管理便毫无意义。

(2) 管理是"协调"，是"带领"人们去实现目标，绝不是把人"管住"。在很多场合，人们一说到管理，考虑的就是如何把人管住，探讨的就是"管人的艺术"。很多书籍也是从"如何把人管住""怎样把人管好"这个角度来讨论管理问题的。这实际上是个天大的误解。

说到把人管住，这个世界或许只有一种机构是以此为目标的，那就是监狱。只有监狱里的狱警才要把人管住。管理者当然不是狱警，管理的目的也绝非把人管住。管理就是要协调、带领人们去实现目标，是要最大限度地发挥人们的积极性、主动性和创造性，是要让人们承担起对工作和组织的高度责任。

(3) 管理是"做正确的事"和"正确地做事"。管理的有效性首先表现为必须"做正确的事"，防止做错事，涉及的是效果问题，在此基础上进一步要求"用正确的方法做事"，涉及的则是效率问题。效果和效率是管理中非常重要的两大命题，效率是做事的多、少、快、慢，是投入和产出的比较；效果则意味着方向和目标的达成情况。作为管理者，如果只关注"正确地做事"，而不明白"做正确的事"，就会越忙越乱，越忙越糟糕。现实中，很多管理者看起来很努力，兢兢业业，却劳而无功，甚至常常南辕北辙。所以做管理，尤其是高层管理者，首先要弄清楚什么是正确的事，这要比"忙"重要得多。

(4) 管理活动最终要落实到计划、组织、领导和控制等一系列管理职能上。它们是管理工作最基本的手段和方法，也是管理活动区别于一般作业活动的主要标志。计划、组织、领导和控制是每个管理工作者必须开展的工作，迄今为止人们对管理的研究仍然较多地集中在这几项职能的应用上。离开这些基本职能，很难说明管理是区别于其他活动的一项什么活动。

二、管理的性质

管理，从它最基本的意义来看，既具有同生产力、社会化生产相联系的自然属性，又具有同生产关系、社会制度相联系的社会属性，这就是管理的二重性。从管理活动过程的本身要求来看，管理既要遵循管理过程中客观规律的要求，又要体现灵活性要求，这就是管理所具有的科学性和艺术性。

（一）管理的二重性

管理的二重性是马克思主义关于管理问题的基本观点。马克思在《资本论》中明确地指出：“一切规模较大的直接社会劳动或共同劳动，都或多或少地需要指挥，以协调个人的活动，并执行生产总体的运动——不同于这一总体的独立器官的运动——所产生的各种一般职能。”“凡是直接生产过程具有社会结合过程的形态，而不是表现为独立生产者的孤立劳动的地方，都必然会产生监督劳动和指挥劳动。”这就是说，一方面，管理是由于许多人进行协作劳动而产生的，是由生产社会化引起的，是有效地组织共同劳动所必需的，因此它具有同生产力、社会化大生产相联系的自然属性；另一方面，管理又是在一定的生产关系条件下进行的，必然使得管理的环境、管理的目的以及管理的方式等呈现出一定的差异，因此，它具有同生产关系、社会制度相联系的社会属性。

管理的自然属性是指管理要处理人与自然的关系，要合理组织生产力，故亦称管理的生产力属性。管理的这种自然属性是由生产力发展水平及人类活动的社会化程度决定的。管理的社会属性是指管理要处理人与人之间的关系，在经济管理领域，管理的社会属性常常还被称为管理的生产关系属性。管理的这种社会属性要受一定生产关系、政治制度和意识形态的影响和制约。

理解管理的二重性对于学习和掌握管理学的原理和方法，并应用其指导具体管理实践有着重要的意义。首先，管理的二重性体现了生产力和生产关系的矛盾运动和辩证统一关系，我们要全面认识管理的任务和作用。管理既要合理组织生产力，又要努力改善生产关系及上层建筑，使之适应生产力发展的需要。其次，从管理的自然属性看，先进的管理理论、技术和方法是人们长期从事管理活动的产物，是人类智慧的结晶，它同生产力的发展一样，具有连续性，是不分国界的，可以为我所用，我们应当努力学习、借鉴发达国家的管理理论和经验。最后，从管理的社会属性看，由于管理是社会生产关系的实现方式之一，体现着一定的统治阶级的意志，这就要求我们在学习他国的先进理论、方法和经验时，区别哪些东西值得我们借鉴和利用，哪些则属于体现各国生产关系的特殊内容，切忌生搬硬套。因此，在学习和运用某些管理理论、原理、技术和手段时，必须结合自己本国、本地、本部门、本单位的实际情况，因地制宜，这样才能取得预期的效果。

（二）管理的科学性和艺术性

管理的科学性是指管理作为一个活动过程，其间存在着一系列客观规律。人们经过无数次的失败和成功，通过从实践中收集、归纳、检测数据，提出假设，验证假设，从中抽象总结出一系列反映管理活动过程中客观规律的管理理论和一般方法。人们利用这些理论和方法来指导自己的管理实践，又以管理活动的结果来衡量其所使用的理论和方法是否正确，是否行之有效，从而使管理的科学理论和方法在实践中得到不断验证和丰富。管理学发展到今天，已经形成了比较系统的理论体系，揭示了一系列具有普遍应用价值的管理规律，总结出许多管理原则。这些规律和原则是由大量的学者和实业家长期在总结管理工作的客观规律的基础上形成的，是理论与实践高度凝结的产物，不会因为地域、文化乃至社会制度的差异而不同，也不以人们的主观意志为转移。

管理的艺术性，就是强调管理活动除了要掌握一定的理论和方法外，还要有灵活运用这些理论和方法的技巧与诀窍。管理的艺术性强调了其实践性，没有实践则无所谓艺术。无视实践经验的联系，无视对理论知识灵活运用能力的培养，管理工作注定要失败。管理活动是在一定的环境中进行的，环境各异且不断变化，对每一具体对象的管理没有一个唯一的、完全的模式。因此，管理人员必须在管理实践中发挥积极性、主动性和创造性，因地制宜地将管理知识与具体管理活动相结合，这样才能进行有效的管理。

管理既是一门科学，又是一门艺术，是科学与艺术的有机结合体。管理的科学性与艺术性并不互相排斥，而是相互补充的，不注重管理的科学性只强调管理工作的艺术性，这种艺术性将会表现为随意性；不注重管理工作的艺术性，管理科学将会是僵硬的教条。管理的这一特性，对于学习管理学和从事管理工作的管理人员来说是十分重要的，它可以促使人们既注重管理基本理论的学习，又不忽视在实践中因地制宜地灵活运用，这可以说是管理成功的一个重要保证。

三、管理的重要性

纵观历史，一切社会现象都与管理活动密切相关。近百年世界的发展变化更是表明，有效的管理是一个组织、一个国家走向成功的基础之一。正如当代著名管理学大师彼得·德鲁克所说：“在人类历史上，几乎没有一种制度规范能像管理那样迅速兴起并产生巨大影响。在不到150年的时间里，管理已改变了世界上所有发达国家的社会与经济结构。”管理的重要作用可概括为以下几方面。

（一）管理是普遍存在的社会活动

人类社会的发展史证明，生产的发展、国家的繁荣、科学的进步、人民生活的富足，都离不开卓越的管理实践。如文明古国巴比伦、罗马，曾建立起庞大的组织，实现了对国家的有效管理。中国汉朝的文景之治、唐朝的贞观之治、清朝的康乾盛世等都是对国家进行卓越管理的范例。又如中国的万里长城、秦兵马俑、都江堰水利工程，埃及的金字塔等的建造都证实了其组织管理的水平是何等高超。现代，美国的曼哈顿工程和阿波罗工程，中国的青藏铁路、南水北调工程等，更是大规模、高效率、组织周密、创新超越的伟大创举，其管理大型工程的卓越实践，使人类的管理达到前所未有的境界。

古今中外的管理实践告诉我们，人类所从事的生产等社会活动都是群体活动，要组织和协调群体活动则离不开管理。不仅国家、企业、军队、医院、学校、社会团体需要管理，就是千千万万个家庭也需要管理，所以管理是普遍存在的社会活动。

（二）管理是影响企业经营成败的重要因素

管理是对所有可以调配的资源进行协调和配置的过程，因此，它决定资源使用的合理性和经济性。美国学者在对倒闭企业进行的调查中发现，绝大多数企业的倒闭原因并非技术问题，而是管理不善。大量证据表明，管理对企业经营成败具有举足轻重的作用。管理不善的组织，它的顾客基础必然萎缩，相应的营业收入也会下降，从而最终走向经营失败。

（三）国家的兴旺发达也在一定程度上取决于管理

发达国家的经济繁荣、技术先进、人民富足，离不开先进的管理。第二次世界大战结束后不久，英国曾派一些专家小组去美国考察工业方面的经验。他们很快就发现，英国在工艺和技术方面并不比美国落后，导致英国工业生产率水平较低的主要原因在于组织管理水平远远落后于美国。他们由此认识到，管理是可以使经济恢复并能促进其发展和取得成就的一种力量。1973 年，美国著名管理学家彼得·德鲁克在总结战后管理热潮对世界各国经济发展的影响时指出："经济发展和社会发展首先就意味着管理。第二次世界大战以后的早期就明显地显示出，在经济和社会的发展中，管理是决定性的因素。"拉丁美洲流行的一句话是：发展中国家并不是在发展上落后，而是在管理上落后。凡是在第二次世界大战以后取得经济和社会迅速进步的地方，都是由于系统而有目标地培养管理人员和发展管理的结果。日本是第二次世界大战的战败国，战争使日本经济遭到了严重的破坏，整个国民经济在战争结束时已到达崩溃的边缘，但日本在战后仅用了不到 20 年的时间，就一跃成为世界经济强国，促使日本经济高速增长的主要原因不是别的，正是管理。

在当今，先进的管理和先进的科学技术一直是推动现代社会经济发展的"两个车轮"。如果没有先进的科学技术，现代化的作业活动及管理活动就无法有效地开展；同样，没有高水平的管理活动相配合，任何先进的科学技术都难以充分地发挥作用，而且，科学技术愈先进，对管理的要求也就愈高。

第二节　管理的职能

一、管理的职能

管理的职能就是管理的职责与功能。最早系统地提出管理的基本职能的是法国实业家亨利·法约尔。他在 1916 年出版的《工业管理与一般管理》一书中提出，所有管理者都行使着五种管理职能：计划、组织、指挥、协调和控制。到20世纪50年代中期，美国管理学家孔茨和奥唐奈在《管理学》一书中，把管理的职能划分为以下五种：计划、组织、人员配备、指导和控制，全书的结构安排基于这种职能划分。此书一问世就成为畅销的教科书，这种情况延续了20年。大多数当今流行的教科书仍是按照这一体系编写的。

随着管理理论、管理实践活动的发展，管理的基本职能也在不断适应新的形势发生新的变化，本书所阐述的管理职能包括计划、组织、领导、控制和创新五项职能。

（一）计划职能

组织是为了实现某种特定的目的而存在的，为此，需要确定组织的目标和实现目标的途径。计划职能就是管理者对要实现的组织目标和应采取的行动方案做出选择和具体安排，它包括研究组织活动的内外环境条件、制定经营决策和编制行动计划。计划是管理的首要职能。

隆中策

（二）组织职能

为保证组织计划的顺利实现，管理者要根据计划对组织活动中的各种要素和人们在工作中的分工合作关系进行合理的安排，这就是管理的组织职能。它包括组织设计、人员配备、组织运行和组织变革。

（三）领导职能

组织中最主要的资源是人，管理者的主要任务之一就是指导和协调组织成员，调动其积极性，发挥其主观能动性。领导职能就是指管理者利用组织所赋予的职权去指挥、影响和激励组织成员为实现组织目标而努力工作的一种艺术性很强的管理活动。它包括领导方式的选择、对下属的激励和沟通渠道的选择。

（四）控制职能

为了确保组织目标及为此制定的行动方案顺利实现，管理者必须根据计划目标确立控制标准，并对各项活动的执行情况进行检查，发现或预见到偏差后及时采取措施予以纠正，这就是狭义的控制职能。广义的控制职能还包括根据组织内外环境的变化，对计划目标和控制标准进行修改和重新制订。

（五）创新职能

创新是通过创造性的思维和行动，产生显著的效果，使人类在某一个方面发生无先例可循的行动。创新在现代管理工作中的作用是不言而喻的，因此，把创新作为管理的一大职能是现代管理发展的必然选择。

最早提出“创新”这一概念的是美国哈佛大学教授、著名经济学家约瑟夫·熊彼特。从管理的角度来看，创新是组织管理者对组织要素的重新组合，其目的是改变组织资源的产出量或提高消费者的满意程度。从这个意义上讲，创新就是将发明创造引入经济活动之中，形成具有创造性的思想并将之转换为有用的产品或服务的过程。一般而言，创新包括观念创新、目标创新、制度创新、技术创新、环境创新和组织创新等。

创新是人类财富的源泉，是经济发展的巨大动力。“不创新，则灭亡”这句话日益成为现代管理者的一大呼声。在全球化竞争的动态环境中，组织要成功地开展竞争，就必须创造出新的产品或服务，并采用最先进的技术。

二、管理职能之间的关系

管理职能的划分，为研究管理问题提供了一个理论框架或理论体系。有关管理的概念、理论、原则、方法和程序都可以按照不同的管理职能而加以分类归纳并予以系统论述，从而为研究与学习管理学提供便利的工具。但是，这并不意味着这些职能是互不相关而孤立存在的。从理论上说，这些职能之间存在某种逻辑上的先后顺序关系，通常是按照“计划—组织—领导—控制”的顺序发生，但是在实际管理工作过程中，某一职能的行使可能穿插着其他职能。比如，在计划制定付诸实施的组织、领导、控制过程之中，有时可能会对计划进行修改、调整，甚至重新制订新的计划；控制职能往往与奖惩等激励手段结合在一起。虽然从严格意义上讲，创新并不是一个独立的管理职能，它没有某种特定的表现形式，但它总是在其他管理职能的所有活动中表现自身的存在与价值。因此，管理工作是一个各职能活动相互交叉、周而复始地不断反馈和循环的过程。各项管理职能的相互关系，如图 1-1 所示。

图 1-1　管理职能循环图

第三节 管理者的角色与技能

一、管理者的含义及分类

（一）管理者的含义

简单而言，管理者是组织中那些指挥别人活动的人。换句话说，管理者是组织中有下级的那些人。管理者工作绩效的好坏直接关系着组织的兴衰成败。管理者处于组织中的不同层次，其头衔也各式各样，如总经理、部长、科长、主任等，但他们的工作具有一个共同的特征，即都是通过协调他人的努力来使组织活动更加有序并实现组织的目标。有些成员在组织中地位很高，但他们没有指挥和协调别人的责任，没有自己的下级，这些人就不能称作管理者，如组织中的技术专家、法律顾问等。有些组织成员尽管地位不高，如车间的班组长等，但他们却是名副其实的管理者。管理者要为他人的工作成果负责。

组织中直接从事具体的任务和操作的人员称为作业人员或一般员工，他们只对自己的工作负责。例如，政府部门的办事员、学校的教师、医院的医生、汽车装配线的装配工人、快餐店中烹制食物的厨师、企业销售现场的推销员，等等。这些人员处于组织的最底层（称为作业层），不具有监督他人工作的职责。

（二）管理者的分类

1. 按管理人员所处的组织层次分

（1）高层管理者。高层管理者是那些对组织的管理负有全面责任，负责制定组织发展战略和行动计划，有权分配组织拥有的一切资源的管理人员。如企业中的首席执行官（CEO）、经理、厂长，医院的院长，学校的校长等都属于高层管理者。他们对目标的确定和资源配置的决策，对环境的分析和判断，直接关系到组织的生存与发展，他们代表组织与其他组织和个人进行协调与沟通。他们是组织的主心骨和利益的代表者。

（2）中层管理者。中层管理者通常指处于高层管理者和基层管理者之间的一个或多个中层层次的管理人员，如大公司的地区经理、事业部负责人、部门负责人，政府中的厅长、处长等。他们的主要职责是贯彻执行高层管理者制定的重大决策，监督和协调基层管理者的工作。与高层管理者相比，中层管理者起着承上启下的作用，对上、下级信息沟通或同级信息沟通负有重要责任，他们是高层与基层管理者之间的桥梁和纽带。一般认为中层管理者是一个组织管理系统的支柱力量。

（3）基层管理者。基层管理者是那些直接指挥和监督现场操作人员的管理者，直接带领具体操作人员完成上级下达的具体任务。如工厂中的工长、班组长。他们具有协调操作人员的能力和较高的技术操作能力。

不同组织层次的管理人员在管理职能实践上存在明显差别。不管哪个层次的管理人员都需要从事计划、组织、领导、控制和创新工作，但他们在管理职能实践上的重点、依据的信息、对组织的影响程度等都存在着差异。高层管理人员在计划和控制工作上花的时间要比基层管理人员多，而基层管理人员花在领导工作上的时间要比高层管理人员多。即使是同一管理职能，不同层次的管理人员从事的具体管理工作的内涵也并不完全相同。就计划工作而言，高层管理人员关心的是涉及组织整体的战略规划，中层管理人员偏重的是中期、内部的管理性计划，基层管理人员则更侧重于短期作业计划。

2. 按管理人员所从事的工作领域分

（1）综合管理者。综合管理者是指负责整个组织或其所属单位的全面管理工作的管理人员。他们是一个组织或其所属单位的主管，对整个组织或该单位目标实现负有全部的责任；他们拥有管理这个组织或单位所必需的权力，有权指挥和支配该组织或该单位的全部资源与职能活动，而不是只对单一资源或职能负责。例如，工厂的厂长、车间主任、工段长都是综合管理者。而工厂的财务处长则不是综合管理者，因为其只负责财务这种单一职能的管理。

（2）职能管理者。职能管理者是指在组织内只负责某种职能的管理人员。这类管理者只对组织中某一职能或专业领域的工作目标负责，只在本职能或专业领域内行使职权、指导工作。职能管理者大多具有某种专业或技术专长。例如，一个工厂的总工程师、设备处长等就属于职能管理者。就一般工商企业而言，职能管理者主要包括以下类别：计划管理、生产管理、技术管理、市场营销管理、设备管理、财务管理、物流管理、行政管理、人事管理、后勤管理、安全保卫管理等。

二、管理者的角色与技能

（一）管理者的角色

管理者要履行自己的职责，完成自己的任务，就需要在组织中扮演一些角色。20 世纪 60 年代末，经理角色学派的创始人亨利·明茨伯格（Henry Mintzbeng）在实际调查研究的基础上提出了关于管理者角色的理论，将管理者所扮演的角色归纳为三个方面共 10 种角色。

1. 人际关系方面

人际关系方面的角色是指管理者都要履行礼仪性和象征性义务。人际关系角色以管理者的正式权力为基础，管理者在处理与组织成员和其他利益相关者的关系时就是扮演人际关系角色。人际关系角色包括挂名首脑、领导者和联络者三种。

（1）挂名首脑（形象代言人）。作为所在组织的管理者，他必须行使一些具有礼仪性质的职责，发挥其象征性的首脑作用，其特征活动主要有接待重要的访客、参加剪彩仪式、签署文件、与重要客户共进午餐等。

（2）领导者。由于管理者对所在组织的成败负重要责任，他们必须在工作小组内扮演领导者的角色，即管理者运用组织所赋予的权力，以某种方式对员工进行激励，并引导员工努力工作来实现组织目标。

（3）联络者。管理者需要代表组织建立和保持与外界其他组织之间的联系，以取得外部各方面对本组织的理解与支持；在组织内部各部门间进行协调，即维持多边关系。管理者必须对重要的组织问题有敏锐的洞察力，从而能够在组织内外建立关系和网络，如与不同的组织建立联盟关系、协调不同部门的工作等。

2. 信息传递方面

在信息传递方面，所有的管理者在某种程度上都从外部的组织或机构接收和收集信息，同时又是所在单位的信息传递中心和信息传递渠道。在信息传递角色中，管理者负责确保和其一起工作的人具有足够的信息，从而能够顺利完成工作。管理者所扮演的信息传递方面的角色具体包括监督者、传播者、发言人三种角色。

（1）监督者。监督者是以对外联系者和对内领导者的身份，通过阅读期刊、报告或电子邮件，收集组织内、外的各种有用信息，包括内部业务的信息、外部环境的信息、竞争对手的信息、相关分析报告、公众的各种意见和倾向等，并及时跟踪信息动向，以便透彻地了解组织内外环境。

（2）传播者。传播者将组织或外界的有关信息通过会议等形式及时向下属传递，以便下属清楚地理解上级的部署以顺利地开展工作。例如，管理者可举行信息交流会，就组织的前景和目标与员工进行沟通等。传播者在上下级的信息沟通中起着桥梁的作用。

（3）发言人。发言人代表所在组织，向上级组织或社会公众传递本组织在计划、政策、行动结果等方面的有关信息。其特征活动主要有召开董事会、向媒体发布相关信息等。

3. 决策制定方面

在决策角色中，管理者处理信息并得出结论。管理者负责做出决策，并分配资源以保证决策方案的实施。决策角色包括企业家、混乱驾驭者、资源分配者和谈判者四种角色。

（1）企业家。管理者密切关注组织内外环境的变化和事态的发展，以便发现机会，并就所发现的机会进行投资，以取得相应收益。例如，他们利用组织资源开发并创新产品和服务，决定进行国际化扩张，为组织产品和服务获取新顾客等。

（2）混乱驾驭者（冲突管理者）。当组织内部出现各种矛盾时，管理者必须善于处理各种冲突或解决问题，如平息客户的怒气、同不合作的供应商进行谈判，或者对员工之间的争端进行调解等，以保证组织正常运转。

（3）资源分配者。管理者须根据组织工作的需要和当事人的意志进行各种组织资源的分配，包括对自己时间的安排、组织工作的安排和重要行动的审批，即决定什么人获得什么东西，什么人做什么工作。其特征活动主要有：制定战略，在组织的不同职能和部门间分配资源，为各层次管理者设定预算及薪资计划等。

（4）谈判者。当本组织与其他组织发生冲突时，管理者须带领其队伍参加各种正式或非正式的谈判以协调纷争，即与外部其他组织进行协调，以提升组织的优势。谈判是管理者不可推卸的工作职责，谈判对象包括员工、供应商、客户、工会、债权人、银行等相关利益群体。

由于组织中的管理者分别处于不同的管理层次，从事不同层次、不同岗位的管理工作，他们在组织运行中对三个方面 10 种角色的扮演频率和程度等都是不同的，高层管理者最重要的角色是决策；中层管理者在三个方面的角色分配上基本是一致的，这是由其既承上启下又独当一面的特点决定的；基层管理者主要是调动下属成员进行团队合作，人际关系的处理对其来说尤为重要，所以角色分配时应以人际关系角色为主。

（二）管理者的技能

不同的管理者在组织的不同层次上从事不同范围的管理活动，他们所需和所用的管理技能各不相同。罗伯特·卡茨（Robert L. Katz）认为，一名管理人员应该具备三种管理技能：技术技能、人际技能和概念技能。

1. 技术技能

技术技能是指管理者掌握和熟悉特定专业领域里的过程、惯例、技术和工具的能力。管理者不必成为精通某一领域的技能专家，但需要了解并初步掌握与其管理的专业相关的基本技能，否则很难与其所主管的组织内的专业技术人员进行有效的沟通，从而无法对所辖业务范围的各项工作进行具体指导。一般来说，在较低的组织层次上，技术技能具有特别的重要性。许多管理者之所以被首次提升到管理岗位，就是因为他们具有卓越的技术技能。然而，随着管理者在组织中职位的提高，技术技能的重要性逐渐下降。

2. 人际技能

人际技能指的是管理者处理人际关系的技能，即理解、激励并与他人共事的能力。人际技能包括观察人、理解人、掌握人的心理规律的能力，即善解人意的本领；人际交往、和谐共处、与人沟通的能力；了解并满足下属需要，进行有效激励的能力；善于团结他人，不断增进向心力、凝聚力；等等。同时这种技能还应包括与上级和同级同事打交道的能力。人际技能对每一个层次的管理者都尤为重要，所谓要学会做事必先学会做人，可见人际技能的重要性。

3. 概念技能

概念技能是指管理者观察、理解和处理各种全局性的复杂关系的抽象能力。概念技能包括对管理问题和复杂环境的洞察与综合分析能力，推理能力，对全局性、战略性、长远性的重大问题的处理和决断能力，对突发事件的应变能力，等等。观察力和思维力是核心能力，对于高层管理者来说，概念技能尤为重要。

上述三种技能对不同层次管理者的要求是有差别的，我们可以用图 1-2 表示。

高层管理者	概	人	技
中层管理者	念 技	际 技	术 技
基层管理者	能	能	能

图 1-2　不同层次管理者所具有技能比例图

由图 1-2 可看出，对基层管理者的技术技能要求高，概念技能要求较低；对高层管理者的技术技能要求较低，概念技能要求较高；对每个层次的管理者的人际技能都有比较高的要求。

第四节　管理学的研究对象与方法

一、管理学的研究对象与特点

（一）管理学的研究对象

管理学是一门系统地研究管理活动的基本规律和一般方法的科学。

管理学作为一门独立的学科，拥有自己独立的研究对象，构建和发展了以管理的性质、方法、职能和过程为基本框架的理论体系，对管理实践产生了巨大的、积极的指导作用。尤其是近几十年来，随着社会的不断进步，科学技术的迅猛发展，以及管理活动内容和方法的日益丰富，管理在人们的社会生活和生产实践中的作用越来越受到广泛关注和重视。这不仅为全面、系统、深入地研究管理活动过程的客观规律提供了条件，而且更加体现了管理理论对管理实践的指导意义。

不仅如此，管理学发展到今天，已经发展成为一个庞大的体系，几乎每一个专门领域都已经形成了自己的专业管理学，如企业管理学、行政管理学、军队管理学、公共管理学、文化管理学等。管理学阐释适用于各领域的管理的一般原理和原则，各专门领域的管理学则以此为基础，着重研究该领域管理活动的特殊规律。前者不仅成为后者的基础，而且从专门的管理学中吸取带有共性的新理论和新观点，推动管理学自身不断发展。

（二）管理学的特点

管理学作为一门独立的学科，与其他学科相比较具有以下特点。

1. 一般性

管理学作为一般管理学，它区别于其他各种专门管理学，如工商企业管理、公共事务管理、旅游管理、医院管理……它是研究所有管理活动中的共性原理的基础理论学科，其他各类专门管理，都需要管理学的原理作为基础来加以学习和研究。管理学是各门具体的或专门的管理学科的共同基础。

2. 边缘性或综合性

管理学的综合性表现为：在内容上，它需要从社会生活的各个领域、各个方面以及各种不同类型组织的管理活动中，概括和抽象出对各门具体管理学科都具有普遍指导意义的管理思想、原理和方法；在方法上，它需要综合运用现代社会科学、自然科学和技术科学的成果，来研究管理活动过程中普遍存在的基本规律和一般方法。管理活动是复杂的活动，影响这一活动的因素是多种多样的，除生产力、生产关系的基本因素外，还有一些自然因素，以及政治、法律、社会、心理等社会性因素。因此，要搞好管理工作，必须考虑到组织内部和组织外部的多种错综复杂的因素，利用经济学、数学、工程技术学、心理学、生理学、仿真学、行为科学等的研究成果和运筹学、系统工程、信息论、控制论、电子计算机等的最新成就，对管理进行定性的描述和定量的预测与计量，从中研究出行之有效的管理理论，并用以指导管理的实际工作。所以从管理学与许多学科的相互关系来看，可以说管理学是一门交叉学科或边缘学科，但从它又要综合利用上述多种学科的成果才能发挥自己的作用来看，它又是一门综合性的学科。

3. 实践性

这是指管理学的理论来源于实践又直接指导管理实践活动。首先，管理学本身形成和产生于众多的管理实践活动及对其规律的分析、总结和提炼；其次，管理理论的全部意义在于应用，指导今后的管理实践活动，并从中提取经验，进一步丰富和发展自己。

4. 历史性

任何一种理论都是实践和历史的产物，管理学尤其如此。管理学是对前人的管理实践和经验、管理思想与理论的总结、扬弃和发展。因此，割断历史，不去了解管理活动和管理理论的发展史，就不能理解管理学形成和产生的渊源与依据；不分析历史的变革和时代的进步，就难以推动管理学的发展。

5. 社会性

首先，管理的主体和主要对象是人，人都是生活在不同的社会组织和文化背景之中的，所以对管理活动规律的研究离不开当时当地的社会人文环境；其次，管理的社会属性决定了没有超阶级的管理学，管理必然要体现不同的生产关系和上层建筑，这也决定了管理学具有社会性。

二、管理学的研究内容

管理学的研究对象是管理活动的基本规律和一般方法，其研究内容可归纳为如下几点。

（一）管理的概念体系、原理和原则的研究

界定一门学科的基本概念的内涵和外延，建立完整的概念体系，是一门学科发展的基

础性工作。对管理学而言，归纳和提炼具有普适意义的原理和原则，对指导管理实践具有重要作用。

（二）管理思想和理论的研究

在研究人类已积累和创立的管理经验、思想和理论的基础上，结合现实的管理实践和问题总结新鲜的管理经验，提炼出新的管理思想，创新管理理论，这是管理学最核心的研究内容。

（三）管理方法的研究

管理方法研究对指导管理实践有着特殊的意义，涉及管理的某个领域的具体方法，对取得管理效果、提高管理效率也是十分重要的，必须加强研究。

（四）管理技术的研究

管理技术的更新与运用，对管理取得成效至关重要，发明和创造新的技术能够使管理工作走上新的台阶。

（五）管理绩效的诊断与评价研究

管理的目的是实现组织目标，绩效就是管理实现组织目标的程度。绩效的诊断与评价是正确衡量绩效、总结经验、发现问题、提出整改措施、实现组织目标必不可少的工作。

管理学的研究内容十分广泛，涉及人类活动的各个方面，上述内容是管理学界至今研究的主要内容。

三、管理学的研究方法

在管理学创立的过程中，形成了一系列科学的研究方法。

（一）观察研究法

为了解管理中某一事物的特征及变化规律，可采取实地观察的方法。不只是观察事物变化的现象，还主要透过现象看到本质。观察前，可先提出假设，用观察的结果去验证假设。如梅奥观察电器生产车间照明状况对产量的影响，结论是照明强度对产量没有决定性的影响。

（二）比较研究法

对不同的或类似的事物进行比较，用以鉴别事物之间的异同，分辨出一般性和特殊性。运用比较研究法可以发现先进的东西，能够为我们所用；同时鉴别出那些不适合本组织的东西，可以弃之。这就是我们常常采用的对待国外或别人经验的态度。

（三）历史研究法

对从管理实践中提炼出的管理经验或形成的管理理论加以系统研究，找出规律性的东西，这就是历史研究法的实质。

（四）调查研究法

通过访谈、问卷调查、开座谈会和观察等方法，了解管理的成功经验和存在的主要问题，分析其原因，咨询对策，这是调查研究法应达到的目的。调查研究法是管理中常用的重要方法。

（五）实验研究法

为检验某一理论的正确性、某一方法的可行性和验证某一假设的正确性，可采用实验研究法。通过对实验资料的分析、综合和归纳，总结出经验，以利推广。

（六）案例研究法

案例研究法是管理学中一种较特殊的研究方法，已被管理学界普遍采用。案例研究法就是通过对典型管理案例进行分析，总结出管理的经验和方法。如管理学家彼得·德鲁克通过对企业管理的典型案例的分析，提出了目标管理的重要思想。

本章小结

本章主要介绍了管理的概念、意义、基本职能、性质，管理者的概念、分类和基本技能，管理学的研究对象、特点及研究方法。

所谓管理，就是一定组织中的管理者，通过实施计划、组织、领导和控制来协调他人的活动，带领人们既有效果又有效率地实现组织目标的过程。管理具有计划、组织、领导、控制及创新五项基本职能。

管理不仅是一种知识，也是一种实践；不仅是一门科学，也是一门艺术；它是科学性与艺术性的有机统一。管理的任务就是获取、开发和利用各种资源来确保组织效率和效果双重目标的实现，也就是能够“正确地做正确的事”，有效的管理者应该保持对效率和效果的双重关注。

简单而言，管理者是组织中那些指挥别人活动的人。换句话说，管理者是组织中有下级的那些人。管理者按其所处的管理层次不同，划分为高层管理者、中层管理者和基层管理者；按其所从事管理工作的领域宽窄及专业性质不同，划分为综合管理者和专业管理者两大类。

不管何种类型的管理者都必须掌握三种技能：技术技能、人际技能、概念技能。这三种技能对不同层次的管理者来说侧重点有所不同。层次越高，需要的概念技能越高；层次越低，需要的技术技能越高；而人际技能对三种层次的管理者都相当重要。

管理者一般扮演人际关系、信息传递和决策制定三方面的 10 种角色：挂名首脑、领导者、联络者、监督者、传播者、发言人、企业家、混乱驾驭者、资源分配者、谈判者。

管理学是以各种管理工作中普遍适用的原理和方法作为研究对象的，包括管理的概念体系、原理和原则的研究，管理思想和理论的研究，管理方法的研究，管理技术的研究，管理绩效的诊断与评价研究，等等。管理学具有一般性、边缘性或综合性、实践性、历史性、社会性等特点。管理学的研究方法有观察研究法、比较研究法、历史研究法、调查研究法、实验研究法和案例研究法等。

同步练习

第一章同步练习

管理实训

项目一：建立学习小组

【实训目的】

1. 旨在为本课程建立一种“团队学习”的学习模式，此模式以学习小组的形式，通过团队作业的方式，增强学生学习的积极性、自觉性和自主性，起到使学生自我管理、自我控制的作用。

2. 培养学生的团队合作精神，增强学生的沟通交流能力和意识。

【实训内容】

1. 自愿分组，通过民主方式产生组长。

2. 取组名，设计小组标志、口号和小组理念等，组建学习团队。

3. 完成本次作业的活动记录（包括时间、地点、内容、成员及分工情况）。

【实训组织】

1. 在本课程的第一堂课上布置，课后完成。

2. 课堂上自愿分组（老师可适当干预，形成男女组合），通过民主方式产生小组长。

3. 实行组长负责制，组长对任课教师负责，组员对组长负责。

4. 任课教师根据本次提交的小组作业资料建立本课程学生档案，包括小组作业（要求提交电子稿和纸质稿）、小组作业成绩表、小组平时成绩表（包括考勤和课堂提问）、学生个人综合评定表。

【实训考核】

1. 过程考核：任课教师根据小组递交的活动记录来考核每一小组及成员。

2. 成果考核：在下一次课堂上，由小组代表演示本组作业，其他小组当场打分，取其平均值作为该小组的成绩。

3. 小组本次作业综合成绩 = 过程考核成绩 ×50% + 成果考核成绩 ×50%。

项目二：与管理者对话

【实训目的】

1. 与管理者双向交流。

2. 了解管理的重要性。

3. 了解管理的职责。

【实训内容】

1. 通过对话，初步认识管理者的素质和人格魅力。

2. 通过对话，大概了解管理的概念和重要性。

3. 通过对话，初步了解管理者的职责与角色。

【实训组织】

1. 在本部分内容讲授前一次课上，布置本次实训作业，让学生明白实训的目的和具体要求。

2. 邀请某管理者到课堂上与学生对话。

3. 事先准备好录音和照相设备，做好资料的收集、保存工作。

4. 要求学生针对实训目的，事先准备好对话时的问题。

5. 对话结束后，组织课堂交流与讨论，时间为一节课，课后每个小组形成文字材料。

【实训考核】

1. 成果考核：在下一次课堂上，每组派代表发言。

2. 任课教师根据小组发言及递交的书面资料，事后给出每组成绩。

第二章

管理思想与理论的发展

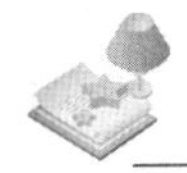

学习目标

阅读和学习本章后，你应该能够：

- 了解中外早期的管理思想
- 了解古典管理理论的代表人物及其主要理论
- 掌握人际关系学说的主要内容
- 熟悉管理理论丛林各学派的主要观点
- 了解当代管理理论的新进展

导入案例

管理理论真能解决实际问题吗?

张军、李想、杨帆、邵帅四个人都是江南机械制造有限公司的管理人员。张军和杨帆负责产品销售，李想和邵帅负责生产。他们刚参加过在大学举办的为期两天的管理培训班。在培训班里主要学习了权变理论、社会系统理论和一些有关职工激励方面的内容。他们对所学的理论有不同的看法，现在展开激烈的争论。

杨帆首先说："我认为，社会系统理论对于像我们这样的公司是很有用的。例如，如果生产工人偷工减料或做手脚，如果原材料价格上涨，就会影响我们的产品销售。系统理论中讲的环境影响与我们公司的情况很相似。在目前这种经济环境中，一个公司会受到环境的极大影响。在油价暴涨时期，我们当时还能维持自己的公司。现在呢？我们要想在销售方面每前进一步，都要经过艰苦的战斗。"

邵帅插话说："我们的确有过艰苦的时期，但是我不认为这与社会系统理论之间有什么必然的内在联系。我们曾在这种经济系统中受到过伤害。当然，你可以认为这与社会系统理论是一致的。但是我并不认为我们就有采用社会系统理论的必要。我的意思是，如果每个东西都是一个系统，而所有的系统都能对某一个系统产生影响的话，我们又怎么能预见到这些影响所带来的后果呢？所以，我认为权变理论更适用于我们。如果说事物都是相互依存的话，系统理论又能帮我们什么忙呢?”

张军对他们的争论表示不同的看法。他说：“对社会系统理论我还没有很好地考虑。但是，我认为权变理论对我们是很有用的。虽然我们以前亦经常采用权变理论，但是我却没有认识到自己是在运用权变理论。我每天都要面对不同的顾客，他们有不同的需求，我每天都在运用权变理论来对付他们。为了适应形势，我经常都在改变方式和风格，许多销售人员都是这样做的。”

李想显得有些激动地插话说：“我不懂这些被大肆宣传的理论是什么东西。但是，关于社会系统理论和权变理论问题，我同意邵帅的观点。教授们都把自己的理论吹得天花乱坠，他们的理论听起来很好，但是无助于我们的管理实际。对于培训班上讲的激励因素问题我也不同意。我认为，泰勒在很久以前就对激励问题有了正确的论述。要激励工人，就是要根据他们所做的工作付给他们报酬。你们和我一样清楚，人们只是为钱工作，钱就是最好的激励。”

（资料来源：王凤彬，李东. 管理学［M］. 6版. 北京：中国人民大学出版社，2021：304－305.）

案例中描述的情况在许多企业都会碰到。那么，我们该如何正确地看待和理解本章将要介绍的管理理论和管理思想呢?

管理思想的产生和发展同管理实践活动有着密切的关系。管理思想和管理理论是在对管理实践中积累的经验进行总结、提炼以后形成的，是对管理活动的体系化的认识，但这种认识反过来又对管理实践活动起着指导和推动作用。本章主要对管理思想和管理理论的发展历程做简要介绍。

第一节 中外早期的管理思想

一、中国早期的管理思想

中华文明是人类历史上唯一没有中断过的古老文明，具有延续几千年的社会管理的丰富经验。中国早期的管理思想，在中国早期的管理活动中具有不可忽视的地位和作用。总结这份遗产，对于发展现代管理理论，指导管理实践，都具有十分重要的意义。下面所列举的只是其中几个闪光点而已。

（一）顺道

中国历史上的“道”有多种含义，属于主观范畴的“道”是指治国的理论；属于客观范畴的“道”是指客观规律，“顺道”是指管理要顺应客观规律。

老子认为，“道法自然”，天有天道，人有人道，自然界和人类社会的运行都有其固有的规律。对自然界来说，“天不变其常，地不易其则”（《管子·形势》），其运行规律是不以人的意志为转移的。社会活动也是如此，生产、市场、人事、财用，农村和城市的治理，都有“轨”可循，“不通于轨数而欲为国，不可”（《管子·山国轨》）。

人们要取得事业成功，必须顺乎万物之“轨”，万物按自身之“轨”运行，对于人毫不讲情面，“万物之于人也，无私近也，无私远也”，你的行为顺乎它，它必“助之”，你的事业就会“有其功”“虽小必大”；反之，你如逆它，它对你也必“违之”，你必“怀其凶”，“虽成必败”“不可复振也”（《管子·形势》）。

根据这种思想，管理者必须：第一，辨道，辨识客观规律；第二，顺道，根据客观规律的要求来组织管理活动。

（二）重人

重人包括两个方面：一是重人心向背，二是重人才归离。要夺取天下，治好国家，办成事业，人是第一位的，故我国历来讲究得人之道、用人之道。

“民惟邦本，本固邦宁”，自古从未有以损民殃民为务而可以兴邦立国者，几千年的中国文明史证明了这是一条颠扑不破的真理。民本思想源于先秦，汉以后被进步思想家奉为治国的基本方针。“闻之于政也，民无不为本也。国以为本，君以为本，吏以为本”（贾谊《新书·大政上》），国家的安危存亡兴衰，定之于民；君之威侮、明昏、强弱，系之于民；吏之贤昏、廉贪，辨之于民；战争胜负也以能否得民之力为准。

得民是治国之本。欲得民必先得民之心。“政之所兴，在顺民心；政之所废，在逆民心”“得众而不得其心，则与独行者同实”（《管子·牧民、参患》）。为了得民心，必须为民谋利。只有“因民之所利而利之”，才能使“天下之民归心焉”（《论语·尧曰》）。

要得人才，先得民心，众心所归，方能群才荟萃，故《管子》把从事变革事业、注重经济建设、为人民办实事视为聚拢优秀人才的先决条件，叫做“德以合人”“人以德使”（《管子·五辅、枢言篇》）。我国素有“求贤若渴”一说，表示对人才的重视。能否得贤能之助，关系到国家的兴衰和事业的成败。“得贤人，国无不安；……失贤人，国无不危”（《吕氏春秋·求人》）。诸葛亮总结汉的历史经验说：“亲贤臣，远小人，此先汉所以兴隆也；亲小人，远贤臣，此后汉所以倾颓也”（《前出师表》）。《晏子春秋》则把对人才“贤而不知”“知而不用”“用而不任”视为国家的“三不祥”，其害无穷。

（三）人和

和则兴邦，和则生财。“和”强调的是人际关系融洽、和谐。天时、地利、人和是人们普遍认为的成功的三要素。孔子说：“礼之用，和为贵”。《管子》说：“上下不和，虽安必危。”“上下和同”“和协辑睦”是事业成功的关键。战国时赵国将相和的故事，被传颂为从大局出发讲团结的典范。

求和的关键在于当权者，只有当权者严于律己，公正无私，才能团结大多数人。《管子》提出“无私者容众”，要求君主切不可有“独举”“约束”“结纽”这些宗派行为，不可“以爵禄私有爱”，要严禁“党而成群者”。唐太宗是个讲团结的君主，他不仅重用拥护自己的人，而且重用反对过自己的人。他救下了曾反对其父李渊的李靖，委以重任。魏徵曾力劝李建成除掉李世民，太宗就位后不计前嫌，照样重用，且平时能“从谏如流”，思己短，知己过，使群臣乐于献策，齐心治国。正因为唐太宗广泛团结人才，形成一个效能很高的人才群体结构，贞观之治才有了组织上的保证。

近代成功的企业家也都注重人和，创办申新纱厂的大企业家荣德生治厂以“《大学》之‘明德’，《中庸》之‘明诚’对待属下”，“管人不严，以德服人”，“使其对工作不生心，存意外”，“自治有效”。他说用人“必先正心诚意，实事求是，庶几有成。若一味唯利是图，小人在位，…不自勤俭，奢侈无度，用人不当，则有业等于无业也”。

（四）法治

我国的法治思想起源于先秦法家和《管子》，后来逐渐演变成一整套法制体系，包括田土法制、财税法制、军事法制、人才法制、行政管理法制、市场法制等。韩非在论证法治优于人治时，举传说中舜的例子，舜事必躬亲，亲自解决民间的田界纠纷和捕鱼纠纷，花了三年时间纠正三个错误。韩非说这个办法不可取，“舜有尽，寿有尽，天下过无已者。以有尽逐无已，所止者寡矣”（《韩非子·说难》）。如果制定法规公之于众，违者以法纠正，治理国家就方便了。他还主张法应有公开性和平等性，即实行“明法”“一法”原则。“明法”，就是“著之于版图，布之于百姓”，使全国皆知。“一法”，即人人都得守法，在法律面前人人平等，“刑过不避大臣，赏善不遗匹夫”，各级政府官员不能游离法外，“能去私曲就公法者，民安而国治”（《韩非子·有度》）。

（五）守信

治国要守信，办企业要守信，办一切事业都要守信。信誉是人们之间建立稳定关系的基础，是国家兴旺和事业成功的保证。

孔子说：“君子信而后劳其民。”他对弟子注重“四教：文、行、忠、信”。治理国家，言而无信，政策多变，出尔反尔，从来是大忌。故《管子》十分强调取信于民，提出国家行政应遵循一条重要原则：“不行不可复”。人们只能被欺骗一次，第二次就不信你了，“不行不可复”者，“不欺其民也”。“言而不可复者，君不言也；行而不可再者，君不行也。凡言而不可复，行而不可再者，有国者之大禁也。”（《管子·形势》）

（六）预谋

我国有一句名言：“运筹策帷帐之中，决胜于千里之外。”说明在一切竞争和对抗活动中，都必须统筹谋划，正确研究对策，以智取胜。

有备无患，预则成，不预则废。《孙子》认为：“知彼知己，百战不殆；不知彼而知己，一胜一负；不知彼，不知己，每战必殆。”《管子》主张“以备待时”，“事无备则废”（《管子·霸言》）。治国须有预见性，备患于无形，“唯有道者能备患于无形也”（《管子

·牧民》)。范蠡认为经商要有预见性，经商和打仗一样，“知斗则修备”，要善于“时断”和“智断”，比如要预测年景变化的规律，推知粮食供求变化趋势，及时决断收购和发售。他提出“旱则资舟，水则资车”的“待乏”原则。要观察市场物价变动，按“贵上极则反贱，贱下极则反贵”的规律，采取“贵出如粪土”“贱取如珠玉”（《史记·货殖列传》）的购销策略。

中国古代有许多统筹谋划成功的实例。战国时期，田忌和齐王赛马屡败，后来他按照谋士的筹划，按马力的强弱，以己之下马对彼之上马，以己之上马对彼之中马，以己之中马对彼之下马，结果二胜一负，转败为胜。宋朝丁谓奉命修复焚毁的皇宫，需从远处运土和建材，他挖开大路取土，引水成河，船运各种建材，宫室修好后又以建筑垃圾填河恢复道路。一项正确决策使取土、运料、垃圾处理结合起来，“一举而三役济，计省贯以亿万计”。在军事上通过运筹对策，以计谋取胜者更是不胜枚举。历史上的赤壁之战、空城计、“减灶骄敌”等，都是运用战略策略以弱胜强的典范。

二、西方早期的管理思想

西方文化起源于希腊、罗马、埃及、巴比伦等文明古国，他们在公元前 6 世纪就建立了高度发达的奴隶制国家，在文化、艺术、哲学、数学、物理学、天文学、建筑学等方面都对人类做出了辉煌的贡献。埃及金字塔、罗马水道、巴比伦“空中花园”等伟大的古代建筑工程与中国的长城并列为世界奇观。这些古国在国家管理、生产管理、军事、法律等方面也曾有过许多成功的实践。公元 3 世纪后，随着奴隶制的衰落和基督教的兴起，这些古文化逐渐被基督教文化所取代。基督教圣经中所包含的伦理观念和管理思想，对以后西方封建社会的管理实践起着指导性的作用。

随着资本主义的发展和工厂制度的形成，旧的基督教教义与资本主义精神发生了冲突，于是基督教新教兴起。在基督教新教教义的鼓励下，越来越多的人从事社会实践中经济与管理问题的研究。其中，最早对经济管理思想进行系统论述的学者，首推英国经济学家亚当·斯密，他在 1776 年（当时正值英国的工场手工业开始向机器工业过渡时期）出版了《国民财富的性质和原因研究》一书，系统地阐述了劳动价值论及劳动分工理论。

斯密认为，劳动是国民财富的源泉，各国人民每年消费的一切生活日用必需品的源泉是本国人民每年的劳动。这些日用必需品供应情况的好坏，决定于两个因素：一是这个国家人民的劳动熟练程度、劳动技巧和判断力的高低；二是从事有用劳动的人数和从事无用劳动人数的比例。同时他还指出，劳动创造的价值是工资和利润的源泉，并经过分析得出了工资越低、利润就越高，工资越高、利润就会降低的结论，揭示了资本主义经营管理的中心问题和剥削的本质。

斯密在分析增进“劳动生产力”的因素时，特别强调了分工的作用。他对比了一些工艺和手工制造业实行分工前后的变化，对比了易于分工的制造业和当时不易分工的农业的情况，说明分工可以提高劳动生产率。他认为，分工的益处主要有以下几个方面：

（1）劳动分工可以使工人重复完成单项操作，从而提高劳动熟练程度，提高劳动效率。

（2）劳动分工可以减少由于变换工作而损失的时间。

（3）劳动分工可以使劳动简化，使劳动者的注意力集中在一种特定的对象上，有利于创造新工具和改进设备。

他的上述分析和主张，不仅符合当时生产发展的需要，而且也成了以后企业管理理论中的一条重要原理。

斯密在研究经济现象时，提出了一个重要的论点：经济现象是基于具有利己主义目的的人们的活动所产生的。他认为，人们在经济行为中，追求的完全是私人的利益。但是，每个人的利益又为其他人的利益所限制，这就迫使每个人必须顾及其他人的利益。由此，就产生了相互的共同利益，进而产生和发展了社会利益。社会利益正是以个人利益为基础的。这种认为人都要追求自己经济利益的“经济人”观点，正是资本主义生产关系的反映。

斯密之后，另一位英国人查理·巴贝奇发展了斯密的论点，提出了许多关于生产组织机构和经济学方面的带有启发性的问题。巴贝奇原来是一名数学家，后来对制造业产生了兴趣。1838 年，他在《论机器和制造业的经济》一书中概述了他的思想。巴贝奇赞同斯密的劳动分工能提高劳动效率的论点，但认为斯密忽略了分工可以减少支付工资这一好处。巴贝奇对制针业做了典型调查，他把制针业的生产过程划分为 7 个基本操作工序，并按工序的复杂程度和劳动强度雇佣不同的工人，支付不同的工资。如果不实行分工，整个制造过程由一个人完成，那就要求每个工人都有全面的技艺，都能完成制造过程中技巧性强的工序，同时又有足够的体力来完成繁重的操作。工厂主必须按照全部工序中技术要求最高、体力要求最强的标准来支付工资。由此，巴贝奇提出了一个所谓“边际熟练”的原则，即对技艺水平、劳动强度定出界限，作为报酬的依据。

在斯密和巴贝奇之后，生产过程中进行劳动分工的做法有了迅速发展。到了 20 世纪，大量流水生产线的形成，使劳动分工的主张得到了充分的体现。

巴贝奇虽然是一位数学家，却没有忽视人的作用。他认为，工人同工厂主之间存在利益共同点，并竭力提倡所谓的利润分配制度，即工人可以按照其在生产过程中所做的贡献，分到工厂利润的一部分。巴贝奇也很重视对生产的研究和改进，主张实行有益的建议制度，鼓励工人提出改进的建议。他认为，工人的收入应该由三部分组成：（1）按照工作性质所确定的固定工资；（2）按照生产效率及所做贡献分得的利润；（3）为提高劳动生产率而提出建议所应给予的奖励。提出按照生产效率的不同来确定报酬的具有刺激作用的制度，是巴贝奇做出的重要贡献。

这一时期除了斯密和巴贝奇之外，还有英国 18 世纪后期的工业革命，导致了工厂制度的产生。工厂成为资本主义社会的主要生产方式，专业化协作的发展、生产组织的变革，给管理带来了一系列新的问题。

上述各种管理思想是随着生产力的发展，适应资本主义工厂制度发展的需要而产生的。这些管理思想虽然不系统、不全面，没有形成专门的管理理论和学派，但对于促进生产及以后科学管理理论的产生和发展，都有积极的影响。

第二节　西方古典管理理论

19 世纪末 20 世纪初产生的科学管理理论，使管理实践活动从经验管理跃升到一个崭新的科学管理阶段。对这一管理理论的产生和发展做出突出贡献的人物主要有泰勒、法约尔和韦伯等，他们分别对生产作业活动的管理、组织的一般管理、行政性组织（或称官僚组织）的设计提出了系统化的理论。

一、泰勒与科学管理理论

科学管理理论是西方主要管理思想之一，是由被誉为“科学管理之父”的美国著名管理学家弗雷德里克·温斯洛·泰勒（Frederick W. Taylor）提出的。泰勒通过长期亲身对生产现场活动的观察，认识到缺乏科学管理是造成工人“磨洋工”、劳资冲突和工作效率低下的主要原因。与此同时，他进行了大量的实验与研究，并于 1911 年出版了《科学管理原理》一书。在这本书中，他提出了通过对工作方法的科学研究来改善生产效率的基本理论和方法。

（一）泰勒的科学实验

1. 金属切削试验

泰勒从米德韦尔钢铁公司工作开始，先后对金属切削进行了长达 26 年之久的各种试验，试验次数共计 3 万次以上，耗费 80 万吨钢材，资金 15 万美元。试验结果发现了能大大提高金属切削加工产量的高速钢，并取得了各种机床适当转速和进刀量的完整资料。通过制定切削用量规范，工人选用机床转数和进刀量都有了科学标准。

2. 搬运生铁块试验

泰勒在伯利恒钢铁公司进行了有名的搬运生铁块试验。该公司有 75 名工人负责把 92 磅重的生铁块搬运到 30 米远的铁路货车上，他们每天平均搬运 12.5 吨，日工资 1.15 美元。泰勒找了一名工人进行试验，试验搬运的姿势、行走的速度、持握的位置以及休息时间的长短对于搬运量的影响，结果表明存在一个合理的搬运生铁块的方法。按照这样的方法搬运，每个工人的日搬运量达到 47 ~ 48 吨，工人的日工资将提升到 1.85 美元。

3. 铁锹试验

泰勒对伯利恒钢铁公司堆料场工人的铁锹进行了系统研究，并重新进行了设计，使每种铁锹的载荷都能达到 21 磅左右，同时训练工人使用新的操作方法，结果使堆料场的劳动力从400～600人减到140人，平均每人每天的工作量从16吨提高到59吨，每吨操作成本从7.2美分降至3.3美分，每个工人的工资也由每日1.15美元增至1.88美元。

泰勒致力于寻求做每一件工作的最佳方法，然后，选择适当的工人并培训他们严格按最佳方法从事工作；为了激励工人，泰勒主张采用刺激性工资计划。总的来说，泰勒取得了生产率在200%甚至更高范围内的持续改进。

（二）泰勒的科学管理理论

泰勒的科学管理的根本目的是提高效率，而较高的工作效率是雇主和雇员达到共同富裕的基础，使高工资和较低劳动成本统一起来，从而实现扩大再生产。达到较高工作效率的重要手段是用科学化的、标准化的管理方法代替旧的经验管理。为此，泰勒提出了一些基本的管理制度，归纳起来有以下八个方面。

1. 工作定额原理

泰勒认为，科学管理的中心问题是提高劳动生产率。为此，有必要制定出有科学依据的工人的“合理工作量”，同时进行工时和动作研究。方法是选择合适且技术熟练的工人，把他们的每一项动作、每一道工序所耗用的时间记录下来，加上必要的休息时间和其他延误时间，得出完成该项工作所需的总时间，据此定出一名工人“合理的日工作量”，这是提高劳动效率的一个有效途径，即所谓的工作定额原理。

2. 第一流工人原理

泰勒认为，每一种类型的工人都能找到某些工作使他成为第一流的，除了那些完全能做好而不愿做的人。管理当局的责任在于为雇员找到最合适的工作，培养他成为第一流的工人，激励他尽最大努力地工作。在制定工作定额时，泰勒是以“第一流的工人在不损害其健康的情况下维持较长时限的速度”为标准的。这种速度不是以突击活动或持续紧张为基础，而是以工人能长期维持与工作相配合的状态为基础的。

3. 标准化原理

所谓标准化原理，泰勒认为管理当局的首要职责就是要用科学方法分析工人的操作方法、工具，劳动和休息时间的搭配，以及机器的安装和作业环境的布置等，消除各种不合理的因素，把各种最好的因素结合起来，形成一种最好的方法。这是减少无效劳动、提高劳动生产率的重要途径。

4. 差别计件工资制

为了最大限度地激发工人的生产积极性，提高生产效率，有效地实施各种工作定额制度，泰勒特别设计了一套“金钱刺激”方案——差别计件工资制。这是一种根据工人完成定额生产任务的不同情况确定工资标准的工资制度：对完成工作定额的工人支付高水平标准工资，对没有完成工作定额或作业有缺陷的工人支付低水平工资标准。这实际是“奖励性工资与惩罚性工资”并存。

5. 心理革命

泰勒认为，通过实施科学管理方法使劳资双方进行一场“心理革命”才是科学管理的实质。在 1911 年 10 月美国国会举行的听证会上，泰勒作证："从实质上讲，科学管理是任何公司或产业中劳资双方的一种切实的精神革命。劳资双方之间要进行的革命是双方不再把注意力放在盈余的分配上，不再把盈余分配看作最重要的事情；他们应将注意力转向盈余的数量上，使盈余增加到如何分配盈余的争论成为不必要。"

6. 计划职能与执行职能分离

为了提高劳动生产率，泰勒主张把计划职能与执行职能分离。泰勒的计划职能实际上就是管理职能，执行职能则是工人的劳动职能。完成一系列工作，需要有专职的管理者，他们要每天分配每个工人一项具体任务，并附有关于这项任务的每一个组成部分的详细的书面指示及确切的时限规定，还要承担具体组织工作，指导完成任务并做好统计记录。泰勒主张明确划分计划职能和执行职能，由专门的计划部门来从事调查研究，为定额和操作方法提供科学依据，拟定计划并发布指示和命令，比较"标准"和"实际情况"，进行有效的控制等工作。至于现场的工人，从事执行的职能，并按照计划部门制定的操作方法和指示，使用规定的标准工作，从事实际的操作，不得自行改变。

7. 职能工长制

泰勒主张实行"职能管理"，将管理的工作予以细分，使所有的管理者只承担一种管理职能。他设计出 8 个职能工长，代替原来的一个工长，其中 4 个在计划部门，4 个在车间。后来的事实证明，一个工人同时接受几个职能工长的多头领导，容易引起混乱，所以"职能工长制"没有得到推广。但泰勒的这种职能管理思想为以后职能部门的建立和管理的专业化提供了参考。

8. 例外管理原则

泰勒主张在管理控制上实行例外原则。泰勒认为，规模较大的企业组织和管理必须采用例外原则，即企业的高级管理人员把例行的一般日常事务授权给下级管理人员去处理，自己只保留对例外事项的决定权和监督权。这种以例外原则为依据的管理控制原理，以后发展成为管理上的分权化原则和事业部制管理体制。

（三）对科学管理理论的评价

泰勒提出的科学管理理论，冲破了多年沿袭下来的落后的经验管理办法，把科学引进了管理领域，并创立了一套具体的科学管理办法来代替单凭个人经验进行作业和管理的旧办法，这是管理理论上的进步，也为管理实践开创了新局面。同时，由于管理职能与执行职能的分离，企业中开始有一些人专门从事管理工作，这就使管理理论的创立和发展有了实践基础。由科学管理形成的一整套管理制度，使美国一些企业长期得以稳定发展，科学管理为美国创造了大量物质财富，使人们的生活水平大幅度提高。而且科学管理除了能提高体力劳动的工作效率外，同样能适应于脑力劳动，它被用于机关办公室管理、公共管理和城市管理，同样是成功的。但是，泰勒的科学管理理论也有其局限性，如涉及的范围比较小，内容比较窄，对企业的其他活动，如供销、人事、财务等，则基本上没有涉及；把人看成"经济人"，认为人的一切活动都是出于经济动机。

（四）科学管理理论的其他代表人物

与泰勒同时代的人，如吉尔布雷斯夫妇和甘特等也为科学管理做出了贡献。美国工程师弗兰克·吉尔布雷斯及夫人莉莲·吉尔布雷斯在动作研究和工作简化方面做出了特殊贡献。他们纠正了工人操作时某些不必要的多余动作，形成了快速准确的工作方法。与泰勒不同的是，吉尔布雷斯夫妇开始注意到人的因素，在一定程度上试图把效率和人的关系结合起来。吉尔布雷斯毕生致力于提高效率，即通过减少劳动中的动作浪费来提高效率，被称为“动作专家”。而美国管理学家、机械工程师甘特最重要的贡献是他创造的“甘特图”，这是当时计划和控制生产的有效工具，并演化为后来的网络计划法。他还提出了“计件奖励工资制”，即除了按日支付有保证的工资外，超额部分给予奖励；完不成定额的，可以得到原定日工资。这种制度补充了泰勒的差别计件工资制的不足。此外，甘特还非常重视管理中人的因素，强调“工业民主”和重视人的领导方式，这对后来的人际关系理论有很大的影响。

二、法约尔与一般管理理论

亨利·法约尔（Henri Fayol，1841—1925）与泰勒是同时代人，他是法国一家大矿业公司的总经理。他以自己在工业领域的管理经验为基础，于1916年出版了《工业管理与一般管理》一书。在书中，他提出了适用于各类组织的管理的五大职能和有效管理的十四条原则。他关于整个组织的管理理论，被后人称为“一般管理理论”或“组织管理理论”。与泰勒等人主要侧重于研究基层的作业管理不同，“一般管理理论”是站在高层管理者的角度研究整个组织的管理问题。

（一）法约尔一般管理理论的主要内容

1. 从企业经营活动中提炼出管理活动

法约尔认为，过去有关管理的解释是非常含糊的，和企业其他方面的经营活动没有明确的界限。要建立管理理论，首先必须明确管理的概念，使管理能够被独立出来加以研究。他认为，经营比管理内容更广泛，企业的经营活动可以概括为六大类，管理只是经营活动的一种。在此基础上他提出了企业经营的六种活动：（1）技术活动：指生产、制造和加工；（2）商业活动：指采购、销售和交换；（3）财务活动：指资金的筹措、使用和控制；（4）安全活动：指机器设备和人员的防护；（5）会计活动：指财产清点、资产负债表制作、成本核算和统计；（6）管理活动：指计划、组织、指挥、协调和控制。这六种活动并不是相互割裂的，而是相互联系、相互配合的，共同组成一个有机系统，实现企业生存与发展的目的。

法约尔对这六大类的活动进行分析之后发现，在各类企业里，无论是管理者或执行者，都需要培养这六种工作能力，特别是管理能力和技术能力。对于基层的工人，主要要求其具备技术能力。对于管理者，管理能力显得更加重要，随着其在组织中职位的提高，对管理能力的要求也逐步加大，而其他诸如技术、商业、财务、会计、安全等能力的重要性则会相对下降。将管理活动从企业经营活动中分离出来，是法约尔一般管理理论的出发点。

2. 全面、系统地论述了管理的职能

法约尔将管理活动划分为计划、组织、指挥、协调和控制等五大管理职能，并进行了相应的分析和讨论。(1) 计划，就是对有关事件的预测，并且以预测的结果为根据拟订一项工作方案；(2) 组织，就是为企业中各项劳动、材料、人员等资源提供一种结构；(3) 指挥，就是使企业中的人员发挥作用；(4) 协调，就是把企业的所有活动和工作结合起来，使之统一与和谐；(5) 控制，就是注意使所有的事情按照已确定的计划和指挥来完成，其目的是指出工作中的缺点和错误，以便加以纠正并避免重犯。

3. 总结、归纳了管理的十四条原则

法约尔认为，管理的成功不完全取决于个人的能力，更重要的是管理者要能灵活地贯彻管理的一系列原则。这些原则如下：

(1) 劳动分工。法约尔认为，实行劳动的专业化分工可提高雇员的工作效率，从而增加产出。法约尔同时认为，分工也适用于管理工作。

(2) 权责对等。“责任是权力的孪生物，是权力的当然结果和必要补充。凡权力行使的地方，就有责任。”管理者必须拥有命令下级的权力，但这种权力又必须与责任相匹配，不能责大于权或者权大于责。

(3) 纪律严明。雇员必须服从和尊重组织的规定，领导者以身作则，使管理者和员工都对组织规章有明确的理解并实行公平的奖惩，这些对于保证纪律的有效性都非常重要。纪律的实质“是对协定的尊重”，“没有纪律，任何企业都不能兴旺发达”。

(4) 统一指挥。这是一条基本的管理原则，指组织中的每一个人都应该只接受一个上级的指挥，并向这个上级汇报自己的工作。

(5) 统一领导。每一项具有共同目标的活动，只应当在一位管理者和一个计划的指导下进行。“统一指挥不能没有统一的领导而存在，但并不来源于它。”换句话说，没有统一领导就不可能有统一指挥；但是，即使有了统一领导，也不足以保证有统一指挥。

(6) 个人利益服从整体利益。任何雇员个人或雇员群体的利益，不能够超越组织整体的利益。这是不言而喻的。

(7) 人员的报酬。对雇员的劳动必须给予公平合理的报酬。合理的报酬方式必须符合三个条件：“能保证报酬公平，能奖励有益的努力和激发热情，不应导致超过合理限度的过多报酬。”

(8) 集权。集权反映下级参与决策的程度。决策权是集中于高层管理者还是分散给下属，这只是一个尺度问题。高层管理者的任务是找到在每一种情况下最合适的集权程度。影响权力集中程度的因素主要有：组织规模、领导者与被领导者的个人能力和工作经验、环境的特点等。

（9）等级链。从组织的基层到高层，应建立一个关系明确的等级链系统，使信息的传递按等级链进行。不过，如果顺着这条等级链沟通会造成信息的延误，则应允许越级报告和横向沟通（利用“法约尔桥”），以保证重要信息的畅通无阻。

（10）秩序。无论是物品还是人员，都应该在恰当的时候处在恰当的位置上。

（11）公平。管理者应当友善和公正地对待下属。

（12）人员的稳定。每个人适应自己的工作都需要一定的时间，人员（尤其是高级雇员）变动频繁会影响组织工作的连续性和稳定性。管理者应制订规范的人事计划，以保证组织对人员的需求。

（13）首创性。应鼓励员工发表意见和主动地开展工作，以提高他们在工作中的主动性和创造性。这对组织来说是一股巨大的力量。

（14）团结精神。人员的团结与和谐是组织的巨大力量，强调团结精神将会促进组织内部的和谐与统一，增强组织的凝聚力。

4. 倡导管理教育

法约尔认为管理能力可以通过教育来获得。“缺少管理教育”是由于“没有管理理论”，每一位管理者都按照自己的方法、原则和个人经验行事，但是谁也不曾设法使那些被人们接受的规则和经验变成普遍的管理理论。

（二）对法约尔的一般管理理论的评价

法约尔对组织管理进行了系统的、独立的研究，特别是他对管理的五大职能的分析为管理科学提供了一套理论构架。来源于长期实践经验的管理原则给实际管理人员提供了巨大的帮助，现在仍然为许多人所推崇，其中某些原则甚至以“公理”的形式为人们所接受和使用。法约尔跳出了泰勒以实践为基础研究管理原理的局限，在理论上第一次努力将管理的要素和管理的原则系统地加以概括，为以后推广管理学教育奠定了基础，使管理具有一般的科学性。管理之所以能够走进大学讲堂，全赖于法约尔的卓越贡献。他强调管理的一般性，就使得他的理论在许多方面也适用于政治、军事及其他部门。因此，继泰勒的科学管理理论之后，一般管理理论也被誉为管理史上的第二座丰碑。法约尔被后人称为“管理过程理论之父”和“经营管理理论之父”。

但也应该认识到法约尔的一般管理理论也有不足之处，如其管理原则过于僵硬，以至于有时实际管理者无法遵守；只考察了组织的内在因素，没有考察组织同周围环境的关系，缺乏具体性；在组织与管理的论述中也有不充分、不科学之处。正如他自己强调的，这些原则并不完整，也不是一成不变的，它不能回答特殊的问题。他不主张在实际工作中盲目地、刻板地套用这些原则，而应结合具体管理情况灵活应用它们。

三、韦伯与行政组织理论

行政组织理论又叫科层组织理论，是科学管理思想的一个重要组成部分，它强调组织活动要通过职务或职位而不是个人或世袭地位来设计和运作。这一理论的创立者是德国社会学家马克斯·韦伯（Max Weber，1864—1920）。他从社会学研究中提出了所谓“理想的”行政性组织概念，为20世纪初的欧洲企业从不正规的业主式管理向正规化的职业型管理过渡提供了一种纯理性化的组织模型，对当时新兴资本主义企业制度的完善起了划时代的作用。所以，后人称韦伯为“组织理论之父”。

（一）行政组织理论的基本内容

1. 权力的类型与基础

韦伯认为组织中存在三种纯粹形态的权力：一是法定的权力，是以组织内部各级领导职位所具有的正式权力为依据的；二是传统的权力，是以古老传统的不可侵犯性和执行这种权力的人的地位的正统性为依据的；三是超凡的权力，是以对个人的特殊的、神圣英雄主义或模范品德的崇拜为依据的。韦伯强调，组织必须以法定的权力作为行政组织体系的基础。

2. 理想的行政组织体系

所谓理想的行政组织体系理论，是指通过职务或职位而不是个人或世袭地位来进行管理。韦伯认为理想的行政组织体系，并不是指最合乎需要的，而是指现代社会最有效和合理的组织形式，它在精确性、稳定性、纪律性和可靠性等方面都优于其他组织形式。理想的行政组织体系应具有以下一些特点。

（1）存在明确的分工。把组织内的工作分解，按职业专业化对成员进行分工，明文规定每个成员的权利和责任。

（2）按等级原则对各种公职或职位进行法定安排，形成一个自上而下的指挥链或等级体系。每个下级都处在一个上级的控制和监督下。每个管理者不仅要对自己的决定和行动负责，而且要对下级的决定和行动负责。

（3）根据经过正式考试或教育培训而获得的技术资格来选拔员工，并完全根据职务的要求来任用。

（4）除个别需要通过选举产生的公职（例如，选举产生的公共关系负责人，或在某种情况下选举产生的整个单位负责人等）以外，所有担任公职的人都是任命的。

（5）行政管理人员是“专职”的管理人员，领取固定的“薪金”，有明文规定的升迁制度。

（6）行政管理人员不是其管辖的企业的所有者，只是其中的工作人员。

（7）行政管理人员必须严格遵守组织中的规则、纪律和办事程序。

（8）组织中成员之间的关系以理性准则为指导，不受个人情感的影响。组织与外界的关系也是这样。

（二）对行政组织理论的评价

韦伯的理想行政组织理论，总结了在大型组织中的实践经验，为社会发展提供了一种稳定、严密、高效、合理性的管理体系模式，为管理理论的创新做出了贡献。韦伯认为，这种高度结构化的、正式的、非人格化的理想行政组织体系是强制控制的合理手段，是达到目标、提高效率的最有效形式。这种组织形式在精确性、稳定性、纪律性和可靠性等方面都优于其他形式，能适用于各种行政管理工作及当时日益增多的各种大型组织，如教会、国家机构、军队、政党、经济组织和社会团体等。韦伯的这一理论，对泰勒、法约尔的理论是一种很有价值的补充，对后来的管理学家，特别是组织理论家产生了很大影响。

泰勒、法约尔和韦伯处在同一历史时期，他们从不同的视角对管理进行了考察。泰勒主要关注工厂现场的管理问题；法约尔则更多的是从组织整体的角度来进行思考的；而韦伯则集中研究了管理中的组织问题。强调管理要用事实、理性、思考和规则来代替随心所欲和个人习惯，是管理的古典理论所具有的共同的精神实质。

第三节　行为科学理论

20 世纪初，资本主义世界经济进入了一个新的时期，生产规模扩大，社会化大生产程度提高，新技术成就广泛应用于生产部门，新兴工业不断出现。同时，社会经济中劳资矛盾进一步加剧，工人不满和对抗的情绪日益严重。在这种情况下，古典管理理论重物轻人、强调严格管理的思想，已不能适应新的形势要求。一些管理学者从进一步提高劳动生产率的角度，把人类学、社会学、心理学等运用于企业管理，从 20 世纪 20 年代开始逐渐形成了行为科学理论。所谓行为科学，就是对工人在生产中的行为及行为产生的动机进行分析，以便调节人际关系，提高劳动生产率。行为科学理论研究的内容早期被称为人际关系学说，以后发展成行为科学，即组织行为理论。行为科学理论研究的内容主要包括人的本性和需要、行为动机、生产中的人际关系等。

一、霍桑试验与人际关系学说

梅奥（George E. Mayo，1880—1949），原籍澳大利亚，后移居美国。1926 年被哈佛大学聘为教授，是人际关系理论及行为科学的代表人物，从事心理学和行为科学研究。他的代表作是《工业文明中人的问题》，本书总结了他亲身参与和指导的霍桑试验及其他几个试验的研究成果，详细地论述了人际关系理论的主要思想。梅奥是继泰勒和法约尔之后，对近代管理思想和理论的发展做出重大贡献的学者之一。

（一）霍桑试验

霍桑试验，也称为霍桑研究，是指在 1924—1932 年间，美国国家研究委员会和西方电气公司合作，在西方电气公司所属的霍桑工厂为测定各种因素对生产效率的影响而进行的一系列研究。霍桑试验在一定程度上标志着人际关系学说的确立。该试验分为四个阶段：

第一阶段：工场照明试验（1924—1927 年）。做这个试验的目的是弄清照明对生产效率所产生的影响。研究人员希望通过试验得出照明强度对生产率的影响，但试验结果却发现，照明强度的变化对生产率几乎没有影响。研究者对此结果感到迷惑不解，照明实验被放弃了，转而继续进行改变其他条件的试验。

第二阶段：继电器装配室试验（1927 年 8 月—1928 年 4 月）。从这一阶段起，梅奥参加了试验。研究人员选择了 5 名女装配工和 1 名女画线工在单独的一间工作室内工作，1 名观察员被指派加入这个小组，记录室内发生的一切，以便对影响工作效果的因素进行控制。这些女工们在工作时间可以自由交谈，观察员对她们的态度也很和蔼。经过研究，发现监督和指导方式的改善能促使工人改变工作态度并增加产量，于是进一步研究工人的工作态度和可能影响工人工作态度的其他因素，这成为霍桑试验的一个转折点。

第三阶段：大规模的访谈与调查（1928—1931 年）。研究人员在上述试验的基础上进一步在全公司范围内进行访问和调查，参与此次访问和调查的员工达 2 万多人次。结果发现，影响生产力的最重要因素是工作中发展起来的人际关系，而不是待遇和工作环境。每个工人的工作效率不仅取决于他们自身的情况，还与其所在小组中的同事有关。任何一个人的工作效率都受到同事们的影响。

第四阶段：接线板接线试验（1931—1932 年）。研究人员决定选择接线板接线工作室作为研究对象，以研究职工在工作中的群体行为。在这一阶段有许多重要发现，如工作室大部分成员都自行限制产量、工人对不同级别的上级持不同态度、成员中存在小派系等。经过这一阶段的试验，还发现了霍桑效应，即对于新环境的好奇和兴趣能够带来较佳的成绩，至少在初始阶段如此。

在霍桑工厂进行的试验经历了 8 年时间，获得了大量的第一手资料。试验的结果大大出乎人们的意料，影响劳动生产率的并不是物质因素，而是在工作中发展起来的人际关系。这个结果推动了管理理论发展的进程，为人际关系理论的形成以及后来行为科学的发展打下了基础。梅奥在霍桑试验后，利用获得的大量宝贵资料继续进行研究，最终提出了人际关系理论。

（二）梅奥人际关系学说的主要内容

梅奥对其领导的霍桑试验进行了总结，写成了《工业文明中人的问题》一书。在书中，梅奥阐述了人际关系学说，该学说主要有以下一些内容。

1. 职工是“社会人”

古典管理理论把人看做“经济人”，他们只是为了追求高工资和良好的物质条件而工作。因此，对职工只能用绝对的、集中的权力来管理。梅奥等人提出了与“经济人”观点不同的“社会人”观点。其要点是：人重要的是同别人合作，个人是为保护其集团的地位而行动，人的思想行为更多是由感情来引导。工作条件和工资报酬并不是影响劳动生产率高低的唯一原因。对职工的新的激励重点必须放在社会、心理方面，以使他们之间更好地合作并提高生产率。

2. 正式组织中存在着“非正式组织”

所谓正式组织，就是为了有效地实现企业的目标，规定组织各成员之间相互关系和职责范围的一定组织管理体系，其中包括组织机构、方针政策、规划、章程等。但人是社会性动物，在组织内共同工作的过程中，人们必然会发现相互之间的关系，形成非正式团体。在这团体里，又形成了共同的感情，进而构成一个体系，这就是所谓非正式组织。

非正式组织对人起着两种作用：(1) 它保护工人免受内部成员忽视所造成的损失，如生产得过多或过少。(2) 它保护工人免受外部管理人员的干涉所造成的损失，如降低工资或提高产量标准。至于非正式组织形成的原因，并不完全取决于经济发展情况，而是同更大的社会组织有联系。

不能把这种在正式组织中形成的非正式组织看成是一种坏事，而应看到它是必需的。它同正式组织相互依存，并对生产率的提高有很大影响。

3. 新的领导能力在于提高职工的满足度，以提高职工的士气，从而提高劳动生产率

金钱或经济刺激对促进工人提高劳动生产率只起第二位的作用，起重要作用的是工人的情绪和态度，即士气。而士气又同工人的满足度有关。这个满足度在很大程度上是由社会地位决定的。所谓职工的满足度，主要是指获取安全的感觉和归属的感觉这些社会需求的满足度。工人满足度愈高，士气愈高，劳动生产率也就愈高，而工人的满足度又依存于两个因素：(1) 工人的个人情况，即工人由于历史、家庭生活和社会生活所形成的个人态度。(2) 工作场所的情况，即工人相互之间或工人与上级之间的人际关系。

所谓新的领导能力，是指能够区分事实和感情，能够在生产效率和职工的感情之间取得平衡的能力。这种新的领导能力可以弥补古典管理理论的不足，解决劳资之间以至工业社会的种种矛盾，提高劳动生产率。新的领导能力既然表现为通过提高职工的满足度，提高职工的士气，最后达到提高生产率的目的，那就要转变管理方式，应该重视“人的因素”，采用以“人”为中心的管理方式，改变古典管理理论以“物”为中心的管理方式。

二、行为科学理论的发展

霍桑试验及其人际关系学说揭开了对人进行正式研究的序幕，大批的研究者和实践者继续从人类学、社会学、心理学等角度对人际关系进行综合研究，从而建立了关于人的行为及其调控的一般理论。1949 年在美国芝加哥召开的一次跨学科的会议上，来自各个不同领域的与会者一致认为，围绕行为研究所取得的现有成果已足以证明该类研究具有独立学科的地位，于是正式将之定名为“行为科学”。

行为科学的含义有广义和狭义两种。广义的行为科学是指包括类似运用自然科学的实验和观察方法，研究在自然和社会环境中人的行为的科学，包括心理学、社会学、社会人类学等。狭义的行为科学是指有关对工作环境中个人行为的研究的一门综合性学科。进入 20 世纪 60 年代，为了避免同广义的行为科学相混淆，出现了组织行为学这一名称，专指管理学中的行为科学。组织行为学实质上是包括早期行为科学——人际关系学说在内的狭

义的行为科学。

20 世纪 50 年代以后，行为科学理论才真正发展起来。其发展主要集中在以下四个方面：（1）关于人的需要、动机和激励的理论；（2）关于管理中的“人性”的理论；（3）关于领导行为的理论；（4）关于企业中非正式组织的理论及群体行为理论。其中著名的成果有马斯洛的“需要层次理论”、麦格雷戈的“X 理论和 Y 理论”、赫茨伯格的“双因素理论”及菲德勒的“领导权变理论”等。

上述关于行为科学的这些理论，我们将在第六章领导职能中做详细介绍。

第四节　西方现代管理理论

一、现代管理理论的丛林

现代管理理论是指第二次世界大战以后出现的一系列管理学派，是继科学管理理论、行为科学理论之后，西方管理理论和思想发展的第三个阶段。与前两个阶段相比，这一阶段的最大特点是学派林立，新的管理思想、理论、方法不断涌现，出现了“百家争鸣”的局面，这种现象被美国著名的管理学家哈罗德·孔茨称为“管理理论的丛林”。现就几个代表性的学派介绍如下。

（一）管理过程学派

管理过程学派又称管理职能学派，是美国管理学家哈罗德·孔茨和西里尔·奥唐奈提出的。该学派认为无论组织的性质和组织所处的环境有多么不同，管理人员所从事的管理职能却是相同的。孔茨和奥唐奈将管理职能分为计划、组织、人事、领导和控制，而把协调当作管理的本质。孔茨利用这些管理职能对管理理论进行分析、研究和阐述，最终建立起管理过程学派。孔茨继承了法约尔的理论，并将其更加系统化、条理化，使管理过程学派成为管理各学派中最具影响力的学派。

（二）社会系统学派

社会系统学派认为，人的相互关系就是一个社会系统，它是人们在意见、力量、愿望及思想等方面的一种合作关系。管理人员的作用就是围绕物质的、生物的和社会的因素去适应总的合作系统。

社会系统学派最早的代表人物是美国的切斯特·巴纳德。以巴纳德为代表的社会系统学派的主要理论贡献可归纳为以下四个方面：

（1）提出了社会的各种组织都是一个协作系统的观点。巴纳德认为，组织的产生是人们协作愿望导致的结果。个人办不到的许多事，通过协作就可办到。

（2）分析了正式组织存在的三种要素，即成员协作的意愿、组织的共同目标及组织内的信息交流。

（3）提出了权威接受理论。过去的学者是从上到下解释权威的，认为权威都是建立在等级系列或组织地位基础上的。而巴纳德则是从下到上解释权威，认为权威的存在必须以下级的接受为前提。至于怎样才能接受，需具备一定的条件。

（4）对经理的职能进行了新的概括。经理的作用就是在一个正式组织中充当系统运转的中心，并协调组织成员的活动，指导组织的运转，实现组织的目标。根据组织的要素，巴纳德认为经理人员的主要职能有三个方面：提供信息交流的体系、促成必要的个人努力、提出和确定目标。

（三）决策理论学派

决策理论学派的主要代表人物是美国的赫伯特·西蒙。决策理论学派的主要论点如下：

（1）强调了决策的重要性。该理论认为，管理的全过程就是一个完整的决策过程，即决策贯穿于管理的全过程，管理就是决策。

（2）分析了决策过程中的组织影响。上级不是代替下级决策，而是提供给下级决策的前提，包括价值前提和事实前提，使之贯彻组织意图。价值前提是对行动进行判断的标准，而事实前提是对能够观察的环境及环境作用方式的说明。

（3）提出了决策应遵循的准则。主张用“令人满意的准则”去代替传统的“最优化原则”。

（4）分析了决策的条件。管理者决策时，必须利用并凭借组织的作用，尽量创造条件，以解决知识的不全面性、价值体系的不稳定性及竞争中环境的变化性问题。

（5）归纳了决策的类型和过程。把决策分成程序化决策和非程序化决策两类。程序化决策是指反复出现和例行的决策；非程序化决策是指那种从未出现过的，或者其确切的性质和结构还不很清楚或相当复杂的决策。

（四）经验或案例学派

经验或案例学派，以向大企业经理提供企业管理的成功经验和科学方法为目标，其主要代表人物是欧内斯特·戴尔、彼得·德鲁克。该学派认为，古典管理理论和行为科学理论都不能充分地适应企业发展的实际需要。有关企业管理的科学应该从企业管理的实际出发，以大企业的管理经验为主要研究对象，以便在一定的情境下，把这些经验传授给企业管理者。他们主张通过案例研究经验，不必企图去确定一些原则，只要通过案例研究分析一些经理人员的成功经验及其解决特殊问题的方法，便可以在相仿的情境下进行有效的管理。

（五）管理科学学派

管理科学学派也称为管理数理学派或管理计量学派，其主要代表人物是美国的伯法等人。管理科学学派的理论与泰勒的科学管理理论实际上属于同一思想体系，但又不是简单的延续。该学派认为管理就是把科学的原理、方法和工具应用于各种管理活动，建立用于管理决策的数学和统计模型并进行求解，以降低管理的不确定性，使投入的资源发挥最大的效用，产生最大的经济效果。管理科学理论强调将最新科学技术成果应用到管理工作的各个方面，使管理工作的科学性达到一定的高度，大大提高了企业管理的效率。

管理科学学派认为，解决管理决策问题必须经过六个步骤：（1）提出问题；（2）建立数学模型；（3）得出解决方案；（4）对方案进行验证；（5）建立对解决方案的控制；（6）将解决方案付诸实施。管理科学应用的科学方法主要有线性规划、对策论、排队论、博弈论、统筹法、模拟法、系统分析、统计判断等。

（六）权变理论学派

权变理论认为，在企业管理中要根据企业所处的内外部条件随机应变，没有什么一成不变、普遍适用的“最好的”管理理论与方法。该学派以系统观点考察问题，其理论核心就是通过组织的各子系统内部和各子系统之间的相互关系，以及组织和它所处环境之间的联系，确定各种变数的关系类型和结构类型。强调在管理中应根据组织所处的内外部条件随机应变，针对不同的具体条件，寻求不同的最合适的管理模式、方案或方法，其代表人物有卢桑斯、菲德勒、豪斯等。

美国学者卢桑斯在1976年出版的《管理导论：一种权变学说》一书中系统地概括了权变管理理论。

（1）权变管理理论就是要把环境对管理的作用具体化，并使管理理论与管理实践紧密地联系起来。

（2）环境是自变量，而管理的观念和技术是因变量。

（3）权变管理理论的核心内容是环境变量与管理变量之间的函数关系，即权变关系。

二、现代管理理论的新发展

进入20世纪60年代以后，随着社会、经济、文化的迅速发展，特别是信息技术的发展与知识经济的出现，世界形势发生了极为深刻的变化。面对信息化、全球化、经济一体化等新的形势，企业之间的竞争加剧，联系增强，管理发生了深刻的变化。正是在这样的形势下，管理理论出现了一些全新的发展趋势。

（一）战略管理理论

20世纪60年代后，战略观点进入管理领域。之前的大多数情况下，组织所面临的管理问题相对简单、静态，只是在一个相对狭小的时空中来思考问题。随着竞争的加剧，管理环境越来越复杂，有关战略管理的研究开始受到人们的关注。钱德勒在1962年发表的《战略与结构》一书对于战略概念的讨论是划时代的。安索夫于1965年在《公司战略》一书中把战略限定在三个领域，即提供与企业业务活动有关的广泛概念，为探讨企业新的成长机会制定具体的方针，以及确定在优选市场机会时所遵循的决策原则。

20世纪80年代，迈克尔·波特的《竞争战略》和《竞争优势》两部著作，提出了“五种竞争力量”（新进入者威胁、替代品的威胁、买方的讨价还价能力、供方的讨价还价能力和现有竞争者的竞争能力）——分析产业环境的结构化方法和三种通用战略。波特论述的竞争战略分析成为战略分析的标准模型。人们在战略分析中大量应用了经济学、社会学、政治学、数学等相关领域的理论、工具和知识。

一般认为，战略管理是由环境分析、战略制定、战略实施、战略控制四个不同阶段组成的动态过程，这一过程是不断重复、不断更新的。实践中，这些步骤往往同时发生变化，或者是按照不同于上述步骤的顺序进行的。因此，管理者必须创造性地进行战略思考，以适应不断变化的外部环境。

（二）企业再造理论

所谓企业再造，是指为了获取可以用诸如成本、质量、服务和速度等方面的绩效进行衡量的显著的成就，对企业的经营过程进行根本性的再思考和关键性的再设计。这一定义揭示了企业流程再造的核心，来源于美国著名管理专家迈克尔·哈默和詹姆斯·钱皮合著并于1993年出版的《再造公司——企业革命宣言》一书。

企业再造的原则与方法：

（1）紧密配合市场需求确定企业的业务流程；

（2）根据企业的业务流程确定企业的组织结构；

（3）以新的、柔性的、扁平化的和以团队为基础的企业组织结构取代传统的企业组织结构；

（4）强调信息技术与信息的及时获取，加强企业与顾客、企业内部经营部门与职能部门之间的沟通与联系。

企业再造是围绕业务流程展开的，而业务流程再造的关键是重新设计业务流程；再造不是对现有的东西稍作改良；要治本，重新做，要脱胎换骨；要做到脱胎换骨，就要求从根本上改变思路。

（三）学习型组织理论

学习型组织是指通过营造整个组织的学习气氛，充分发挥员工的创造性思维能力而建立起来的一种有机的、高度柔性的、横向网络式的、符合人性的、能持续发展的组织。美国的彼得·圣吉于1990年出版了《第五项修炼——学习型组织的艺术与实践》一书，指出未来组织所应具备的最根本性的品质是学习，试图推动人们刻苦修炼，学习和掌握新的系统思维方法。要使组织变成一个学习型组织，必须进行以下五项修炼。

1. 自我超越

自我超越就是不断认识自己，认识外界的变化，不断理清并加深个人的真正愿望，突破过去，超越自己。自我超越是学习型组织的精神基础。

2. 改善心智模式

改善心智模式，就是要改变认知模式，改变传统的一成不变的思维和做法，随着外部环境的变化适时调整甚至变革组织内部的一些习惯和做法，用新的眼光看待世界，以新的思考对待世界。

3. 建立共同愿景

所谓共同愿景，是指能鼓舞组织成员共同努力的愿望和远景，或者说是共同的目标和理想。共同愿景主要包括三个要素：共同的目标、价值观与使命感。因此组织需要建立共同的理想、共同的文化、共同的使命，能使员工看到组织近期、中期和远期的发展目标和方向，从而使员工心往一处想，劲往一处使，使每个人的聪明才智得以充分发挥，使组织形成一种合力。

4. 团队学习

团队学习就是通过开放式交流，集思广益，互相学习，取长补短，以达到共同进步，使团队的力量得以充分发挥的目的。

学习型组织突破了原有方法论的模式，以系统思考代替机械思考，以整体思考代替片段思考，以动态思考代替静止思考。该理论试图通过一套修炼方法提升人类组织的“群体智力”。现代企业和其他许多组织面临复杂多变的环境，只有增强学习能力，才能适应种种变化，未来真正出色的组织将是能够设法使组织各阶层人员全心投入，并有能力不断学习的组织，也就是“学习型组织”。

5. 系统思考

系统思考是五项修炼的核心，是指树立系统观念，善于运用完整的知识体系和实用的工具，认清整个变化形势，并了解如何有效地掌握变化，开创新局面。

（四）知识管理理论

知识管理的研究最早始于美国。20 世纪 90 年代中期，知识管理蓬勃发展。目前，知识管理已经不仅仅局限于理论上的探讨，开始进入实用化阶段。

1. 知识管理的内容

知识管理可分为人力资源管理和信息管理两个方面。人力资源管理是知识管理的核心内容，人力资源管理就是一种以“人”为中心，将人看作是最重要资源的现代管理思想。

知识经济时代决定企业成败的不仅仅是企业掌握了多少显性知识和物化了的知识，而更重要的是能够使那些隐性知识转换为显性知识。隐性知识集中储存在人的脑海里，是个人所获得的经验和技能的体现与创造性转化和发挥。知识管理就是要有效地实现这两类知识的转换并在转换中创新，它使企业能够明智地运用内部资源并预测外部市场的发展方向及其变化，对外部需求做出快速反应。

2. 知识管理的特点

（1）知识管理重视对组织成员进行精神激励。组织成员拥有不断创新和创造新的有用知识的能力，他们是组织知识创新的主体。因此，采取恰当的激励机制就显得尤其重要，它不仅注重物质激励，更注重精神激励——一种新型的精神激励，即赋予组织成员更大的权力和责任，使其更好地发挥自觉性、能动性和创造性。

（2）知识管理重视知识的共享和创新。未来组织间的竞争取决于其整体创新能力，有效的知识管理要求把集体知识共享和创新视为赢得竞争优势的支柱，创造一种组织知识资源能够得到共享和创新的环境。其目的是通过知识的更有效利用来提高个人或组织创造价值的能力。

（3）知识管理强调运用知识进行管理。传统管理是经验管理，而经验只是知识中的一个层次。管理科学产生后，管理的知识也是不完整、有失偏颇的。在知识管理中，管理的知识应当是完整的、全面的、有机统一的，它要求管理者能够掌握并在管理过程中综合地运用各种相关知识，使得管理活动卓有成效。将知识视为组织最重要的战略资源，把最大限度地掌握和利用知识作为提高竞争力的关键。

3. 知识管理的实施

（1）设立知识总监。设立知识总监或主管的目的是要在没有先例可循的情况下能够熟练地丰富、支配和管理不断发展的知识体系，以便有效地运用集体的智慧提高应变和创新能力。例如，“可口可乐”“通用电器”“孟山都”等公司都设立了知识主管。知识主管的主要职责是：了解公司的环境和状况，理解公司内的信息需求；建立和造就一个能够促进学习、积累知识和信息共享的环境，每个人都要认识到知识共享的好处，并为公司知识库的丰富做出贡献；监督保证知识库内容的质量、深度、风格，并与公司的发展相一致；保证知识库设施的正常运行与信息更新；加强知识的集成和新知识的产生，促进知识共享与生成的不断循环。

（2）从市场和客户那里获得信息与知识。从市场和客户那里获得信息与知识，是实施知识管理的重要途径。通过给客户提供超越业务范围相关知识的服务是企业获得信息和知识的重要手段。

（3）建立知识与信息的共享网络和知识联盟。知识与信息共享网络主要有两种：一是内部网，二是虚拟网。二者都具有众多的功能。知识联盟有助于组织之间的学习和知识共享，使组织能够开展系统思考。知识联盟将比产品联盟更紧密和具有更大的战略潜能，它可以帮助组织扩展和改善自己的基本能力，从战略上创造新的核心能力。

（4）以知识创新为基础设立职位。这体现了知识经济时代独特的管理理念。发达国家的许多公司都开始实施知识创新管理规则，即根据职员知识创新的表现发放奖金和晋升职位；此外，美国的 IBM 公司、日本各大公司等，还鼓励专业技术人员与管理人员进行岗位交换，目的是使职员获得更多的有关公司的整体化知识。

（5）建立学习型组织。破除旧有的管理观念与思维模式的束缚，强调学习和“知识能力”的重要性，知识将成为创造财富及其附加价值的主体；获取和应用知识的能力，也将成为企业核心竞争力的关键。知识社会的来临使得企业再造和学习型组织成为时代的热潮。

（五）核心能力理论

1990 年，普拉哈拉德和哈梅尔在《哈佛商业评论》中首先提出“核心能力”的概念，认为核心能力是构成企业竞争能力和竞争优势基础的多方面技能、互补性资源、运行机制的有机融合，是识别和提供竞争优势的知识体系。因为竞争优势是促成优势企业比竞争者更成功的因素，而且这些因素无法被竞争者轻易模仿，从而可以给企业带来长期竞争优势和超额利润。核心能力具有以下特点：价值性、独特性、持续创造价值的能力、难以模仿、不可替代性和长期性。

一项能力能否界定为企业的核心能力，主要看是否满足以下五个条件：（1）不是单一技术或技能，而是一簇相关的技术和技能的整合；（2）不是物理性资产；（3）必须能创造顾客看重的关键价值；（4）与对手相比，竞争上具有独特性；（5）超越特定的产品或部门范畴，从而为企业提供通向新市场的通道。

本章小结

本章主要介绍了管理思想和理论的形成与发展过程。

管理活动源远流长，它是随着人类集体协作、共同劳动而产生的，在这个过程中不论是中国还是外国都产生了丰富的管理思想，但管理理论的建立是从 19 世纪末 20 世纪初开始的，其中，科学管理理论是管理从经验走向理论的标志。

行为科学理论产生于著名的“霍桑试验”。它的巨大贡献主要是社会人假设的提出及对需求因素与激励等方面的分析。

现代管理理论是指出现于“二战”以后，并于 20 世纪 60 年代逐渐形成的一系列管理理论体系。它是在古典管理理论的基础上发展起来的。现代管理的各学派从思想、体制、方法和手段上推进了管理现代化进程。

现代管理新的思潮为“战略管理理论”“企业再造理论”“学习型组织理论”“知识管理理论”和“核心能力理论”。有人认为这是管理的革命，将导致传统管理理论的全面革新，开创全新的管理天地。

第二章同步练习

管理实训

项目：查阅有关管理思想与实践方法的文献资料

【实训目的】

查阅文献资料，掌握某种管理思想的主要观点及其发展趋向，初步培养学生分析管理思想与实践方法的能力。

【实训内容】

1. 学习查阅文献资料的方法与步骤。
2. 要求学生了解有关管理思想的主要观点。
3. 分析有关管理思想的贡献与局限性。

【实训组织】

1. 将全班同学分成若干小组，由教师带队，前往图书馆学习查阅文献资料。
2. 查阅某种管理思想的主要观点、主要贡献及局限性。
3. 每个小组查阅一种管理思想，并掌握查阅资料的方法与步骤。
4. 每位同学撰写一份查阅资料小结，每组派一位代表在全班交流。

【实训考核】

要求每位同学撰写一份小结，并由教师批阅给出成绩。

第三章

组织环境与社会责任

学习目标

阅读和学习本章后，你应该能够：

- 掌握组织环境的内涵和构成
- 掌握一般环境和具体环境所包含的主要因素
- 了解组织内部环境的构成
- 掌握组织文化的概念、结构、功能，了解组织文化的建设
- 掌握组织环境综合分析工具
- 了解社会责任的含义及企业社会责任的主要内容

导入案例

海尔美国建厂

外部环境力量是制约企业发展的重要因素，如政治因素、经济因素等。各国政府为保护本国的经济不受外来产品的冲击纷纷设置各种贸易壁垒，这使得其他国家的产品很难进入本地市场，从而保护本国企业的利益。海尔集团为了扩大海外市场份额，获得进入国际市场的有利条件，于1999年4月份在美国南卡罗来纳州建立生产制造基地。随后，海尔集团在洛杉矶设立设计中心，在纽约建立营销中心。

在美国建立生产基地之后，文化的差异是影响海尔发展的最大障碍。为了使海尔的企业文化同当地文化融合，海尔立足于在当地融智与融资，采取适应美国本土文化的管理模式，获得了迅速的发展和成功。海尔没有采取派出人员的做法，而是聘用当地的美国人来经营当地的海尔。实践证明这种做法符合美国市场和美国文化。美国海尔在短时间里获得了迅速的发展。

不管任何时期，海尔人都会根据环境的变化审时度势，适应环境，选择最适合自己的发展方式。今天，海尔已经成为中国最成功的企业之一，它在全球设立了10大研发中心、71个研究院、33个工业园、133个制造中心和23万个销售网络，连续4年作为全球唯一物联网生态品牌蝉联“BrandZ最具价值全球品牌100强”，连续14年稳居“欧睿国际全球大型家电零售量”第一名，2022年全球营业收入3 506亿元，品牌价值达4 739.65亿元。

（资料来源：海尔集团公司主页．http://www.haier.com）

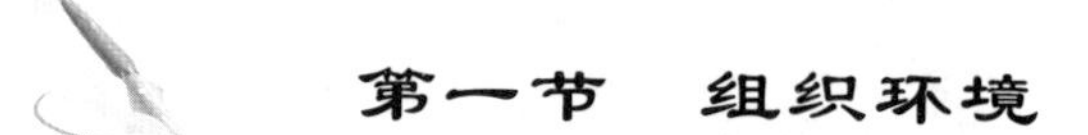

第一节　组织环境

人类的任何活动都是在一定的环境中进行的，管理活动也不例外。管理行为必须在一定的环境中存在，并受环境的影响。环境为管理活动提供了广泛的空间、丰富的资源和必要的条件。管理环境的变化要求管理的内容、手段、方式、方法等随之调整。同时，任何组织，作为社会中的一员，都有责任对社会做出贡献，承担社会责任。

任何组织都不是孤立存在的，它不可能作为封闭系统来运作，都要在特定的环境中从事活动。环境是组织生存发展的土壤，既为组织活动提供发展的条件，又起限制作用。

一、组织环境的含义及分类

组织环境，是指存在于一个组织外部和内部的影响组织业绩的各种力量和条件因素的总和，包括组织的外部环境和内部环境（图3-1）。

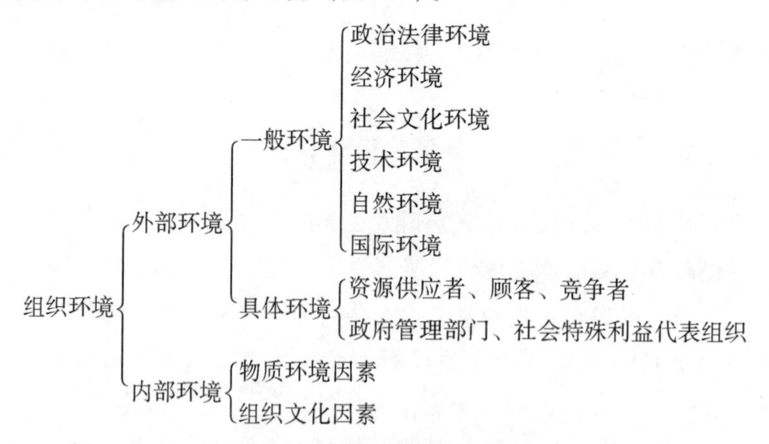

图3-1　组织环境分类图

外部环境是指组织之外的客观存在的各种影响因素的总和，可分为一般环境和具体环境。一般环境往往通过具体环境对组织产生直接或间接的影响。一般环境是指某一特定社会中对所有企业或其他组织都产生影响的宏观因素，包括政治法律因素、经济环境因素、社会文化环境因素、技术环境因素、自然环境因素和国际环境因素等。一般环境的影响常常是广泛的，在多数情况下，一般环境是特定组织的管理者所无法影响和控制的。具体环境是指与实现组织目标直接相关的那部分外部因素，是特定的组织所面临的现实环境。这些因素与实现组织目标直接相关，是由对组织绩效产生积极或消极影响的关键要素组成的，并且每个组织所面临的具体环境是有差异的，并随着条件的变化而变化。

内部环境是指存在于组织之内，并对组织的管理活动产生影响的客观条件的总和，一般包括组织的物质环境和文化环境。组织物质环境是指组织所拥有的人力、物力和财力资源等；文化环境是指一个组织的组织文化。这些因素将直接影响一个组织目标的制定和实现，还影响着该组织管理者的管理行为。

二、管理与环境的关系

任何组织系统都存在于一定的环境之中，环境的特点及其变化必然会影响组织管理活动的方向、内容以及管理方式的选择。环境因素对组织管理的影响具体表现为以下几个方面。

1. 环境决定、限制与制约组织管理

环境是组织生存和发展的土壤与行动的空间。有什么样的环境就有什么样的组织管理。自然地理、政治制度、经济制度、意识形态和人文环境都对组织管理起着不可忽视的影响作用。实际上，组织管理系统的活动方向和内容是由环境决定的，其价值观、目标、规模、结构与行为方式等都要受到环境的限制与制约。

2. 组织管理必须适应环境的现状

组织管理本身没有严格的好与坏的区分，唯有适应其现状才是最理想的。所谓适应环境状况，是指组织管理必须符合现实特定的环境向它提出的要求和条件。如果组织管理不适应环境的状况，也就是组织没有适应环境的能力，那么就无法进行有效的管理活动。可想而知，如果与其环境格格不入，即使再先进的组织管理也不可能有管理成效，必定会导致失败。

3. 环境的发展变化必然导致组织管理的发展变化

环境不是一成不变的，而是始终处于不断变化的动态过程之中。环境发生了变化，组织管理也必须适应这种变化。组织管理正是在对环境不断变化的认识、把握和调整中才做到平衡和适应的。因此，环境的持续发展变化，迫使组织管理要有对环境科学预测的能力，要能在此基础上确立管理战略和规划。

当然，组织管理与环境之间是一种相互依存、相互影响的动态的、互动的关系，并非是一种单项的传递或影响力的主从关系，或简单的决定与被决定、适应与不适应、选择与被选择的关系。组织管理与环境两者之间可视作是博弈双方，环境对组织管理具有决定和制约作用，而组织管理与环境的关系显然还有另外一面，即组织管理对环境的适应和对管理环境的影响。一般来说，组织对管理环境的影响或作用可有两种方式：一种是被动或消极地适应环境，即完全按照环境的特点和要求来调整自己的行为内容和行为方式，利用自身条件去适应现实环境，而不对环境有任何影响和改变；另一种是主动并积极地适应环境，即组织尽可能多地掌握环境的信息、资料，通过科学分析和预测环境的特性及其动态变化的一般规律，采取积极、主动的措施，对环境进行改善，使环境得到优化，同时通过对环境的控制，创造环境，甚至改变环境要素，使环境按照组织管理所希望与要求的方向发展。应该说组织管理存在和发展的价值就在于它在适应环境的基础上，努力地促进其所赖以建立的环境要素的巩固与发展，在于它对环境的能动的改造。

三、组织的外部环境

组织的外部环境是指组织之外的客观存在的各种影响因素的总和。它是不以组织的意志为转移的，是组织管理者必须面对的重要影响因素。组织的外部环境主要包括外部一般环境和具体环境。

（一）外部一般环境

外部一般环境是指那些在任何时期对所有的组织均能产生影响的外部环境，因此也称为宏观环境，包括政治法律环境、经济环境、社会文化环境、技术环境、自然环境和国际环境等。

1. 政治法律环境

政治法律环境包括组织所在地区的政治制度、政治形势，执政党的路线、方针、政策和国家法令、法规等，这些都会对一个组织产生重大影响。政治法律环境主要表现在地区的稳定性和政府对各类组织或活动的态度上。地区政局的稳定性是一个组织在制定长期发展战略时必然要考虑的，如果中国与某国的关系经常处于不好或不稳定的状态，中国的企业就会难以在对方国家开办实业并取得好的效益。政府对各类组织的态度则决定了各个组织可以做什么、不可以做什么，例如政府若认为金融保险业要以国营为主，其他民营企业就很难涉足金融保险业。

自从实行改革开放政策以来，我国的政治环境基本上是比较稳定的。但管理是世界性的活动。我国不少企业已进军国际市场，在不少国家和地区开办了实业，与众多的国家和地区开展着贸易、进行着合作，这就要求我们对这些国家和地区的主要政治环境变化有一定的预见能力。

2. 经济环境

组织所面临的外部经济环境，通常包括其所在国家或地区的经济制度、经济结构、物质资源状况、经济发展水平、国民消费水平等方面。经济增长率、通货膨胀率、失业率、进出口总额、利率、税率、汇率、资源分布状况、消费者收入水平、消费结构、消费者储蓄、投资机会和消费者信贷水平等是一些可以用来反映经济环境的指标。

经济环境因素主要通过对各类组织所需要的各种资源的获得方式、价格水准和对市场需求结构的作用来影响各类组织的生存和发展。

不同的经济制度有不同的资源供给方式，在市场经济制度下很容易通过市场获得的某些资源在计划经济制度下就可能很难获得。

物质资源状况、经济结构、国民消费水平会在很大程度上影响一国各种资源的价格水准，而各种资源的价格水准的变化将会明显地影响各类组织的投入和产出。劳动力、原材料及其他项目成本的升降，既可能为一些组织的发展创造机会，也可能会导致一些组织走向破产。

在不同的经济发展阶段，国民消费水平不同，市场需求结构也不同。现在畅销的商品在将来不一定仍然畅销，而现在没有市场的产品在将来可能成为畅销商品。

3. 社会文化环境

社会文化环境是指社会环境中由文化诸要素以及与文化要素直接相关的各种社会现象构成的实际状态。它是由生活在一定社会群体（如一个国家或地区）中的人们的文化传统、受教育程度、文化水平、价值取向、宗教信仰、风俗习惯、生活准则、审美观点、城乡结构等因素构成，是由该地区居民长期的生活沉淀所形成的。

社会文化环境对于一个组织的行为也有很大的影响。例如，就风俗习惯而言，在有的国家或地区，人们把服装式样看成是显示自己社会地位的一种象征，因此他们很讲究服装的式样并很愿意为此花钱；而在有的国家或地区，人们对服装的式样并不讲究，只要经济、实用即可。对于从事国际贸易的服装企业，就必须注意到不同国家或地区在风俗习惯上的这些差异。再如，为了保证顺利达成一笔商业交易，支付给政府官员和可以施加影响的人一笔费用，有的国家认为这是贿赂，有的国家则认为是正当的报酬，是可以接受的经营方法。人是社会的人，要受到人们普遍接受的各种行为准则的约束。道德准则或社会公德虽然大多并没有形成法律条文，但对于约束个人或集体的行为仍具有事实上的作用和威力，任何组织的行为都不能不考虑社会秩序和伦理道德的影响。

4. 技术环境

技术在任何组织的环境中，都是一项关键的因素。技术通常是指组织所在国家或地区的技术水平、技术政策、科研潜力和技术发展动向等。就一般环境而言，20 世纪下半叶变化最迅速的因素就是技术。办公自动化、柔性制造系统、激光技术、集成电路技术、计算机技术、新材料技术、新能源技术层出不穷。在当今充满变化的世界里，任何企业欲求生存，都必须在产品、服务、经营方式等方面，保持技术的先进性；同样，军队也必须采取措施在导弹、飞机、潜艇等军事设备方面保持技术的先进性，这不仅是军队自身利益之所在，更重要的是保证社会安全所必须。任何组织，欲求经营有效而与技术和技术发展无关，几乎是不可能的。那些能适应技术进步的组织，相对于不关注技术进步的组织，在竞争中将会占据更有利的地位。

技术进步从劳动力、劳动资料、劳动对象等方面推动着生产力的发展，不同的技术条件和技术过程，又要求有不同的管理方式和方法，技术的发展也改变着管理活动的进行。在规划、决策、计划调度、组织、控制等方面，技术都占据着重要的位置，组织方式和领导方式也随着技术的发展而改变。

5. 自然环境

自然环境包括组织所在地区的地理位置、气候条件、资源状况等。组织所处的地理位置决定了其可能获得的交通运输条件、通信条件、人力资源条件、政策优惠条件等。比如，我国沿海地区的开放政策吸引了大批外资，促进了投资环境的改善，给这些地区的各类组织提供了充分的发展机会。气候条件对那些受气候影响较大的组织如旅游企业、空调生产企业、服装生产企业等尤为重要。气候趋暖或趋寒会影响空调生产厂家或服装行业的销售，而四季如春、气候温和则会促使人们远足郊外，从而为与旅行或郊游有关的产品制造提供机会。

资源状况也与地理位置有着密切的关系，它包括矿藏、水资源、森林资源、水生资源等的数量与质量，是所有组织生存和发展的必要条件。资源特别是稀缺资源的蕴藏不仅是国家或地区发展的基础，而且为所在地区经济的发展提供了机会。没有地下蕴藏的石油，许多中东国家就难以在沙漠中建造绿洲。我国许多农村地区乡镇企业的发展，在初期也是靠优越的地理位置、靠资源开采来逐步积累资金的。资源的分布通常影响着工业的布局，从而可以决定不同地区不同产业企业的命运。

6. 国际环境

在全球经济一体化迅速发展的今天，国际环境正起着越来越重要的作用，它包括组织所在国以外所有可能对组织产生影响的因素。在全球组织任职的管理者必须熟知他们经营业务的国家所特有的法律体系，特别是与本国法律的差异，并要预测其变化；在经济环境中则要着重关注汇率、通货膨胀率和不同的税收政策，在文化环境中则要关注各国文化的差异。

（二）外部具体环境

组织外部具体环境是特定的组织所面临的现实环境，不同的组织所面临的具体环境是有差异的。对大多数组织而言，外部具体环境因素主要包括资源供应者、顾客、竞争者、政府管理部门和社会特殊利益代表组织等。

1. 资源供应者

资源供应者是指向组织提供各种所需资源的个人或单位。资源不仅包括原材料、设备、资金、人力，也包括信息、技术和服务等。由于组织在其运行过程中依赖于资源供应者的资源供应，一旦资源供应短缺或者发生问题，就会导致整个组织运转减缓或者终止。管理者必须全面了解和分析资源供应者的情况，处理好与资源供应者的关系，寻求尽可能低的成本，同时又必须保证组织所需资源的稳定供应。

2. 顾客

顾客是指一个组织为其提供商品或服务的个人或组织。一个组织的产品或服务只有转化为商品并且被顾客消费之后才能给组织带来效益，因此对以盈利为目的的企业来讲，顾客是其生存的基础。组织对顾客的认识应从顾客的特性和顾客的需求特性入手。顾客的特性主要包括顾客的性质、顾客的偏好、顾客的购买能力、顾客的忠诚度等，而顾客的需求特性则包括顾客的需求量、顾客的需求结构、顾客的购买特点等。

3. 竞争者

一个组织的竞争者是指与其争夺资源、服务对象的人或组织。任何组织都不可避免地会有一个或多个竞争者。这些竞争者之间不是相互争夺资源，就是相互争夺服务对象。

基于资源的竞争一般发生在许多组织都需要同一有限资源的时候，最常见的资源竞争是人才竞争、资金竞争和原材料竞争。对经济资源的竞争可能涉及不同类型的组织。当各组织竞争有限资源时，该资源的价格就会上扬。例如，当资金紧缺时，利率就会上升，组织的运营成本也会上升。

基于顾客的竞争一般发生在同一类型的组织之间，或许这些组织提供的产品或服务方式不同，但它们的服务对象是同一的，也同样会发生竞争。例如，航空部门与铁路运输部门之间、铁路与公路运输部门之间就可能为争夺货源和乘客而展开竞争。竞争也不仅限于国内，随着经济全球化的发展，国内的各类组织不仅面临着来自国内组织的竞争，也面临着来自国外组织的竞争。在这种情况下，国内的竞争之间有时可能会出现某种程度的联合，以对抗来自国外组织的竞争。

没有一个组织可以忽视竞争，否则就会付出沉重的代价。竞争者是组织必须有所了解并及时做出反应的一个重要环境因素。

4. 政府管理部门

在中国，政府管理部门主要是指国务院各部委及地方政府的相应机构，如行业主管部门、工商行政管理部门、技术监督部门、物价部门等。政府管理部门拥有特殊的官方权力，可制定有关的政策法规、征税、对违反法律的组织采取必要的行动等，而这些对一个组织可以做什么和不可以做什么以及能取得多大的收益，都会产生直接的影响。

政府对投资准入的管理可以采用负面清单管理模式或者正面清单管理模式。负面清单管理模式，相当于投资领域的“黑名单”，列明了企业不能投资的领域和产业。除了负面清单上的禁区，其他行业、领域和经济活动都许可。上海自贸区对外商投资的准入特别管理就首先采用了负面清单模式。与负面清单相对应的是，正面清单则列明了企业可以做什么领域。

5. 社会特殊利益组织

社会特殊利益组织是指代表社会上某部分人的特殊利益的群体组织，如工会、消费者协会、环境保护组织、动物爱好者协会等。它们虽然没有政府管理部门那么大的权力，但是可以通过直接向政府部门反映情况，或是通过宣传制造舆论等方式对组织施加相当大的影响。事实上，有些政府法规的颁布，也是对某些社会特殊利益代表组织所提出要求的回应。

四、组织的内部环境

内部环境是由组织内部的物质环境和文化环境构成的。内部环境的研究目的是通过对组织内部各种资源拥有状况和利用能力的分析，使企业明确自己的优势和劣势，进而有的放矢地调整战略目标，采取扬长避短或扬长补短的战略方针和战术，寻找到挖掘内部潜力的方向。

（一）内部物质环境

任何组织的管理活动都需要一定的资源。这些资源的拥有状况和利用情况影响甚至决定着组织活动的效率和规模。组织活动的内容和特点不同，需要利用的资源类型也不同，但一般来说，任何组织的活动都离不开人力资源、有形资源和无形资源。

1. 人力资源

人力资源是那些体现于员工个体成员身上的、能够为组织提供服务的知识和技能，包括组织成员的智力、经验、教育和社会资本，以及他们的洞察能力、分析判断能力、领导组织能力等。根据不同的标准，可以将人力资源划分为不同的类型。例如，企业人力资源根据组织成员从事的工作性质的不同，可分为生产工人、技术工人和管理人员三类。人力资源研究就是要分析这些不同类型的人员的数量、素质和使用状况。人力资源状况是影响组织竞争力强弱的重要因素，是提高生产率和经济增长的一种关键来源。雇用正确的人员，精心培养他们，营造让他们充分发挥潜能的组织文化，适时、正确地激励和奖赏他们，企业得到的回报将是卓越的绩效。基于同样的原因，如果员工缺乏知识、技能和能力，缺乏高效工作和把握机会改善绩效的激励，那么这也可能是竞争劣势的一种来源。

2. 有形资源

有形资源包括组织的财力资源和实物资源。实物资源研究，就是要分析在组织活动过程中需运用的物质条件的拥有数量和利用程度。例如，分析企业拥有多少设备和厂房，它们与目前的技术发展水平是否相适应，企业是否应对其进行更新改造，机器设备和厂房的利用状况如何，企业能否采取措施提高其利用率，等等。实物资源主要包括组织的设备、厂房、仪器、工具、仓库、场地、原材料供应等方面。

财力资源是一种能够获取和改善其他资源的资源，是反映组织活动条件的一项综合因素。财力资源研究，就是要分析组织的资金拥有状况、构成状况、筹措渠道、利用状况，分析组织是否有足够的财力资源去组织新业务的拓展、对原有活动条件和手段进行改造，以及在资金利用上是否还有潜力可挖等。

3. 无形资源

无形资源是根植于组织历史、对组织经营发挥长期作用的资源，包括知识技术资产和商誉。知识技术资产的主要特征是以专有技术（专利、版权、商标、商业秘密等）形式保护的技术储备、技术运用中的专业知识和方法，以及用于创新的研究设备和科技人员等。无形资源是企业竞争的重要来源之一。

（二）内部文化环境

组织内部文化环境指的是组织文化。每一个人都具有心理学家所说的“个性”，一个组织也同样有自己的个性，这种个性我们称之为组织文化。组织文化是企业的灵魂，在商场如战场的今天，组织文化是企业竞争力与生命力的精神支撑。没有先进文化的企业，如同商场上的行尸走肉。因此培育与建设健康向上的组织文化，建立高激励性、高凝聚性的企业团队，成为现代企业管理的核心问题。

1. 组织文化的含义

一般而言，组织文化有广义与狭义两种理解。广义的组织文化是指组织在社会实践过程中所创造的物质财富和精神财富的总和。狭义的组织文化是指组织在长期发展的过程中逐步形成的，并为组织全体员工普遍认可和共同遵守的具有本组织特色的价值观、团体意识、工作作风、行为规范和思维方式的总和。

2. 组织文化的构成

一般来说，组织文化的结构划分为三个层次，即物质层、制度层和精神层。

（1）物质层。物质层是组织文化的表层部分，是组织创造的物质文化，它包括了组织整个物质的和精神的活动过程、组织行为、组织产出等外在表现形式，还包括实体性的文化设施。从物质层往往能折射出组织的管理哲学、工作作风、审美意识等内容，这一层次是组织文化最直观的部分，也是人们最容易感知的部分。这部分内容包括组织名称、标识、标准字体、标准色、组织的办公场所和布置方式，以及组织的典礼仪式，组织的文化传播网络，也包括组织产品的特色、式样、外观、包装等内容。

（2）制度层。制度层是组织文化的中间层次，是对组织和组织员工的行为产生规范性、约束性影响的部分。这一部分规定了组织员工在共同的组织活动中应当遵守的行为规则。它包括能够体现某个具体组织文化特色的各种规章制度、道德规范和员工行为准则等内容。它通过形成科学合理的组织制度体系，为组织的理念、精神、价值观得以落实提供保障。它是组织为实现自身目标对员工的行为给予一定限制的文化。

（3）精神层。精神层是组织文化的核心和主体，也称为精神文化。这一层次是形成物质层、制度层文化的基础和原因。精神层主要是指组织员工共同遵守的基本信念、价值标准、意识形态、道德观念。一个组织有无精神层是衡量一个组织是否形成了自己的组织文化的标识和标准。这一层次包括了组织的最高目标、组织的核心价值观、组织哲学、组织精神、组织道德、组织宗旨等内容。

阅读资料一

同仁堂的企业文化

3. 组织文化的功能

组织文化之所以受到管理者的高度重视，是因为良好的组织文化具有下列功能：

（1）导向功能。组织文化能对组织整体和组织员工的价值及行为取向起导向作用。组织文化对组织整体的价值取向和经营管理起引导作用，同时也对组织员工个体的思想和行为起导向作用。组织文化通过组织的共同价值观不断地向个人价值观渗透和内化，使组织自动生成一套自我调控机制。如果组织员工在价值和行为上的取向与组织文化的系统标准产生悖逆现象，组织文化会纠正并将其引导到组织的价值观和规范标准上来。

（2）凝聚功能。被组织成员共同认可的价值观会成为一种黏合剂，从各个方面把其成员凝聚起来，整合每个人的行为、思想、感情、信念、习惯以及沟通方式，使成员和组织融为一体，从而产生一种无形的向心力和凝聚力。

（3）激励功能。组织文化的激励作用是组织文化通过满足组织员工的需要，引导组织员工产生强大的内在动力，激发、调动员工的积极性。组织文化能够促使组织员工从内心产生一种奋发进取的效应。组织员工接受了组织的核心理念，他们就会被这种理念所驱使，自觉地发挥潜能，为组织更加努力、高效地工作。

（4）约束功能。组织文化对组织员工的思想、心理和行为具有约束和规范的作用，这种约束不是制度式的硬约束，而是一种软约束，它产生于组织的文化氛围、群体行为准则和道德规范中。软约束机制以共同的价值观和相关理念为核心，在组织员工心理深层形成一种定势，使组织员工产生心理共鸣，达到行为的自我控制。

（5）辐射功能。组织文化一旦形成，不仅会在组织内部发挥作用，对本组织员工产生影响，而且也会通过各种渠道对社会产生影响。组织文化向社会辐射的渠道是很多的，但主要可分为利用各种宣传手段和个人交往两大类。一方面，组织文化的传播对树立组织在公众中的形象有帮助；另一方面，组织文化对社会文化的发展有很大的影响。组织文化对内对外的辐射过程，也正是组织形象的塑造过程，因而对组织的发展有着重要的意义。

4. 组织文化的塑造途径

组织文化的塑造是个长期的过程，同时也是组织发展过程中的一项艰巨、细致的系统工程。许多组织致力于导入 CIS 系统（Corporate Identity System），颇有成效，它已成为一种直观的、便于理解和操作的组织文化塑造方法。从路径上讲，组织文化的塑造需要经过以下几个过程：

（1）选择合适的价值观，分析、讨论、提炼成精神层文化。

（2）建章立制，形成制度层文化。

（3）对物质层文化的构成因素进行系统设计，形成与精神层文化、制度层文化相一致的物质层文化。

（4）宣传组织文化，让员工学习组织文化，强化员工的认同感。即利用一切媒体进行宣传，并加强相关教育培训，使组织成员系统地接受组织的价值观和行为准则，并强化其认同感。

学习组织文化的最好方法并不是简单地灌输组织文化的概念和规定，而是通过企业创始人或者领导人的故事、先进人物的故事、具体案例、企业发展历史、文化仪式、象征物等，让组织成员从内心去感悟和接受组织文化，从而强化员工对组织文化的认同感。

（5）实施并巩固。推行组织文化，并在推行过程中不间断地深入宣传组织文化，树立典型和英雄人物，为组织成员提供可以仿效的身边榜样。

(6) 在发展中不断丰富和完善。任何一种组织文化都是特定历史的产物，当组织的内外条件发生变化时，组织必须不失时机地丰富、完善和发展组织文化。这既是一个不断淘汰旧文化和不断生成新文化的过程，也是一个认识与实践不断深化的过程。组织文化由此经过不断的循环往复以达到更高的层次。

五、组织环境综合分析工具

(一) PEST 分析

对一般环境因素作分析时，不同行业和企业根据自身特点和经营需要，分析的具体内容会有所差异，但一般应对政治法律环境（Political）、经济环境（Economic）、社会文化环境（Social & Cultural）和技术环境（Technological）这四大类影响企业的主要外部环境因素进行分析，如表 3-1 所示。

表 3-1 PEST 分析表

政治法律环境	经济环境
执政党性质	GDP 及其增长率
政治体制	贷款的可得性
经济体制	可支配收入水平
政府的管制	居民消费（储蓄）倾向
税法的改变	利率
环境保护法	通货膨胀率
产业政策	规模经济
投资政策	政府预算赤字
国防开支水平	消费模式
反垄断法规	失业趋势
与重要大国的关系	劳动生产率水平
地区关系	汇率
民众参与政治行为	证券市场状况
	外国经济状况
	进出口因素
	不同地区和消费群体间的收入差别
	价格波动
	货币与财政政策

续表

社会文化环境	技术环境
人口结构比例 结婚数、离婚数 人口出生、死亡率 人口移进移出率 社会保障计划 人口预期寿命 生活方式 对政府的信任度 对工作的态度 购买习惯 对道德的关切 性别角色 种族平等状况 平均教育状况 对质量的态度 对服务的态度 对能源的节约 社会活动项目 社会责任 对职业的态度 城市、城镇和农村的人口变化 宗教信仰状况	科技应用 新技术 新工艺 新材料 研发投入 技术创新能力 基础工业技术

（二）五力竞争模型分析

美国哈佛大学商学院教授迈克尔·波特（Michael E. Porter）认为：企业最关心的是其所在行业的竞争强度，而竞争强度又取决于五种基本的竞争力量，包括行业中现有企业间的竞争力量、潜在的入侵者、替代品的威胁、买方的讨价还价能力和供方的讨价还价能力。正是这五种力量的状况及综合强度影响并决定了企业在行业中最终获利的潜力。迈克尔·波特以驱使行业竞争的这五种力量建立模型，该模型被称为五力竞争模型，如图3-2所示。

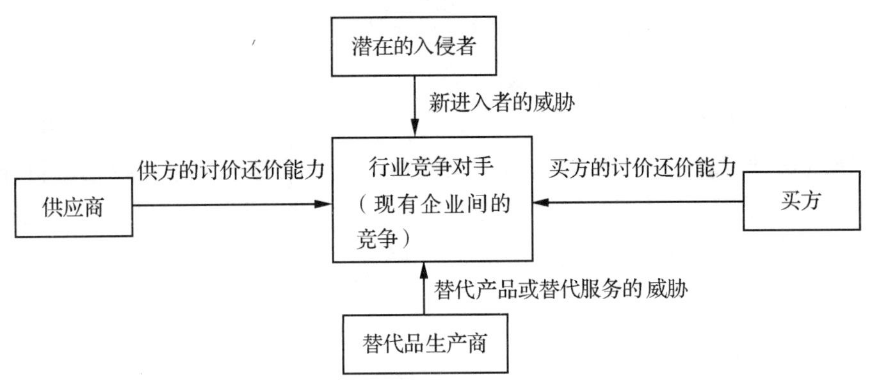

图 3-2 驱动行业竞争的五种力量

1. 供方的讨价还价能力

供方主要通过其提高投入要素价格与降低单位价值质量的能力，来影响行业中现有企业的盈利能力与产品竞争力。供方力量的强弱主要取决于他们所提供给买方的是什么投入要素，当供方所提供的投入要素其价值构成了买方产品总成本的较大比例、对买方产品生产过程非常重要或者严重影响买方产品的质量时，供方对于买方的潜在讨价还价力量就大大增强。一般来说，满足如下条件的供方集团会具有比较强大的讨价还价能力：

（1）供方行业为一些具有比较稳固市场地位而不受市场剧烈竞争困扰的企业所控制，其产品的买主很多，以至于每一单个买主都不可能成为供方的重要客户。

（2）供方各企业的产品各具有一定特色，以至于买主难以转换或转换成本太高，或者很难找到可与供方企业产品相竞争的替代品。

（3）供方能够方便地实行前向联合或一体化，而买主难以进行后向联合或一体化。

2. 买方的讨价还价能力

购买者主要通过其压价与要求提供较高的产品或服务质量的能力，来影响行业中现有企业的盈利能力。一般来说，满足如下条件的购买者可能具有较强的讨价还价能力：

（1）购买者的总数较少，而每个购买者的购买量较大，占了卖方销售量的很大比例。

（2）卖方行业由大量相对来说规模较小的企业所组成。

（3）购买者所购买的基本上是一种标准化产品，同时向多个卖主购买产品在经济上也完全可行。

（4）购买者有能力实现后向一体化，而卖主不可能进行前向一体化。

3. 新进入者的威胁

新进入者在给行业带来新生产能力、新资源的同时，希望在已被现有企业瓜分完毕的市场中赢得一席之地，这就有可能与现有企业发生原材料与市场份额的竞争，最终导致行业中现有企业盈利水平降低，严重的话还有可能危及这些企业的生存。竞争性进入威胁的严重程度取决于两方面的因素，这就是进入新领域的障碍大小与预期现有企业对于进入者的反应情况。

进入障碍主要包括规模经济、产品差异、资本需要、转换成本、销售渠道开拓、政府行为与政策（如国家综合平衡统一建设的石化企业）、不受规模支配的成本劣势（如商业秘密、产供销关系、学习与经验曲线效应等）、自然资源（如冶金业对矿产的拥有）、地理环境（如造船厂大多建在海滨城市）等方面，这其中有些障碍是很难借助复制或仿造的方式来突破的。预期现有企业对进入者的反应情况，主要是采取报复行动的可能性大小，这取决于有关厂商的财力情况、报复记录、固定资产规模、行业增长速度等。总之，新企业进入一个行业的可能性大小，取决于进入者主观估计进入所能带来的潜在利益、所需花费的代价与所要承担的风险这三者的情况。

4. 替代品的威胁

两个处于不同行业中的企业，可能会由于所生产的产品互为替代品，从而在它们之间产生相互竞争行为。这种源自替代品的竞争会以各种形式影响行业中现有企业的竞争战略。第一，现有企业产品售价以及获利潜力的提高，将由于存在着能被用户方便接受的替代品而受到限制；第二，由于替代品生产者的侵入，使得现有企业必须提高产品质量，或者通过降低成本来降低售价，或者使其产品具有特色，否则其销量与利润增长的目标就有可能受挫；第三，源自替代品生产者的竞争强度，受产品买主转换成本高低的影响。总之，替代品价格越低、质量越好、用户转换成本越低，其所能产生的竞争压力就越强；而这种来自替代品生产者的竞争压力的强度，可以通过考察替代品销售增长率、替代品厂家生产能力与盈利扩张情况等来加以描述。

5. 行业内现有竞争者的竞争

大部分行业中的企业，相互之间的利益都是紧密联系在一起的，而作为企业整体战略一部分的各企业竞争战略，其目标都在于使得自己的企业获得相对于竞争对手的优势，所以，在实施中就必然会产生冲突与对抗现象，这些冲突与对抗就构成了现有企业之间的竞争。现有企业之间的竞争常常表现在价格、广告、产品介绍、售后服务等方面，其竞争强度与许多因素有关。

知识链接

当代战略管理大师——迈克尔·波特

（三）SWOT分析方法

SWOT分析方法是一种根据组织自身的既定内在条件，将组织内外环境所形成的优势S（Strengths）、劣势W（Weaknesses）、机会O（Opportunities）、威胁T（Threats）四个方面的情况，结合起来进行分析，以寻找制定适合组织实际的经营战略和策略的方法。

1. 组织内部优势（S）

组织内部优势可能包括：成功的企业家、团结而高效的管理团队、优秀的产品质量、强大的研发能力、有利的竞争态势、充足的资金来源、良好的企业形象、规模经济、成本优势、有效的广告攻势等。

2. **组织内部劣势（W）**

组织内部劣势是指在竞争中相对弱势的方面，可能包括：产品质量不稳定、设备老化、员工老龄化、内部管理混乱、技术落后、研究开发薄弱、资金短缺、经营者开拓能力差、产品积压、考核混乱、激励方法无效等。

3. **组织外部机会（O）**

组织外部机会可能包括：国家有了新的优秀领导、新能源政策、新投资政策、新的市场需求、新产品、外国市场壁垒解除、竞争对手失误、出现了更质优价廉的原材料、广告价格下跌、有利的汇率、资本市场繁荣、利率下降、劳动力供应充足等。

4. **组织外部威胁（T）**

组织外部威胁可能包括：国家领导人频繁变化、新的竞争对手、能源供应紧张、经济衰退、替代产品增多、市场紧缩、行业政策的不利变化、利率上升、股票市场暴跌、客户偏好改变、社会突发事件增加、劳动力成本上升等。

将 SWOT 的 4 种因素排列组合，可以构造出 SWOT 矩阵，如表 3-2 所示。

表 3-2　SWOT 矩阵

	内部环境		
外部环境		优势（S）	劣势（W）
	机会（O）	Ⅰ. 增长型战略	Ⅱ. 扭转型战略
	威胁（T）	Ⅲ. 多种经营战略	Ⅳ. 防御型战略

SWOT 矩阵提供了 4 种战略，即 SO 战略、WO 战略、ST 战略和 WT 战略。从表 3-2 可以看出，区域 I：优势—机会（SO）战略，有良好的外部机会和有力的内部优势，可以采取增长或扩张型战略来充分掌握环境提供的发展良机；区域 II：劣势—机会（WO）战略，虽然面临良好的外部机会，但组织内部存在劣势，因此可以采取扭转型战略，设法清除内部不合理的条件，以便尽快形成利用环境机会的能力；区域 III：优势—威胁（ST）战略，具有强大的内部优势，但外部环境存在威胁，可以采取多种经营战略，一方面使自己的优势得到更充分利用，另一方面也使经营的风险得以分散；区域 IV：劣势—威胁（WT）战略，内部存在劣势，外部环境存在威胁，这时可采取防御型战略，设法避开威胁和消除劣势。

阅读资料二

康佳的 SWOT 分析

第二节　组织的社会责任

任何组织，不管是政府、企业、学校，还是医院或其他机构，作为社会中的一员，都有责任对社会做出贡献，承担社会责任。

一、社会责任的含义及其相关观点

20 世纪 70 年代，人们对“企业单纯是追求利润最大化的经济组织”的提法产生了质疑，提出了社会责任的观点，即企业在从事生产经营活动过程中，在追求经济效益的同时，还应尽可能地兼顾到企业职工、消费者、社会公众乃至国家的利益，承担起相应的社会责任。

（一）社会责任的含义

社会责任是指一个组织对社会应负的责任。社会责任可分为“积极责任”和“消极责任”。积极责任即预期的社会责任，它要求个体采取积极行动，促成有利于社会的结果的产生或防止坏的后果的产生。消极责任或者说法律责任，指在个体的行为对社会产生有害后果时，要求予以补救，例如汽车召回就属于这种消极责任的体现。

本书重点讨论企业的社会责任。

企业社会责任是指企业在创造利润、对股东承担法律责任的同时，还要承担对员工、消费者、社区和环境的责任。企业的社会责任要求企业必须超越把利润作为唯一目标的传统理念，强调在生产过程中对人的价值的关注，强调对消费者、环境、社会的贡献。

可根据社会责任与企业关系的紧密程度把企业社会责任分为三个层次：一是基本社会责任，包括对股东负责、善待员工等；二是中级社会责任，包括对消费者负责、服从政府领导、搞好与社区的关系、保护环境等；三是高级社会责任，包括积极参与慈善捐助、热心公益事业等。

在现实中大多数企业不能完全做到承担这三个层次的企业社会责任。企业首先应承担起基本社会责任，这是判断一个企业是否具备企业社会责任的首要条件。若企业在此基础上完成了中级社会责任和高级社会责任，那么可以说这个企业就完成了全面企业社会责任。还应指出不能孤立地看待企业的某一个行为，如果一个行为不能为企业带来利润，或者这个行为为企业带来了利润，但员工的合法权利得不到保证，都不是真正为社会负责的行为。

（二）有关社会责任的两种观点

1. 古典观点

古典观点认为管理当局唯一的社会责任就是利润最大化，如果企业尽可能高效率地使用资源以提供社会需要的产品和服务，并以消费者愿意支付的价格进行销售，企业就尽到了自己的社会责任。古典观点最直率的支持者是诺贝尔奖获得者、经济学家米尔顿·弗里德曼，他认为，今天大部分经理是职业经理，而他们并不拥有他们经营的公司，他们是雇员，对股东负责，因此，他们的主要职责就是按股东的利益来经营业务。根据弗里德曼的观点，当经理将组织资源用于“社会产品”时，他们削弱了市场机制的基础，淡化了企业使命，增加了经营成本，这些增加的成本或以高价转嫁给消费者，或是通过降低股息回报由股东们承担。弗里德曼的观点并不是说企业不应当承担社会责任，他支持企业承担社会责任，但这种责任仅限于为股东实现企业利润的最大化。

2. 社会经济学观点

社会经济学观点认为管理当局的社会责任不只是创造利润，还包括保护和增进社会福利。公司并非只是对股东负责的独立实体。它们还要对社会负责，社会通过各种法律法规认可了公司的建立，并通过购买产品和服务对其提供支持。此外，社会经济观的支持者认为，企业组织不仅仅是经济机构。社会接受甚至鼓励企业参与社会的、政治的和法律的事务。例如，雅芳公司发起的乳腺癌防治运动，让妇女，尤其是那些难以获得医疗护理和治疗的妇女，接受更多的乳腺癌教育，并为她们提供早期检查服务。

社会经济观认为，企业必须承担社会义务以及由此产生的社会成本，企业必须以不污染、不歧视、不从事欺骗性的广告宣传来保护社会福利，必须融入企业所在的社区及资助慈善组织，从而在改善社会中扮演积极的角色。

二、企业社会责任的内容

企业社会责任的内容并非一成不变，它的内涵与外延是随着经济社会的发展而不断发展变化并及时调整的。具体来讲，我国企业社会责任的主要内容包括以下几方面。

（一）企业对股东的社会责任

股东是企业的投资者，是企业的资金来源，是企业资产的所有者。从“委托—代理”关系来看，股东把企业委托给管理者进行经营，那么管理者就应该对股东负责。企业要努力经营，为股东带来丰厚的利润。那种只想从股东手中“圈钱”的企业是不会长久的。因此，管理者要及时地与股东进行沟通，及时地将企业财务状况报告给股东和其他利益相关者，企业错报或假报财务状况是对股东的欺骗。

（二）企业对员工的社会责任

企业对员工的社会责任应包括：（1）尊重员工人格，关注员工的生命安全和身体健康，不断改善员工工作环境；（2）规范劳动合同，明确工时与工资标准；（3）不懈地开展对员工的素质教育和相关法律法规的教育培训，规范员工自身行为；（4）帮助员工进行职业生涯设计，促进员工的全面发展，提高其适应激烈竞争的能力；等等。所有这些做法，都是为了保障员工的合法权益，维持良好而稳定的劳资关系，增进员工对企业的忠诚度和归属感，调动员工的积极性。

（三）企业对消费者的社会责任

消费者是企业产品和服务的最终使用者，企业对消费者承担的社会责任主要表现为：（1）提供安全的产品；（2）提供正确的产品信息；（3）提供售后服务；（4）提供必要的指导；（5）赋予顾客自主选择的权利。

（四）企业对环境的社会责任

企业既受环境影响又影响着环境，从自身的生存和发展角度看，企业都要承担环境保护责任。企业对环境的社会责任主要体现在以下几个方面：（1）企业要在保护环境方面发挥主导作用，特别要在推动环保技术的应用方面发挥示范作用；（2）企业要以“绿色产品”为研究和开发的主要对象；（3）污染环境企业要采取切实有效的措施来治理环境，做到谁污染谁治理，不能推诿，更不能采取转嫁生态危机的不道德行为；（4）企业战略中强调环境主义。因此，对环境负责的企业需要建立以生态为中心的管理。以生态为中心的管理要求使用能耗低、资源占有率低、适应环境的生产技术以及有益于生态和可再生利用的产品包装材料。

（五）企业对所在社区的社会责任

社区是企业生存的小环境，但所受到的影响也不可小觑。企业与所在社区的经济、文化建设及基础设施、治安环境等有互动关系，企业应该处理好与社区的关系。企业在同等条件下要优先从所在社区招聘员工，积极支持所在社区的各项建设，参与预防犯罪活动，为所在社区的全面发展贡献自己的力量。通过此类活动，不仅可以回报社区和社会，还可以为企业树立良好的公众形象。

（六）企业对国家的社会责任

企业的任务是发展和盈利，并担负着增加税收和国家发展的使命。企业要依法经营，规范运作，不断扩大规模，扩大纳税份额，完成纳税任务，为国家发展做出贡献。

三、社会责任国际标准：SA8000

（一）SA8000 的定义

SA8000 是 Social Accountability 8000 的简称，即社会责任标准，它是全球第一个可用于第三方认证的关于工作场所和人权的社会责任国际标准。它是 1997 年 10 月由总部设在美国的社会责任国际组织（SAI）发起，并联合欧美跨国公司，根据《国际劳工组织公约》《世界人权宣言》和《联合国儿童权利公约》等国际条约制定的企业社会责任标准认证，也称企业的道德标准。自公布以来，SA8000 受到全球企业界的广泛关注。SA8000 与 ISO9000、ISO14000 一样，具有通用性，适用于世界各地、任何行业、不同规模的企业和组织。它是由独立的认证机构提供认证，成功通过认证机构审核的企业可以获得认证机构颁发的认证证书。获得认证证书的企业还要接受定期的监督审核，以确保企业不断改善工作条件，其宗旨是确保生产商及供货商所提供的产品都符合社会责任的要求。

（二）SA8000 的主要内容

SA8000 的核心条款包括童工、强迫劳动、健康与安全、结社自由和集体谈判权、歧视、惩戒性措施、工作时间、工资报酬、管理系统等九个方面的要求，其主要内容如表 3-3 所示。

表 3-3　SA8000 的主要内容

涉及领域	具体内容
童工	不应使用或者支持使用童工；采取必要的措施确保儿童和未成年人的教育；不得将儿童和未成年人置于危险、不安全或不健康的工作环境中
强迫劳动	不得有或支持强迫性劳动的行为；不可要求员工交纳抵押金或扣押员工的身份证
健康与安全	提供健康安全的工作环境；采取适当的措施防范工作伤害；开展健康安全教育；配备卫生清洁维持设备和常备饮用水
结社自由和集体谈判权	尊重结社自由和集体谈判的权利；当权利受到法律的限制时，应协助提供类似渠道；不歧视工会代表
歧视	不从事或不支持雇用歧视；不干涉员工信仰自由和风俗习惯；不容许性侵犯
惩罚性措施	不得从事或支持使用体罚、辱骂或精神威胁
工作时间	必须遵守法律规定的工作时间要求，每周至多工作 48 个小时；每周至少休息一天；每周加班不超过 12 个小时等
工资报酬	至少支付法定最低工资，并满足其基本要求；不得为了处罚而扣减工资
管理系统	应根据本标准制定符合社会责任与劳工条件的公司政策，并定期审核；委派专职的资深管理代表具体负责，同时让非管理阶层自选一名代表与其沟通；建立适当的程序，证明所选择的供应商与分包商符合本标准的规定

中国作为全球制造业的中心，受到的跨国公司社会责任审核也最多。据不完全统计，1995 年以来，我国沿海地区已经有近 9 000 家企业接受过社会责任审核，有些企业因为表现良好而获得了更多的订单，有的则因为不符合要求而被取消了供应商资格。SA8000 被许多跨国公司用做选择合作伙伴的依据，因此它对于我国企业的社会责任起到了积极的启蒙和促进作用。它使许多企业认识到，要在生意上取得成功，仅仅满足产品质量、成本、交货期等方面的条件还不够，还必须符合社会责任方面的要求。一个社会责任上有缺陷的企业是走不远的。

本章小结

组织环境是指存在于一个组织外部与内部的影响组织业绩的各种力量和条件因素的总和，包括组织的外部环境和内部环境。

组织外部环境是指组织之外客观存在的各种对组织产生影响因素的总和，又可分为组织的一般环境和特殊环境。

组织内部环境是指管理的具体工作环境，包括组织内部的物质环境和文化环境。

组织文化有广义与狭义之分。广义的组织文化是指组织在社会实践过程中所创造的物质财富和精神财富的总和；狭义的组织文化是指组织在长期发展的过程中逐步形成的，并为组织全体员工普遍认可和共同遵守的具有本组织特色的价值观、团体意识、工作作风、行为规范和思维方式的总和。组织文化具有导向、凝聚、激励、约束和辐射功能。

企业社会责任是指企业在创造利润，对股东承担法律责任的同时，还要对员工、消费者、社区和环境等承担责任。

SA8000 的核心条款包括童工、强迫劳动、健康与安全、结社自由和集体谈判权、歧视、惩戒性措施、工作时间、工资报酬、管理系统等九个方面的要求。

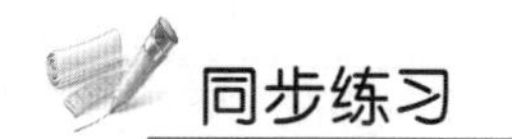

同步练习

第三章同步练习

管理实训

项目：企业环境分析

【实训目的】

1．培养学生分析外部环境的能力。

2．培养学生分析内部环境的能力。

【实训内容】

1．利用课余时间实地调查一家企业，或搜集一家企业的相关资料。

2．分析该企业所面临的外部一般环境。

3．介绍该企业的外部具体环境。

4．谈谈该企业的内部环境。

【实训组织】

在讲授本章内容的第一堂课布置，课后完成。

【实训考核】

1. 每个人提供一份企业外部具体环境分析的简要报告。

2. 每个人提供一份企业内外部环境综合分析的简要报告。

3. 由教师对学生的两个报告评定分数。

第四章

计划职能

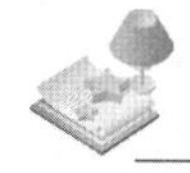

学习目标

阅读和学习本章后，你应该能够：

- 了解计划的概念、分类及编制过程
- 掌握目标管理的基本思想及其实施步骤
- 掌握网络计划技术编制的基本逻辑及其评价
- 了解滚动计划的基本内涵
- 掌握决策的概念、分类、程序与方法

导入案例

为何如此不同？

曾经有人做过这样一个试验：组织三组人，让他们沿着公路步行，分别向10公里外的三个村子行进。

甲组不知道去的村子叫什么名字，也不知道它有多远，只告诉他们跟着向导走就是了。这个组刚走了两三公里时就有人叫苦了，走到一半时，有些人几乎愤怒了，他们抱怨为什么要大家走这么远，什么时候才能走到。有的人甚至坐在路边，不愿再走了。越往后，人们的情绪越来越低，七零八落，溃不成军。

乙组知道去哪个村子，也知道它有多远，但是路边没有里程碑，人们只能凭经验估计大致要走两小时左右。这个组走到一半时才有人叫苦，大多数人想知道他们已经走了多远了，比较有经验的人说“大概刚刚走了一半的路程”。于是大家又簇拥着向前走。当走到四分之三的路程时，大家又振作起来，加快了脚步。

丙组最幸运。大家不仅知道去哪个村子，它有多远，而且路边每公里有一块里程碑。人们一边走一边留心看里程碑。每看到一个里程碑，大家便有一阵小小的快乐。这个组的情绪一直很高涨。走了七八公里以后，大家确实都有些累了，但他们不仅不叫苦，反而开始大声唱歌、说笑，以消除疲劳。最后的两三公里，他们越走情绪越高，速度反而加快了。因为他们知道，要去的村子就在眼前了。

（资料来源：余秀江，张光辉. 管理学原理［M］. 北京：中国人民大学出版社，2003：42－43.）

显然，凡事有没有计划，计划工作做得好与坏，计划能否顺利执行，会有完全不同的结果。一个国家为了未来的发展，要制定长期计划，例如我国的五年计划（规划）；一个企业要制定生产计划、销售计划和新产品开发计划等；一所大学要制定招生计划、教学计划、科研计划等；甚至一个家庭，为了合理地安排生活，也要有一个收支计划。

决策是计划的前提，计划过程是决策的组织落实过程。决策为计划的任务安排提供了依据，计划则为决策所选择的目标活动的实施提供了组织保证。

第一节　决　策

在计划过程中，无论是目标的确定，还是选择目标的方式或途径，实质上都是决策问题。决策贯穿于计划的全过程，渗透于计划的各种形式中。决策也是管理其他职能的中心环节，组织、领导、控制等每一步都涉及决策问题。一个企业、组织的兴衰成败往往不是取决于内部的具体作业管理和效率，而是取决于领导者是否能迅速、准确地做出决策，并具体实施决策。

一、决策的含义及类型

（一）决策的定义

“决策”一词早在《三国演义》一书中就已出现，《三国演义》第三十八回的回目就叫“定三分隆中决策”。所谓决策，是指为了实现一定的目标，提出解决问题和实现目标的各种可行方案，依据评定准则和标准，在多种备选方案中选择一个方案进行分析、判断并付诸实施的管理过程。

决策包含了以下内容。

1. 决策针对明确的目标

目标必须明确、详细。决策前必须明确所要达到的目标，并仔细辨清组织的整体目标体系中包含的多个具体小目标，也应明确所要解决的问题。如果一开始缺乏明确的目标，就会导致整个决策过程偏离方向，最终带来不正确的决策结果。

2. 决策有多个可行方案

决策必须在两个以上的备选方案中进行选择。如果只有一个方案，那就不用选择，也就不存在决策。这些方案应该是平行或互补的，能解决设想的问题或达到预定的目标，并且可以加以定量或定性的分析。如1986年，肯德基公司开始考虑如何进入人口最多的中国市场，为了决定先从哪个城市进入容易取得效果，肯德基公司进行了大量的调查研究，初步选定上海、北京、广州三大城市作为备选方案。考虑到北京的现代化宾馆、大量的流动人口和在全国的形象地位，肯德基决定把北京作为起点。

3. 决策是对方案的分析、判断

决策面临若干个可行方案，每个方案都具有独特的优点，也隐含着缺陷，有的方案还带有很大的风险。决策的过程就是对每个可行方案进行分析、评判，从中选出较好的方案进行实施。管理者必须掌握充分的信息，进行逻辑分析，这样才能在多个备选方案中选择一个较为理想的方案。

4. 决策是一个整体性过程

决定采用哪个方案的决策过程，不是个短暂的时段，而是一个连续统一的整体性过程。从初期搜集信息到分析、判断，再到实施、反馈活动，没有这个完整的过程，就很难有合理的决策。实际上，经过执行活动的反馈又进入了下一轮的决策。决策是一个循环过程，贯穿于整个管理活动的始终。在整个决策过程中，应随时重视决策的有效性，随时纠正偏差，以保证决策的质量。

决策是人类固有的行为。人人都必须随时做出决策，只不过有大小、轻重之别。中国古代丰富的管理思想中，不乏关于决策的典型事例。战国时期，田忌和齐王赛马屡败，因为齐王的上、中、下马都分别比田忌的上、中、下马为优，后来他按照谋士的筹划，按马力的强弱，以己之下马对彼之上马，以己之上马对彼之中马，以己之中马对彼之下马，结果二胜一负，转败为胜。

（二）决策的原则

决策要科学，就必须遵循一定的原则。

1. 满意原则

满意原则是针对“最优化”原则提出来的。“最优化”的理论假设是把决策者作为完全理性的人，决策是以“绝对的理性”为指导，按最优化准则行事的结果。但是，对决策者来说，要想使决策达到最优，必须：（1）容易获得与决策有关的全部信息；（2）真实了解全部信息的价值所在，并据此制订所有可能的方案；（3）准确预期到每个方案在未来的执行结果。

但在现实中，上述这些条件往往得不到满足。因此，决策遵循的原则是满意原则，而不是最优原则。具体来说，原因如下：（1）组织内外存在的一切对组织的现在和未来都会直接或间接地产生某种程度的影响，但决策者很难收集到反映这一切情况的信息；（2）对于收集到的有限信息，决策者的利用能力也是有限的，从而决策者只能制订数量有限的方案；（3）任何方案都要在未来实施，而人们对未来的认识是不全面的，对未来的影响也是有限的，从而决策时所预测的未来状况可能与实际的未来状况有出入。

现实中，由于上述状况的存在，决定了决策者难以做出最优决策，而只能做出满意的决策。这里讲的“满意”决策，就是指能够满足目标要求的决策。

2. 分级原则

决策在组织内部分级进行，是组织业务活动的客观要求。这是因为：

(1) 组织需要的决策一般都非常广泛、复杂，是高层管理者难以全部胜任的，必须按其难度和重要程度进行分级。

(2) 组织管理的重要原则是权责对等、分权管理。实现分级决策，把部分重复进行的、程序化的决策权下放给下属，有利于分权管理。所以说，分级决策是分权管理的核心。

(3) 组织要建立领导制度和层级管理机构，而领导制度和层级管理机构要有效运行，必须遵循一定的原则。其中，包括确定决策机构的具体形式，明确决策机构同执行机构之间的关系等。这些规则的建立和运行也要以决策的层级原则为基础。

当然，无论决策分几级进行，在每一级只能有一个决策机构，以免政出多门。实行层级决策，既有利于组织高层决策者集中精力抓好战略决策、例外决策，同时，又可增强下级单位和领导者的主动性和责任心。

3. 集体和个人相结合的原则

(1) 决策要减少风险，就要充分利用机会，关键时刻有人敢于负责，当机立断。否则，就会错失良机。因此，既不能事事集体决策，大家参与；又不能事事个人决策，一人拍板。要坚持集体决策与个人决策相结合的原则，根据决策事物的轻重缓急，对那些带有战略性、非程序化的、非确定型的事关组织全局的决策，应由集体制定，对其他的应酌情选择个人决策或集体决策。

(2) 决策作为决策者的意志反映，由少数人进行，意见最易统一；而决策要得到顺利实施，就需要有较多的人参与。因此，组织在建立决策体系时，要吸收各方面人士参加，把不同的看法、意见、分歧解决在决策过程之中，应注意发挥个人和集体的智慧，把决策的制定和执行紧密地衔接起来。决策要有效进行，必须做到科学化和民主化，实事求是，按客观规律办事。无论是集体决策还是个人决策，都要建立在广泛民主的基础上，在民主的基础上进行集中，这是提高决策质量的保证。从这一意义上讲，决策的集体与个人相结合的原则，反映了决策科学化和民主化的客观要求。

4. 定性分析与定量分析相结合的原则

将定性分析与定量分析相结合，是进行科学决策的基本原则和基本思路。科学的决策要求把以经验判断为主的定性分析与以现代科学方法为主的定量论证结合起来。

5. 整体效用的原则

组织作为独立个体，它内部有许多单元。这些单元同组织之间存在着局部和整体的关系。组织作为社会的一环，又是社会的一个单元，同社会存在着局部与整体的关系。局部与整体，无论在组织内部还是社会内部，利益不总是一致的。因此，决策者在做决策时，应正确处理组织内部各个单元之间、组织与社会之间、组织与其他组织之间的关系，在充分考虑局部利益的基础上，把提高整体效用放在首位，实现决策方案的整体满意。

知识链接

管理决策理论奠基人——赫伯特·西蒙

（三）决策的类型

1. 按决策的重要程度，分为战略决策、管理决策与业务决策

战略决策是对涉及组织目标、战略规划的重大事项进行的决策活动，是对有关组织全局性的、长期性的、关系到组织生存和发展的根本问题进行的决策，具有全局性、长期性和战略性的特点。比如，确定或改变企业的经营方向和经营目标，开发新产品，企业上市，兼并企业，开拓海外市场，合资经营，扩展生产能力，高层管理的人事变动等，都是战略决策。战略决策面临的问题较为复杂，主要是协调组织与内外部环境的关系，一般由高层管理者进行，必要时，也可聘用组织外部人员对方案进行设定和分析，借助“外脑”进行有效决策。

管理决策是对组织的人力资源、资金、物资等要素进行合理配置的一种决策，具有局部性、中期性与战术性的特点。与战略决策相比，管理决策是战略决策的支持性步骤和过程。管理决策的制定必须纳入战略决策的轨道，为组织实现战略目标服务，比如机构重组、人事调整、资金分配、营销策划、人力资源的配置和培训等，都属于管理决策的范畴。管理决策一般由组织内中间管理层负责制定。

业务决策是涉及组织中的一般管理和处理日常业务的具体决策活动，具有琐碎性、短期性与日常性等特点，如设备维修、文件整理、产品的销售服务、职工休假安排等。业务决策是组织中所有决策的基础，也是组织运行的基础，一般由基层管理者进行决策。业务决策的有效与否，在很大程度上依赖于决策者的经验和常识。

2. 根据参与决策的主体不同，分为集体决策和个人决策

个人决策是指一个人做出的决策。个人决策的优点主要体现在决策速度快、责任明确等方面，其缺点是容易出现因循守旧、先入为主等问题。

集体决策是多个人一起做出的决策。相对于个人决策，集体决策的优点主要是：（1）能更大范围地汇总信息；（2）能拟订更多的备选方案；（3）能得到更多的认同，提高满意度，利于决策的实施；（4）能更好地沟通；（5）能做出更好的决策；等等。但集体决策也有一些缺点，如花费较多的时间、产生“从众现象”及责任不明等。

3. 根据对未来的把握程度（或对环境的可控程度），分为确定型决策、风险型决策、不确定型决策

确定型决策是指各种决策方案的未来的各种情况都非常明确，决策者确知需要解决的问题、环境条件、决策过程及未来的结果，在决策过程中只要直接比较各种备选方案的可知的执行后果，就能做出精确的决策。事实上，在组织中，确定型决策并不多，特别是对高层管理者来说，这是一种理想化的决策活动。一般来说，这种确定型决策可用数学模型求最优解，如库存决策、成本-利润-产销量决策等。

风险型决策是指决策者不能预先确知环境条件，各种决策方案未来的若干种状态是随机的，但面临明确的问题，解决问题的方法是可行的，可供选择的若干个可行方案已知，各种状态的发生可以从统计得到一个客观概率。在每种不同的状态下，每个备选方案会有不同的执行结果，所以，不管哪个备选方案都有一定的风险。对这类决策，决策者应该在计量化基础上进行辨别、筛选。例如，企业产品开发、扩大规模的投资决策，都属于风险型决策。

不确定型决策是指决策者不能预先确知环境条件，可能有哪几种状态或各种状态的概率无从估计，解决问题的方法大致可行，但供选择的若干可行方案的可靠程度较低，决策过程模糊，方案实施的结果未知，决策者对各个备选方案的执行后果难以确切估计，决策过程充满了不确定性。不确定型决策也可采用数学模型来帮助决策。实际上，大多数组织的决策都属于不确定型决策。不确定型决策，关键在于尽量掌握有关信息资料，然后决策者凭直觉、经验和判断行事。

4. 根据决策重复程度，分为程序化决策与非程序化决策

（1）问题的类型。组织的问题可分为例行问题和例外问题两类。

例行问题又称结构良好问题，是指那些重复出现的、日常的管理问题。这时，决策者的目标是明确的，问题是熟悉的，与问题相关的信息是容易确定和完整的。例如，一位顾客想向零售商退货，供应商没有按合同规定按时交货，对大学生重修课程的处理等，这些问题都称为结构良好问题。那些直观的、熟悉的和易确定的问题属于结构良好问题。

例外问题又称结构不良问题，是指那些新的或不同寻常的、有关问题的信息含糊或不完整的问题。例如，组织结构变化、重大投资、新产品开发或新市场开拓、重要的人事任免等问题，这些都是偶然发生的、新颖的、性质和结构不明的、具有重大影响的问题，属于结构不良问题。

根据问题的性质，可把决策分为程序化决策和非程序化决策。

（2）程序化决策与非程序化决策。程序化决策涉及的是例行问题，涉及经常发生的情况，因而问题的背景及资料容易掌握，管理人员可以根据以往的事件，订立一套决策方案，在事件再次发生时立即运用，如在原料不足时向供应商订货。该类决策可以程序化到重复和例行的程度，并在某种程度上存在解决问题的确定方法，因为问题是结构良好问题，管理者不必陷入困境。这类决策相对简单，并在很大程度上依赖于以前的解决方案。

非程序化决策涉及的是例外问题。当问题是前所未见或难以预测的，并对组织有直接影响时，就要运用非程序化决策。这些决策是独一无二的，是不重复发生的，也没有事先准备好的解决方法可循。例如，某玩具制造厂欲推出新的产品，某工厂采用新的科技，等等。

表4-1显示了程序化决策与非程序化决策的不同。

表4-1　程序化决策与非程序化决策的区别

程序化决策	非程序化决策
• 资料充足 • 重复事件 • 风险度低 • 组织环境相对稳定	• 资料不足 • 突发事件 • 风险度高 • 组织环境经常变动

图4-1描绘了问题类型、决策类型及组织层次三者间的关系。结构良好问题是与程序化决策相对应的，结构不良问题需要非程序化决策。低层管理者主要处理熟悉的、重复发生的问题，因此，他们主要依靠像标准操作程序那样的程序化决策。而越往上层的管理者，他们所面临的问题越可能是结构不良问题。为什么？因为低层管理者自己处理日常决策，仅把他们认为无前例可循的或困难的决策向上移送。相类似地，上层管理者将例行性决策授予下级，以便将自己的时间用于解决更棘手的问题。

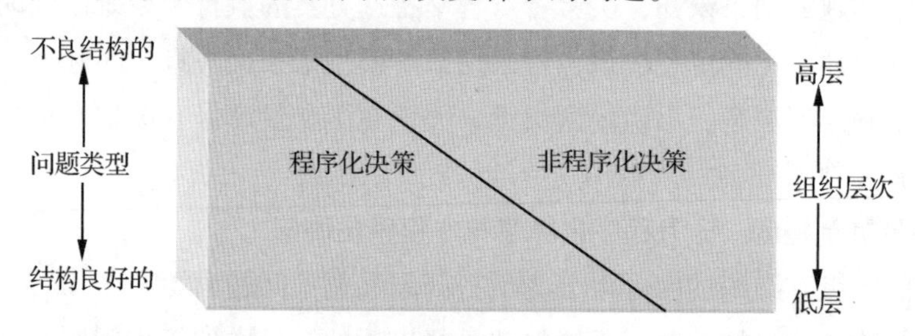

图4-1　问题类型、决策类型与组织层次

5. 按决策的科学性，可分为经验决策和科学决策

所谓经验决策，是指决策者主要根据其个人或群体的阅历、知识、智慧、洞察力和直觉等人的素质因素而做出决策。尽管管理的艺术性需要决策者在决策时具备丰富的经验，纵然也有许多古往今来的成功是借助于一般经验决策取得的，但这无法掩盖经验决策方法主观、随意的缺陷。过分依赖经验势必影响组织的决策质量，给组织带来较大的经营风险。

所谓科学决策，是指以科学预测、科学思考和科学计算为根据来做出决策。在当今决策系统越来越庞大、影响决策的因素越来越多、决策问题越来越复杂、组织对决策质量要求越来越高的情况下，决策已经越来越多地依靠数学和计算机工具，通过模型化的定量分析方法来解决问题。

管理的科学性和艺术性决定了管理决策必须走定量分析和定性分析相结合的道路，在不确定性的条件下，综合专家的智慧和经验，利用科学决策的分析工具，提高专家直觉判断的准确程度，可能更有助于形成正确的决策。现代意义上的决策方法已经越来越体现出经验与科学相结合的趋势。

6. 按决策的初始性，可分为初始决策和追踪决策

所谓初始决策，是指组织对从事某种活动或从事该种活动的方案所进行的初次选择。

所谓追踪决策，是指在初始决策的基础上对组织活动方向、内容或方式的重新调整。

与初始决策相比，追踪决策具有以下几个特点：

（1）回溯性。初始决策是在分析当时条件与预测未来的基础上制定的，而追踪决策则是在原来方案已经实施，并且发现环境条件有了重大变化或与原先的认识有重大差异的情况下进行的。因此，追踪决策必须对初始决策的形成机制与环境条件进行客观分析，列出需要改变决策的原因，以便有针对性地采取调整措施。当然，追踪决策并不意味着对初始决策的全盘否定，对初始决策的“合理内核”还应加以保留。

（2）继承性。追踪决策是在初始决策已经实施的条件下进行的，所以它面临的条件与对象都已经受到了某种程度的改造、干扰和影响，需要考虑过去的决策对现在的影响。

（3）递进性。追踪决策中所选的方案，要优于初始决策，这样追踪决策才有意义。因此，追踪决策就是在能够改善初始决策实施效果的各种可行方案中选择最优或最满意的决策方案。由此可见，这里存在着两重优化的过程，第一重优化是追踪决策的最低的基本要求，第二重优化则是追踪决策应力求实现的根本目标。

（四）影响决策的因素

组织决策是在一定环境条件下通过组织成员的参与而进行的，因此，决策过程会受到组织内外各方面因素的影响。

1. 环境

简单地说，环境对决策的影响主要表现为推动决策和制约决策，具体表现在：首先，环境的特点影响着组织决策的频率和内容；其次，环境中的其他行动者及其决策也会对组织决策产生影响。

2. 组织文化

组织文化是构成组织内部环境的主要因素，它影响着组织及其成员的行为和行为方式，它对决策的影响也正是通过影响人们对组织、对变化的态度而实现的。对待组织文化，应该同对待组织的外部环境一样，既注意到它对组织决策有影响和制约作用的一面，也要认识到它还有需要组织进行管理和变革的另一面。这意味着，决策者对组织文化与组织外部环境不应该只是被动地适应，还应该主动地谋求影响和改变。

3. 过去的决策

组织的决策或多或少要受到过去决策的影响，这种影响有利有弊，其好处是有利于实现决策的连贯性和维持组织的稳定，并使现在的决策建立在较高的起点上；其不足是不利于创新，不利于实现组织跳跃式发展。

过去的决策对现在的决策的影响程度，主要取决于其与决策者的关系，这种关系越紧密，现在的决策受到的影响就越大。

4. **决策者对待风险的态度**

决策是对未来活动的方向、内容和目标做出安排，但人们对未来的认识能力总是有限的，目前预测的未来状况与未来的实际状况不可能完全相符，因此，决策方案的实施既有成功的可能，也有失败的危险。任何决策都带有一定程度的风险性。这样，组织及其决策者对待风险的不同态度就会影响到对决策方案的选择。愿意承担风险的决策者，通常会采取进攻性的行动，选择风险较大的方案；而不愿意承担风险的决策者，通常只会对环境做出被动的反应，事后应变，选择风险较小的方案。同样，愿冒风险的组织会经常进行新的探索，而不愿承担风险的组织，则会谨小慎微地对待变革、变动。

5. **决策的时间紧迫性**

美国学者威廉·R. 金和大卫·I. 克里兰把决策划分为时间敏感型决策和知识敏感型决策。时间敏感型决策是指那些必须迅速而尽量准确做出的决策，这种决策对速度的要求更甚于决策质量。相比较而言，知识敏感型决策对时间的要求则不是非常严格，这类决策的效果主要取决于决策质量，而非决策的速度，它要求人们充分利用知识，做出尽可能正确的决策。

二、决策的过程

决策制定的过程常被描述为“在不同方案中进行选择”，但这种观点显然过于简单了，因为决策制定是一个过程而不是简单的选择方案的行为。也有人认为，做出决策是顷刻之间的事。可是，刹那间的决定有可能过于草率，容易造成大错。所以我们应视决策为一过程，其步骤如图 4-2 所示。

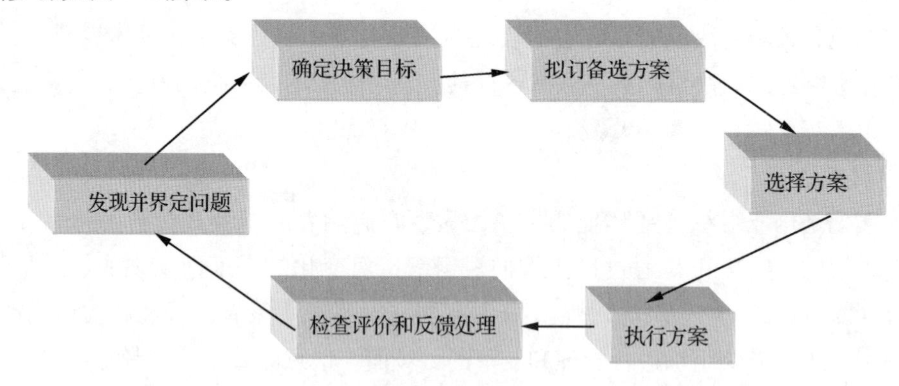

图 4-2 决策制定过程

（一）发现并界定问题

发现并界定问题是一项决策过程的开始，以后各个阶段的活动都是围绕所发现并界定的问题展开的，只有确切地找出问题及产生问题的原因，才能确定决策的目标。如果问题确定错了，那么在以后的分析和选择方案中无论怎么努力，也无法达到预期的目标，也解决不了问题。当问题确定后，必须收集和分析有关信息，在此过程中，应尽可能把注意力集中在相关的和重要的信息上。

（二）确定决策目标

决策目标是管理者期望通过决策活动所要取得的成果或所要达到的预期状态。决策目标既是评价和选择决策方案的依据，又是衡量行动是否取得预期效果的标准。

一项决策往往有多个目标，各个目标之间也可能存在冲突。为了解决多目标决策的困难，通常的方法是根据目标的相对重要性排先后次序，然后通过加权求和的方式综合为一个目标；或者将一些次要目标看作决策的限制条件，通过使某个主要目标达到最大（或最小）来选择方案。

（三）拟订备选方案

拟订备选方案主要是寻找达到目标的有效途径，因此必须制定多种可供选择的方案，反复比较。每个方案必须有原则性的差异。有关企业发展战略性的重大决策，必须通过各种相互冲突的意见争辩、各种不同可行方案的评判，才能做出满意的决策。拟订各种不同类型的备选方案，可运用头脑风暴法或采用数学模型。

无论采用何种方法拟订备选方案，应同时给出这些方案实施后可能产生的结果，包括有利的和有害的结果及这些结果出现的概率，指出其发展演变的趋势并进行利弊比较。

（四）选择方案

拟订出各种备选方案后，就要根据目标的要求来评估各种方案可能的执行后果，看其对决策目标的满足程度，然后从中选出一个优化方案来执行，这一工作又称决断，这是决策全过程的关键。

选择方案，必须首先分析方案。分析方案是确定所拟订各种方案的价值或恰当性，即确定最优的方案。为此，管理者起码要具备评价每种方案的价值或相对优势（或劣势）的能力。在评估过程中，要使用预定的决策标准及计算出每种方案的预期成本、收益、不确定性和风险。最后对各种方案进行排序。例如，管理者会提出以下问题：该方案会有助于我们质量目标的实现吗？该方案的预期成本是多少？与该方案有关的不确定性和风险有多大？

选择方案是管理者要做出的最后选择。但做出决定仅是决策过程中的一个步骤。尽管选择一个方案看起来简单——只需要考虑全部可行方案并从中挑选一个能最好解决问题的方案，但实际上，做出选择是很困难的。由于最好的决定通常建立在仔细判断的基础上，所以管理者要想做出一个好决定，必须仔细考察全部事实，确定是否可以获取足够的信息并最终选择最优方案。

（五）执行方案

执行方案是决策过程中非常重要的一步。如果没有把决策的方案付诸实施，则与没有做出决策是一样的；当然如果没有有效执行，再好的方案也无法达到预期的目标。有些方案的实施非常简单，有些则要困难很多。根据方案实施中可能遇到的问题以及相关组织可能采取的措施等制定相应的对策，以便保证决策可以顺利实施。在实施过程中，还要建立信息反馈机制，将每一局部过程的实际效果与预期目标做对比，发现差异，查明原因，采取必要措施，保证决策目标的顺利实现。

（六）检查评价和反馈处理

这是决策过程的最后一个步骤。通过追踪、监督和评估，可以发现决策在执行过程中出现的偏差，以便及时采取相应的处理措施进行决策控制。由于组织内部条件和外部环境都处于不断变化之中，管理者必须不断修正方案来减少或消除不确定性，定义新的情况，建立新的分析程序。决策者具体的追踪处理措施有三种：一是保持现状，不采取措施；二是采取措施纠正偏差；三是修正原决策。选择哪一种方法，取决于很多条件。决策者可以根据职能部门反馈的信息及时追踪方案的实施情况，对与既定目标发生部分偏离的，应采取有效措施，以确保既定目标的顺利实现；如果客观情况发生重大变化、原先目标确定无法实现的，则要重新寻找问题或机会，确定新的目标，重新拟订可行的方案，并进行评估、选择和实施。

从上述决策的过程可以看出，决策是从问题的提出到问题的解决，完成了一个循环。研究决策的程序主要是给决策者提供大致的决策思路，使之掌握科学决策过程需要经过的几个阶段。同时，也应强调在实际的决策中，不能将这些步骤看成死板的公式，拘泥于步骤去做，从而影响决策的效率。需要说明的是，决策者在以上各个步骤中都要受到个性、态度、行为、伦理、价值观以及文化等诸多因素的影响。

阅读资料一

决策分析过程

三、决策的方法

随着决策实践和理论的不断发展，人们已经创造出许多科学可行的决策方法。但无疑没有一种方法是万能的，关键在于在具体情境下根据决策问题的性质和特点，具体情况具体分析，找到适合的方法去进行针对性的决策。根据决策所采用的分析方法，可以把决策方法分为定性决策方法和定量决策方法。

（一）定性决策方法

定性决策方法，是指在决策中主要依靠决策者或者有关专家的智慧来进行决策的方法。决策者运用社会科学原理并依据个人的经验和判断力，采用一些有效的组织形式，充分发挥有关人员各自丰富的经验、知识和能力，对企业的经营管理决策目标、决策方案的拟订及方案的选择和实施做出判断。这种方法适用于受社会、经济、政治等非计量因素影响较大，涉及社会心理因素较多及难以用准确数量表示的综合型问题的决策。下面介绍几种比较常见的定性决策方法。

1. 集体决策方法

（1）头脑风暴法

头脑风暴法最早是由“风暴式思考之父”奥斯本提出的。其具体过程是，将相关专家聚集在一起，使其在不受任何约束的环境下针对所要解决的问题畅所欲言、各抒己见，最后由组织者整理、分析、系统化之后得到决策结果。该方法在实施中要遵循4项原则：① 鼓励每个人独立思考，开阔思路，不要重复别人的意见；② 意见和建议越多越好，不考虑建议的质量，想到什么就说什么；③ 对别人的意见不要反驳，不要批判，也不要做结论；④ 可以补充和完善已有的建议，使之更有说服力。

（2）德尔菲法

德尔菲法是美国兰德公司的研究者提出的。德尔菲法是指综合专家们对某一问题独立发表的意见，对方案做出评价、选择和集体判断的方法。德尔菲法的实施过程是：① 根据问题的特点，选择和邀请做过相关研究或有相关经验的专家。② 将与问题有关的信息分别提供给专家，请他们各自独立发表自己的意见，并写成书面材料。③ 管理者收集并综合专家们的意见后，将综合意见反馈给各位专家，请他们再次发表意见。如果分歧很大，可以开会集中讨论；否则，管理者分头与专家联络。④ 如此反复多次，最后形成代表专家组意见的方案。

（3）名义小组法

名义小组法也是一种比较常见的组织决策方法。与德尔菲法有所不同，名义小组法的成员要求集中在一起工作，但小组成员之间不允许自由讨论，因此被称为名义小组。在集体决策中，如对问题的性质不完全了解且意见分歧严重，则可采用名义小组法。运用这种方法的步骤如下：① 由组织者挑选适当的成员组成小组，再告之大致的问题轮廓，然后请小组成员独立地写出尽可能多的各种方案；② 每个成员把自己的想法交给群体，然后一个接一个向大家说明自己的想法，直到所有人的想法都被表述并记录下来为止；③ 群体开始讨论，以便把每个想法搞清楚，并做出评价；④ 由全体成员对各种方案进行打分表决，得分最高的方案便成为小组决策的结果。

（4）电子会议法

一种最新的集体决策方法是将名义小组法与计算机技术相结合，被称为电子会议法。只要具备技术条件，这种方法的实施就很简单。许多人围坐在马蹄形的桌子旁，这张桌子除了一些计算机终端外别无他物。将问题显示给决策参与者，决策参与者把自己的意见输入计算机终端屏幕上。这样，个人的意见和投票都显示在会议室的投影屏上。这种方法有别于传统会议的优点是：① 匿名、可靠、快速；② 能使集体正式开会但又不限制每个人的独立思考。

2. 确定活动方向的决策方法

（1）经营单位组合分析法

经营单位组合分析法是由波士顿集团（BCG）在20世纪70年代初开发的。该方法认为，在确定某个经营活动方向时，应该考虑它的相对竞争地位和业务增长率两个维度。相对竞争地位经常体现在市场占有率上，它决定了企业的销售量、销售额和赢利能力；而业务增长率反映业务增长的速度，影响投资的回收期限。

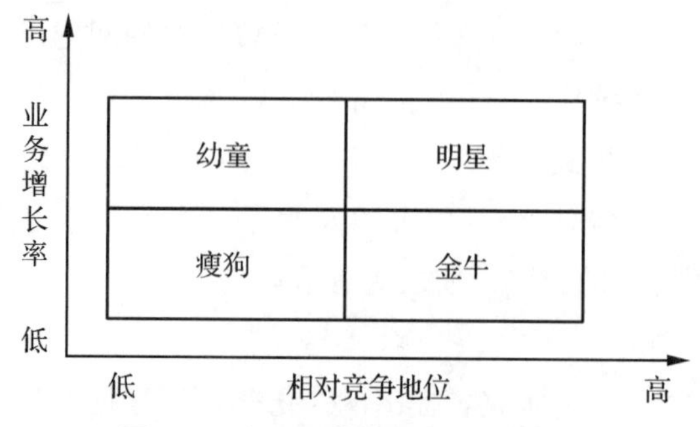

图 4-3　企业经营单位组合分析图

在图 4-3 中，企业经营业务的状况被分成四种类型：

①“瘦狗”型的经营单位市场份额和业务增长率都较低，只能带来很少的现金和利润，甚至可能亏损。对这种不景气的业务，应该采取收缩，甚至放弃的战略。

②“幼童”型的经营单位业务增长率较高，目前市场占有率较低。这有可能是企业刚开发的很有前途的领域。高增长需要大量资金，而仅通过该业务自身难以筹措。企业面临的选择是向该业务投入必要的资金，以提高市场份额，使其向“明星”型转变；如果判断它不能转化成“明星”型，应忍痛割爱，及时放弃该领域。

③“金牛”型经营单位的特点是市场占有率较高，而业务增长率较低，从而为企业带来较多的利润，同时需要较少的资金投资。这种业务产生的大量现金可以满足企业经营的需要。

④“明星”型经营单位的特点是市场占有率和业务增长率都较高，代表着最高利润增长率和最佳投资机会，企业应该不失时机地投入必要的资金，扩大生产规模。

利用经营单位组合分析法进行决策，是以“企业的目标是追求增长和利润”这一基本假设为前提的。拥有多个经营单位的企业具有这样的优势：它可以将获利较高而潜在增长率不高的经营单位所创造的利润投向那些增长率和潜在利润都很高的经营单位，从而使资金在企业内部得到最有效的利用。

经营单位组合分析法通过将企业经营业务综合在一个平面矩阵图中，使决策者可以一目了然地看出现有业务中哪些是企业主要资源的产生单位，哪些是企业资源的最佳使用单位，由此可以判断出企业经营中存在的主要问题及未来的发展方向和发展战略，所以被认为是企业决策的一种有用工具。

对一个企业来说，比较理想的经营单位组合情况是：有较多的“明星”类和“金牛”类业务，同时有一定数量的“幼童”类业务和极少量的“瘦狗”类业务。这样企业在现在和未来都可以取得比较好的现金流量。

由此，根据企业现有业务各自的特性和总体组合情况，决策者可以：① 把“金牛”

类业务作为企业近期利润和资金的主要来源加以保护，但不作为重点投资对象；② 本着有选择和集中运用企业有限资源的原则，将资金重点投放到将来有希望的“明星”或“幼童”类业务上；③ 有选择地抛弃“瘦狗”类业务和无希望的“幼童”类业务。

（2）政策指导矩阵法

政策指导矩阵法是由荷兰皇家壳牌公司创立的。它从市场前景和相对竞争能力两个维度分析企业经营单位的现状和特征。市场前景由盈利能力、市场增长率、市场质量和法规限制等因素决定，分为吸引力强、中、弱三类；相对竞争能力受到企业在市场上的地位、生产能力、产品研究和开发等因素的影响，也分为强、中、弱三类。

这两种标准、三个等级的组合，可以把企业的经营单位分成 9 种不同类型，如图 4-4 所示。

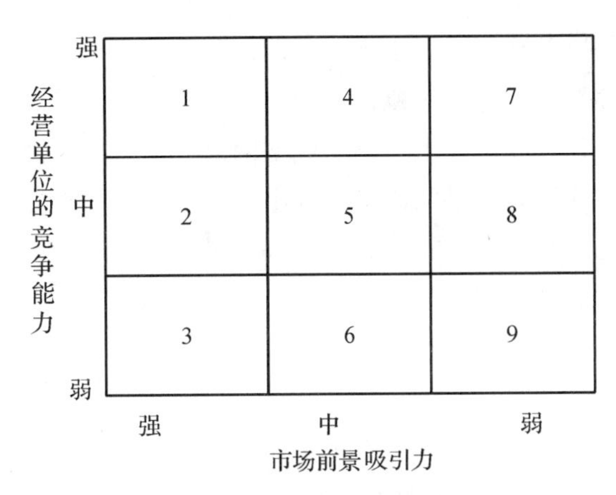

图 4-4 政策指导矩阵示意图

根据经营单位所处的位置，可以采用不同的活动方向。

① 区域 1 和 4 的经营单位竞争力较强，也有较好的市场前景，应优先发展，保证这些区域的经营单位所需要的一些资源，以维持其有利可图的市场地位。

② 区域 2 的经营单位，虽然市场前景很好，但企业未能充分利用；竞争力已有一定基础，但还不够充分。因此，应不断强化，通过分配更多的资源，努力使该区域的经营单位向领先地位移动，以增强竞争力。

③ 对于区域 3 的经营单位，可采取两种不同的决策，即加速发展或放弃。由于企业在一定时期内的资金能力有限，只能选择少数最有前途的产品加速发展，而对其余产品则逐步放弃。

④ 区域 5 的经营单位一般在市场上有 2～4 个强有力的竞争对手，因此没有一个公司处于领先地位，可行的决策是分配足够的资源，使之能随着市场的发展而发展。

⑤ 区域 6 和 8 的经营单位，由于吸引力不大，且竞争力较弱，或虽有一定的竞争力，但市场吸引力很小，因此应缓慢从这些领域退出，以收回尽可能多的资金，投入到盈利更大的经营部门。

⑥ 区域 7 的经营单位可利用自己较强的竞争实力，充分开发有限的市场，为其他快速

发展的部门提供资金来源，但该部门本身不能继续发展。

⑦ 区域9 的经营单位因市场前景暗淡，企业本身实力又很小，所以应尽快放弃，抽出资金转移到更有利的经营部门。

（二）定量决策方法

定量决策方法是指运用数学计算或数学模型进行分析决策的方法。它的核心是把决策的变量与变量、变量与目标之间的关系用数学公式表示出来，建立数学模型，然后通过计算求得答案。根据未来情况的可控程度，定量决策方法可分为三大类：确定型决策方法、风险型决策方法和不确定型决策方法。

1. 确定型决策方法

确定型决策方法的特点是，只要满足数学模型的前提条件，模型就给出特定的结果。属于确定型决策方法的模型很多，这里主要介绍盈亏平衡点法。

盈亏平衡点法又称量本利分析法或保本分析法，是进行产量决策常用的方法。该方法的基本特点，是把成本分为固定成本和可变成本两部分，然后与总收益进行对比，以确定盈亏平衡时的产量或某一盈利水平的产量。其中，可变成本与总收益为产量的函数，当可变成本、总收益与产量为线性关系时，总收益、总成本和产量的关系如图 4-5 所示。

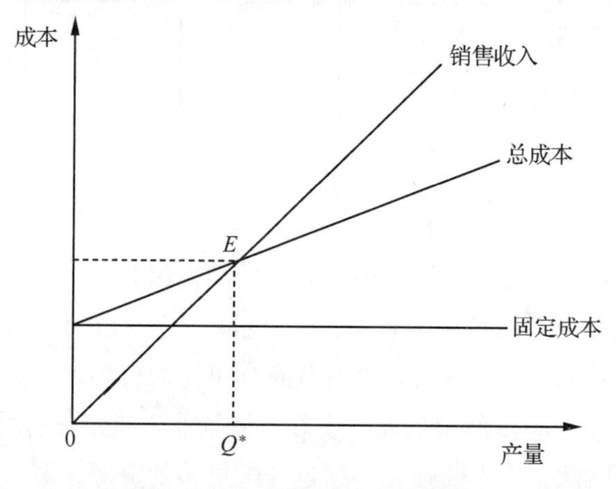

图 4-5　盈亏平衡点分析示意图

盈亏平衡点公式：

$$Q^* = F/(P - V)$$

其中：Q^*——盈亏平衡点产量；

F——固定成本；

P——产品单位售价；

V——单位可变成本。

上式中有四个变量，给定任何三个便可求出另外一个变量的值。

例如，某公司生产某产品的固定成本为 50 万元，单位可变成本为 10 元，产品单位售价为 15 元，其盈亏平衡点的产量为：

$$Q^* = F/(P-V)$$
$$=500\,000/(15-10)=100\,000(\text{件})$$

再如，某公司生产某产品固定成本为50万元，产品单位售价为80元，本年度产品订单为1万件，问单位可变成本降至什么水平才不至于亏损？

据题意有：

$$10\,000=500\,000/(80-V)$$

解之得：

$$V=30(\text{元/件})$$

2. 风险型决策方法

在比较和选择决策方案时，如果未来情况不止一种，而是两种以上，管理者不知道到底会发生哪种情况，但知道每种情况发生的概率，这种情况下选择任何一个方案，都存在一定的风险，则可采用风险型决策方法。常用的风险型决策方法是决策树法。

风险型决策的标准是期望值。所谓期望值，实质上是各种状态下加权性质的平均值。当决策指标为收益时，应选取期望值最大的方案；当决策指标为成本时，应选取期望值最小的方案。一个方案的期望值是该方案在各种可能状态下的损益值与其对应的概率的乘积之和。期望值决策既可用表格表示，也可用树状图表示，后者被称为决策树法。下面以决策树法为例说明风险型决策方法的应用。

决策树法是用树状图来描述各方案在不同情况（或自然状态）下的收益，据此计算每种方案的期望收益，从而做出决策的方法。

决策树的基本形状如图4-6所示。图4-6显示了具有两个方案两种自然状态的决策树结构。

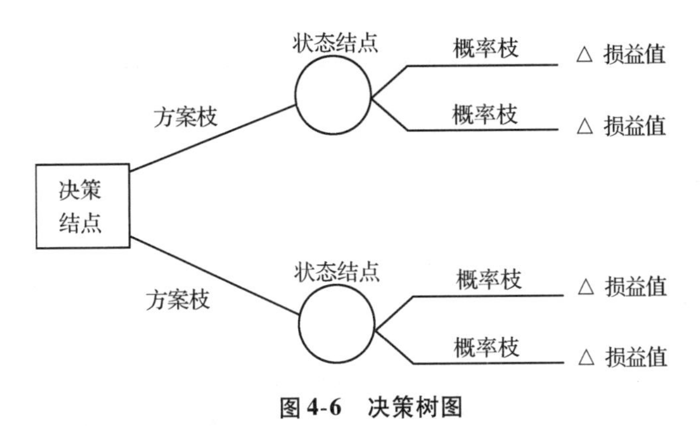

图4-6　决策树图

例如，某公司计划未来3年生产某种产品，需要确定产品批量。根据预测估计，这种产品市场状况的概率是：畅销为0.2，一般为0.5，滞销为0.3。现提出大、中、小三种批量的生产方案，求取得最大经济效益的方案。有关数据如表4-2所示。

表 4-2　各方案损益值表

方案	自然状态及其概率下的损益值		
	畅销（0.2）	一般（0.5）	滞销（0.3）
大批量	40	30	-10
中批量	30	20	8
小批量	20	18	14

决策树分析法的基本步骤如下：

（1）从左向右画出决策树图形。首先从左端决策点（用“□”表示）出发，按备选方案引出相应的方案枝（用“—”表示），每条方案枝上注明所代表的方案；然后，每条方案枝到达一个方案结点（用“○”表示），再由各方案结点引出各个状态枝（也称作概率枝，用“—”表示），并在每个状态枝上注明状态内容及其概率；最后，在状态枝末端（用“△”表示）注明不同状态下的损益值。决策树完成后，再在下面注明时间长度。如图 4-7 所示。

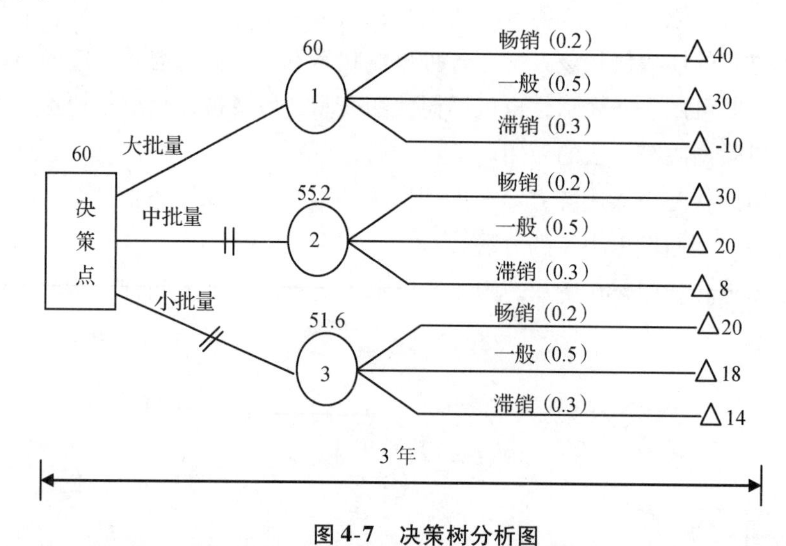

图 4-7　决策树分析图

（2）计算各种状态下的期望值。根据表 4-2 数据资料计算如下：

大批量生产期望值 = [40 ×0. 2 +30 ×0. 5 + （ -10） ×0. 3］ ×3 =60（万元）

中批量生产期望值 = [30 ×0. 2 +20 ×0. 5 +8 ×0. 3］ ×3 =55. 2（万元）

小批量生产期望值 = [20 ×0. 2 +18 ×0. 5 +14 ×0. 3］ ×3 =51. 6（万元）

（3）选择最佳方案。将各方案的期望值标在各个方案结点上；然后，比较各方案的期望值，从中选出期望值最大的作为最佳方案，并把最佳方案的期望值写到决策结点方框的上面。同时剪去（用“//”表示）其他方案枝。此例中，大批量生产期望值最大（60 万元），选中该方案。

3. 不确定型决策方法

（1）冒险法（或大中取大法）。冒险法又称乐观法，是指愿承担风险的决策者在方案取舍时，以各方案在各种状态下的最大损益值为标准（即假定各方案最有利的状态发生），在各方案的最大损益值中取最大者对应的方案。

例如，某企业拟开发新产品，有三种设计方案可供选择。因不同的设计方案的制造成本、产品性能各不相同，因此在不同的市场状态下的损益值也各异。有关资料如表 4-3 所示（损益值数据只为说明问题，不考虑单位）。

表 4-3　各方案损益值表

设计方案	市场状态			
	畅销	一般	滞销	max
Ⅰ	50	40	20	50
Ⅱ	70	50	0	70
Ⅲ	100	30	－20	100

在不知道各种状态的概率时，用冒险法选择方案的过程如下：

——在各方案的损益值中找出最大者；

——在所有方案的最大损益值中找出最大者，即 $\max\{50, 70, 100\} = 100$，它所对应的方案Ⅲ就是用该法选出的方案。

（2）保守法（或小中取大法）。保守法又称悲观法，是指决策者在进行方案取舍时，以每个方案在各种状态下的最小值为标准（即假定每个方案最不利的状态发生），再从各方案的最小值中取最大者对应的方案。

仍以表 4-3 资料为例，用保守法决策时先找出各方案在各种状态下的最小值，即 20，0，－20，然后再从中选取最大值：$\max\{20, 0, -20\} = 20$，对应的方案Ⅰ即为保守法选取的决策方案。该方案能保证在最坏情况下获得不低于 20 单位的收益，而其他方案则无此保证。

（3）折中法。冒险法和保守法都是以各方案不同状态下的最大或最小极端值为标准的。但多数情况下决策者既非完全的保守者，亦非极端冒险者，而是在介于两个极端的某一位置寻找决策方案，即折中法。折中法的决策步骤如下：

——找出各方案在所有状态下的最小值和最大值。

——决策者根据自己的风险偏好程度给定最大值系数 α（$0<\alpha<1$），最小值的系数随之被确定为 $1-\alpha$。α 也叫乐观系数，是决策者冒险（或保守）程度的度量。

——用给定的乐观系数 α 和对应的各方案最大最小损益值计算各方案的加权平均值。

——取加权平均最大的损益值对应的方案为所选方案。

仍以表 4-3 所给数据资料为例，计算各方案的最小值和最大值，如表 4-4 所示。

表 4-4　平均收益值比较表

方案	min	max	加权平均值（$\alpha=0.75$）
Ⅰ	20	50	42.5
Ⅱ	0	70	52.5
Ⅲ	-20	100	70

设决策者给定最大值系数 $\alpha=0.75$，最小值系数即为 0.25，各方案加权平均值如下：

Ⅰ：$20\times0.25+50\times0.75=42.5$

Ⅱ：$0\times0.25+70\times0.75=52.5$

Ⅲ：$(-20)\times0.25+100\times0.75=70$

取加权平均值最大者：$\max\{42.5,52.5,70\}=70$，对应的方案Ⅲ即为最大值系数 $\alpha=0.75$ 时的折中法方案。

用折中法选择方案的结果，取决于反映决策者风险偏好程度的乐观系数的确定。上例中，如 α 取 0.2，$1-0.2=0.8$，方案的选择结果是Ⅰ而非Ⅲ。当 $\alpha=0$ 时，结果与保守法相同；当 $\alpha=1$ 时，结果与冒险法相同。这样，保守法与冒险法便成为折中法的两个特例。

（4）后悔值法（或大中取小法）。后悔值法是用后悔值标准选择方案的方法。所谓后悔值，是指在某种状态下因选择某方案而未选取该状态下的最佳方案而少得的收益。如在某种状态下某方案的损益值为 100，而该状态下诸方案中最大损益值为 150，则因选择该方案要比最佳方案少收益 50，即后悔值为 50。用后悔值法进行方案选择的步骤如下：

——计算损益值的后悔值矩阵。方法是用各状态下的最大损益值分别减去该状态下所有方案的损益值，从而得到对应的后悔值。

——从各方案中选取最大后悔值。

——在已选出的最大后悔值中选取最小值，对应的方案即为用最小后悔值法选取的方案。

仍以上例资料为例，计算出的后悔值矩阵如表 4-5 所示。

表 4-5　最大后悔值比较表

设计方案	市场状态			
	畅销	一般	滞销	max
Ⅰ	50	10	0	50
Ⅱ	30	0	20	30
Ⅲ	0	20	40	40

各方案的最大后悔值分别为 50、30、40，取其最小值 $\min\{50,30,40\}=30$，对应的方案Ⅱ即为用最小后悔原则选取的方案。

（5）莱普勒斯法（或称等概率法）。当无法确定某种自然状态发生的可能性大小及其顺序时，可以假定每一自然状态具有相等的概率，并以此计算各方案的期望值，进行方案选择，这种方法就是莱普勒斯法。由于假定各种状态的概率相等，莱普勒斯法实质上是简单算术平均法。

仍以上例资料为例，各方案有三种状态，因此每种状态的概率为$\frac{1}{3}$，各方案的平均值为：

Ⅰ：$50\times\frac{1}{3}+40\times\frac{1}{3}+20\times\frac{1}{3}=36.67$

Ⅱ：$70\times\frac{1}{3}+50\times\frac{1}{3}+0\times\frac{1}{3}=40$

Ⅲ：$100\times\frac{1}{3}+30\times\frac{1}{3}+(-20)\times\frac{1}{3}=36.67$

$\max\{36.67, 40, 36.67\}=40$，所以应选方案Ⅱ。

第二节　计　划

凡事预则立，不预则废。计划职能是所有管理职能中最基本的一项职能，也是管理的首要职能。在工作中有两种情况，一种是有计划、有条不紊地开展工作，逐步实现预定的目标；另一种是跟着感觉走，走到哪算哪。哪一种更有效呢？

一、计划的含义及作用

（一）计划的概念

在汉语中，“计划”既可以是名词，也可以是动词。从名词意义上说，计划是指用文字和指标等形式所表述的，在未来一定时期组织及组织内不同部门和不同成员，关于行动方向、内容和方式安排的管理文件。计划既是决策所确定的组织在未来一定时期内的行动目标和方式在时间和空间的进一步展开，又是组织、领导和控制等管理活动的基础。从动词意义上说，计划是指为了实现决策所确定的目标，预先进行的行动安排。这项行动安排工作包括：在时间和空间两个维度上进一步分解任务和目标，选择任务和目标的实现方式，规定进度，检查与控制行动结果，等等。我们有时用“计划工作”表示动词意义上的计划内涵。因此，计划工作是对决策所确定的任务和目标提供一种合理的实现方法。

计划有广义和狭义之分。广义的计划工作包括制订计划、执行计划和检查计划的执行情况。检查计划的执行情况实际上又属于管理的控制职能。计划为控制提供了标准，没有计划，控制就失去了依据。因此，计划和控制就像剪刀的两个刃，必须同时使用才能达到有效管理的目的。狭义的计划就是指制订计划。本章的内容以狭义的计划为主。

计划的主要内容常用“5W1H”来表示：

why——为什么要做？即明确计划工作的原因和目的。

what——做什么？即明确所要进行的活动的内容及要求。

who——谁去做？即规定由哪些部门和人员负责实施计划。

when——何时做？即规定计划中各项工作的起始时间和完成时间。

where——何地做？即规定计划的实施地点。

how——怎么做？即制订实现计划的手段和措施。

（二）计划的作用

计划是对未来的部署，它为组织的发展提供了方向。在复杂多变和充满不确定性的组织环境中，一个科学、准确的计划，会减少各种变化所带来的影响，为管理者实现既定的管理目标起到事半功倍的作用。

1. 计划可以预知未来的不确定因素，减少变化带来的影响

计划是面向未来的，但未来的组织生存环境又具有很大的不确定性。计划的重要性就是在于充分分析并了解未来环境的变化规律和变化趋势，掌握未来组织可能出现的机会和面临的挑战，从而将不确定性降到最低限度。因此，这就要求管理者进行周密的预测，把计划做得科学、准确，变被动为主动，变不利为有利。

2. 有利于组织目标的实现

每个计划及其派生出来的计划，其目的在于促使组织目标的实现。计划为组织确立了明确而具体的目标，并且选择了有利于组织实现目标的方案，计划工作可以使人们的行动对准既定的目标。由于周密细致、全面的计划工作统一了部门之间的活动，才使主管人员从日常的事务中解放出来，而将主要精力放在随时检查、修改、扩大计划上来，放在对未来不肯定的研究上来。这既能保证计划的连续性，又能保证全面实现奋斗目标。

3. 计划工作设计了良好的工作流程，便于有效地进行管理

计划工作强调效率。在具体的目标方案中，计划工作明确了组织中每个部门的职能分工，使每个职能部门的工作能够协调一致，用均匀的工作流程代替不均匀的工作流程，从而有利于资源的合理配置；同时计划工作对人力、物力、财力和时间都作出了明确而具体的规定，保证人、财、物得到最合理的安排，使得经营活动的费用能够降到最低限度。因此，计划工作能细致地组织经营活动，有效地提高组织的经济效益。

4. 计划设立目标，有利于进行控制

计划和控制是一个事物的两个方面，没有计划的活动是无法控制的，可以说，计划是控制的基础。控制活动就是通过纠正计划的偏差使活动保持既定的方向，正是由于计划工作确定了目标，才使得控制职能能够将实际的业绩与计划目标进行对照，一旦出现重大偏差，可以及时纠正。因此，没有计划，也就没有控制。

二、计划的类型

计划的种类很多，为了便于研究和指导实际工作，有必要按不同的标准对计划加以分类。

（一）按计划内容的表现形式分类

哈罗德·孔茨和海因·韦里克从抽象到具体，按计划的表现形式，把计划分为宗旨或使命、目标、战略、政策、程序、规则、规划或方案和预算等几种类型。

1. 宗旨

它是组织的目的和使命，是社会赋予组织的基本职能和任务。宗旨明确了一个组织是干什么的，应该干什么。例如，企业的宗旨是追求股东权益最大化和向社会提供有价值的商品或服务，大学的宗旨是教书育人和科学研究，医院的宗旨是治病救人，法院的宗旨是解释和执行法律，等等。

2. 目标

宗旨或使命往往太抽象、太原则化，它需要进一步具体为组织一定时期的目标和各部门的目标。目标是在充分理解组织宗旨的条件下确定的，是组织活动在一定条件下要达到的预期结果。确定目标本身也是计划工作，目标不仅是计划工作的终点，而且也是组织工作、人员配备、指导与领导及控制等活动所要达到的结果。组织中各个管理层次都应该建立自己的目标，组织低层次目标必须与高层次目标相一致；组织要完成一个高层次目标，必须先完成较低层次的目标，循序渐进。

3. 战略

战略一词来自军事用语，是指通过对交战双方进行分析、判断而对战争全局做出的筹划和指导。对于组织来说，战略是为了实现组织长远目标所选择的发展方向。战略的目的是通过一系列主要目标和政策来决定组织未来的发展方向。总目标和总战略要通过分目标和分战略来逐步实现。

4. 政策

政策是指在决策或处理问题时，指导及沟通思想活动的方针和一般规定。政策指明了组织活动的方向和范围，鼓励什么和限制什么，以保证行动同目标一致，并有助于目标的实现。

在正常情况下，各级组织都有政策，从公司的重大政策、部门的主要政策，到适用于最小部门组织的小政策。制定政策有助于事先决定问题，不需要每次重复分析相同情况，从而使主管人员能够控制全局。政策必须保持一贯性和完整性。

5. 程序

程序规定了如何处理那些重复发生的问题的方法、步骤。通俗地讲，程序就是办事手续，是对所要进行的行动规定时间顺序。程序是行动的指南，而不是思想的指南。因此，程序是详细列出必须完成某类活动的准确方式。例如，公司政策规定工作人员享有假期，为实施这项政策所建立的程序包括编制度假时间表，制定假期工资率、支付方法，以及申请度假的详细说明等。

6. 规则

规则是对具体场合和具体情况下，允许或不允许采取某种特定行动的规定。规则也是一种计划，只不过是一种最简单的计划。规则常常与政策和程序相混淆，应特别注意区分。规则不是程序，因为规则指导行动，而不说明时间顺序。可以把程序看作是一系列规则的总和。政策的目的是要指导决策，并给管理人员留有酌情处理的余地。虽然规则有时也起指导作用，但是在运用中没有自行处理的权利。

7. 规划或方案

规划或方案是一个综合性的、粗线条的、纲领性的计划，它包括目标、政策、程序、规则、任务分配、执行步骤、要使用的资源及为完成既定行动方针所需的其他因素。一项方案可能很大，也可能很小，通常情况下一个主要方案（规划）可能需要很多支持计划。在主要计划进行之前，必须把这些支持计划制订出来并付诸实施。所有这些计划都必须加以协调和进行时间安排。

8. 预算

预算作为一种计划，是一份用数字表示预期结果的报表。预算又称为“数字化”的规划。例如，财务收支预算，可称之为“利润计划”或“财务收支计划”。一个预算计划可以促使上级主管对预算的现金流动、开支、收入等内容进行数字上的整理。预算也是一种控制手段，它迫使人们制订详细的计划，又因为预算是采用数字形式，所以它使计划工作更细致、更精确。

（二）按计划的期限分类

按计划的时间跨度可把计划分为长期计划、中期计划和短期计划。长期计划通常称为远景计划，是为实现组织的长期目标服务的具有战略性、纲领性指导意义的综合发展规划。长期计划的期限一般在五年以上。中期计划是根据长期计划提出的目标和内容并结合计划期内的具体条件变化进行编制的，它比长期计划更为详细和具体。中期计划具有衔接长期计划和短期计划的作用，期限一般为一至五年。短期计划通常又称年度计划，是根据中长期计划规定的目标和当前的实际情况，对计划年度的各项活动所做的具体安排和落实。短期计划的期限一般在一年左右。

（三）按组织职能分类

组织的类型和规模不同，具体职能部门的设置也不同。通常根据职能部门把计划分为供应计划、生产计划、销售计划、财务计划、人力资源计划、新产品开发计划和安全计划等。

（四）按计划范围的广度分类

按计划范围的广度可将计划划分为战略计划、战术计划和作业计划。

战略计划是指应用于整个组织，为组织设立总体目标和寻求组织在环境中的地位的计划。战略计划一般由组织的高层管理人员来制订。战术计划是为实现战略计划而采取的手段，比战略计划具有更大的灵活性。战术计划一般由中层管理人员制订。作业计划是指规定总体目标如何实现的细节的计划，是根据战略计划和战术计划而制订的执行性计划。作业计划一般由下级管理人员制订。

（五）按计划的明确程度分类

按计划的明确程度可把计划分为指导性计划和具体性计划。指导性计划只规定一些重大方针，指出重点但不把管理者限定在具体的目标或特定的行动方案上。具体计划则明确规定了目标，并提供了一整套明确的行动步骤和方案。

三、计划工作的程序

计划职能是管理的最基本职能。为使集体努力有效，人们就必须知道在一定时期内自己该做什么、怎么做等，这就是计划工作的职能。由于管理的环境是动态的，管理活动是个发展变化的过程，计划作为行动之前的安排，必须是一种连续不断的循环。灵活的计划必须有充分的弹性，计划—再计划，不断循环，不断提高。管理者在编制任何完整的计划时，实质上都遵循相同的逻辑和步骤，依次包括以下内容：寻找机会、确定目标、确定前提条件、确定备选方案、评价备选方案、选择可行方案、制订派生计划及通过编制预算使计划数字化，等等。计划工作的程序如图 4-8 所示。

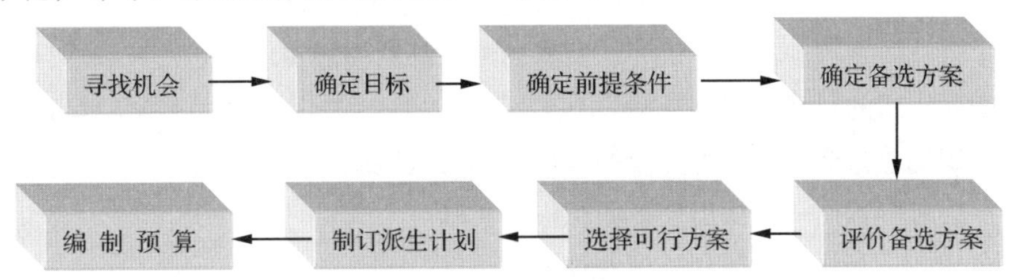

图 4-8 计划工作的程序

（一）寻找机会

寻找机会要在实际制订计划之前就着手进行，它虽然不是计划工作的一个组成部分，却是计划工作的真正起点。其内容包括：对未来可能出现的变化和预示的机会进行初步分析，形成判断；根据自己的长处和短处，搞清自己所处的位置；了解自己利用机会的能力；列举主要的不确定因素，分析其发生的可能性和其对组织的影响程度。制订计划需要实事求是地对机会的各种情况进行判断。

（二）确定目标

制订计划的第二个步骤就是确定整个组织的目标，然后确定每个下属工作单位的目标，以及长期的和短期的目标。计划工作的目标是指组织在一定时期内所要达到的效果。它指明所要做的工作有哪些，重点放在哪里，以及通过战略、政策、程序、预算和规划等所要完成的任务。

一个组织往往有许多目标，有的可能是关于经济方面的，有的可能涉及社会、环境、政治方面。作为一个组织，应在哪些重要方面制定出自己的目标呢？管理学家在这方面进行了许多研究，并提出了不少的建议。其中，彼得·德鲁克提出的建议最具代表性。德鲁克认为，凡是经营管理成功的企业都在市场、生产力、发明创造、物质和金融资源、人力资源、利润、管理人员的行为表现及培养发展、工人的表现及社会责任等方面有自己的目标。具体说来，包括以下内容：

（1）市场方面：应表明本公司希望达到的市场占有率或在竞争中占据的地位。

（2）技术改进与发展方面：对改进和发展新产品，提供新型服务内容的认识及措施。

（3）提高生产率方面：有效地利用各种资源，最大限度地提高产品的数量和质量。

（4）物质和金融资源方面：获得物质和金融资源的渠道及其有效利用。

（5）利润方面：用一个或几个经济指标表明希望达到的利润率。

（6）人力资源方面：人力资源的获得、培训和发展，管理人员的培养及其个人才能的发挥。

（7）员工积极性发挥方面：发挥员工在工作中的积极作用，激励和报酬的支付等措施。

（8）社会责任方面：注意本公司对社会产生的影响。

德鲁克提出的一些基本目标只适用于企业公司，而一些非营利事业组织，如医院、学校和政府部门的情况则很不相同。为此，沃伦·本尼斯在1969年发表的《组织发展》一文中提出了自己的观点。本尼斯认为，所有的组织都希望能实现下列六个基本目标：

（1）阐明组织的目标和战略目标。

（2）组织的总目标与各有关方面的具体目标有机地结合。

（3）社会影响方面——做出公平而积极的贡献。

（4）合作——有效地掌握和处理各种矛盾。

（5）适应性——适应社会环境的变化。

（6）振兴组织的活力——在动荡萧条中求生存，求发展。

综合德鲁克和本尼斯的观点，不难看出，组织目标主要包括四个方面：金融及其他经济方面的衡量，环境因素关系，组织人员，组织本身的生存与成长。

（三）确定前提条件

确定计划的前提条件，就是研究、分析和确定计划工作的环境。或者说就是预测执行计划时的环境。比如，对一个工商企业来说，将有什么样的市场？什么产品？什么价格？销售量有多大？将有哪些技术开发？成本多少？有什么样的工资率？政治和社会环境如何？将如何筹集资金扩大业务？长期趋势如何？等等。总之，计划前提的预测内容要比通常的基本预测内容复杂一些。由于计划的未来情况比较复杂，要想对每个细节都做出预测是不可能的。因此，应选择那些对计划具有关键性的、有战略意义的、对执行计划最有影响的因素进行预测。

（四）确定备选方案

在计划的前提条件明确以后，就要着手去寻找实现目标的方案和途径。完成某一项任务总会有很多办法，正所谓“条条道路通罗马”。方案不是越多越好，管理者要做的工作是将备选方案的数量逐步减少，对一些最有希望的方案进行分析。通常，最显眼的方案不一定是最佳的方案，只有发掘了各种可行的方案，才有可能从中选出最优的方案。

（五）评价备选方案

评价备选方案就是要根据计划目标和前提条件来权衡各种因素，比较各个方案的优点和缺点，对各个方案进行评价。各种备选方案一般都各有其优缺点，如：有的方案利润大，但支出大，风险高；有的方案利润小，但收益稳定，风险低；有的方案对长远发展有益；有的方案对眼前形势有利。这就要求管理者根据组织的目标并结合自己的经验和直观判断能力，借助数学模型、计算机手段对方案做出评价。

（六）选择可行方案

选择方案是计划工作关键的一步，也是抉择的实质性阶段。在做出抉择时，应当考虑把可行性、满意度和可能效益几个方面结合得最好的方案。有时在评选中会发现可能有两个或多个方案是合适的，在这种情况下，管理者应决定首先采用哪个方案，而将其余的方案也进行细化和完善，作为后备方案。

评价行动方案，要注意考虑以下几点：

（1）认真考察每一个方案的制约因素和隐患；

（2）要用总体的效益观点来衡量方案；

（3）既要考虑到每一个方案有形的可以用数量表示的因素，又要考虑到许多无形的不能用数量表示的因素；

（4）要动态考察方案的效果，不仅要考虑方案执行所带来的利益，还要考虑方案执行所带来的损失，特别要注意那些潜在的、间接的损失。

（七）制订派生计划

在选定一个基本的计划方案后，还必须围绕基本计划制订一系列派生计划来辅助基本计划的实施。几乎所有的基本计划都需要派生计划的支持和保证，完成派生计划是实施基本计划的基础。在这一阶段要注意：

（1）务必使有关人员了解基本计划的目标、指导思想和内容、计划前提等；

（2）协调各派生计划，使其方向一致，以支持基本计划，防止只追求派生目标而妨碍基本目标的实现；

（3）协调各派生计划的工作时间顺序。

（八）编制预算

计划工作的最后一步就是编制预算，使计划数字化。预算是用数字形式表示的组织在未来某一确定期间内的计划，是计划的数量说明，是用数字形式对预期结果的表示。这种结果可能是财务方面的，如收入、支出和资本预算等；也可能是非财务方面的，如材料、工时、产量等方面的预算。预算是汇总各类计划的工具，同时也是衡量计划执行情况的重要标准。由于实际情况总是在变化，所以预算在必要时也应有所变化，以便更好地指导工作。

四、计划编制的方法

计划工作效率的高低和质量的好坏，很大程度上取决于计划编制的方法。传统的计划编制方法是综合平衡法，现在看来这一方法已难以适应组织所面对的复杂而多变的外部环境。现代计划方法大量采用数学、计算机科学的成果，不仅提高了计划工作的质量，也加快了计划工作的进度。

（一）滚动计划法

这种方法是在每次编制修订计划时，要根据前期计划执行情况和客观条件变化，将计划期向未来延伸一段时间，使计划不断向前滚动、延伸，故称滚动计划法。

1. 滚动计划法的特点

（1）计划期分为若干个执行期，近期计划内容一般制订得较详细、具体，是计划的具体实施部分，具有指令性；远期的内容则较笼统，是计划的准备实施部分，具有指导性。

（2）计划在执行一段时间后，要对以后各期计划内容做适当修改、调整，并向未来延续一个新的执行期。

例如，某企业在2020年制订了2021—2025年的五年计划，采用滚动计划法。到2021年年底，该公司的管理者就要根据2021年计划的实际完成情况和客观条件的变化，对原定的五年计划进行必要的调整和修订，据此编制2022—2026年的五年计划，依此类推。如图4-9所示。

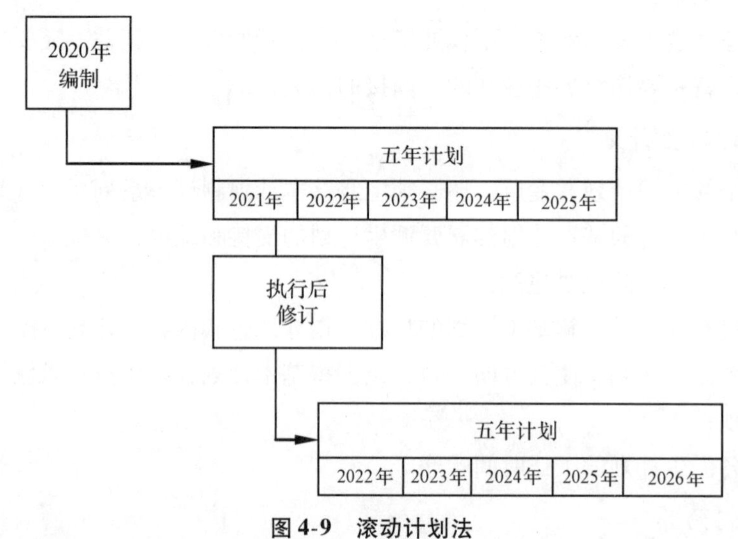

图4-9　滚动计划法

2. 滚动计划法的评价

滚动计划法虽然加大了计划编制和实施工作的任务量，但在计算机普及的今天，其优点十分明显。

(1) 可以使计划更加切合实际，并且使战略性计划的实施也更加切合实际。由于人们无法对未来的环境变化做出准确的估计和判断，所以计划针对的时期越长，不确定性就越大，其实施难度也越大。滚动计划法相对缩短了计划时期，加大了计划的准确性和可操作性，从而是战略性计划实施的有效方法。

(2) 滚动计划法使长期计划、中期计划与短期计划相互衔接，短期计划内各阶段相互衔接。这就保证了即使由于环境变化出现某些不平衡时，也能及时地进行调节，使各期计划基本保持一致。

(3) 滚动计划法大大加强了计划的弹性，这对剧烈变化的环境尤为重要，它可以提高组织的应变能力。

阅读资料二

滚动计划让 Y 公司插上成功的翅膀

(二) 综合平衡计划法

综合平衡是组织编制计划的基本方法。所谓综合平衡，是指通过协调组织计划工作中的各种相关因素，使计划的各项指标和主要经济关系保持合理的比例，在正确处理企业生产经营活动中的各种矛盾和比例关系的同时，取得相对的平衡和统一，促进生产经营活动高速、持续、均衡发展的一种计划方法。

综合平衡计划法适用于企业年度经营计划的编制，而企业年度经营计划是由各项专业计划组成的。各项专业计划的内容和指标，都是相互联系、相互制约的，它们各自规定着企业某个方面的任务，反映了企业内部各个方面和各个环节之间的内在联系和关系等。因此，它们彼此之间必须紧密配合，相互协调，保持相对平衡，这样才能使企业的生产经营活动协调发展。

1. 销售量与生产任务的平衡

在市场经济条件下，企业从事生产经营活动，必须做到以市场为取向，以销定产。即先考虑销售，再确定年度生产任务。当预测某种产品的销售量大于生产任务时，要尽量加大生产，以满足市场需要；反之，就必须减少生产任务，以免造成积压而影响企业经济效益。

2. 物资供应与生产任务的平衡

在生产任务确定的情况下，一定要保证完成生产任务所需各种物资，如物资的品种、规格、质量、数量及其供货期限等，使可供应的资源与生产任务相适应。对不能满足生产需要的物资，要及时采取措施解决。若不能解决的，则要考虑调整生产任务量。当物资供应充裕时，还应抑制库存量，减少资金占用，加速储存资金运转，提高资金利用效率。

3. **生产能力与生产任务的平衡**

在确定生产计划指标时，要注意使生产任务与生产能力之间保持平衡。当生产能力小于生产任务时，要采取措施提高生产能力，或者修改计划任务；当生产能力大于生产任务时，虽然能保证任务的完成，但存在生产能力尚未充分利用问题，应根据实际情况加以解决。

4. **劳动力与生产任务的平衡**

生产任务的完成必须通过劳动者提供的劳动力，否则，再先进的资产和技术也难以发挥出来，所以在使生产任务与生产能力平衡的同时，还需将生产任务与劳动力进行平衡。即根据拟定的生产计划指标草案，按工种进行劳动力需要量核算，与劳动力状况进行比较，确定各类人员的数量，以保证生产任务的完成。

5. **技术力量与生产任务的平衡**

这方面的平衡包括生产任务与生产技术准备工作的平衡和生产任务与维修、质检等技术工作的平衡。

6. **资金与生产任务的平衡**

合理足够的资金能保证企业生产任务的顺利完成。这里的资金主要是流动资金，它与销售量所需资金的平衡是判断企业生产经营活动所需流动资金的主要指标。

总之，在进行企业年度经营计划的综合平衡时，对平衡中出现的矛盾问题，应采取相应的措施解决，使完成指标有比较充分的保证。如果采取措施后仍未平衡，就要考虑调整、修改计划指标。

（三）线性规划法

线性规划法是在满足一定的约束条件下，按照某一衡量标准寻找最佳方案的一种计划方法。该方法是由苏联经济学家康托诺维奇于1939年首先提出来并用于经济计划工作中的。后来经许多经济学家的继续研究，目前它已成为一种比较成熟的计划方法。正确地应用这种方法，对合理配置企业人力、物力、财力等资源，能起到很好的作用。

线性规划主要解决两类问题：一类是最大化问题，即在有限的资源条件下，如何使效果最好或完成的任务量最多；另一类是最小化问题，即在工作任务确定的情况下，怎样使各种耗费降至最小。换句话说，线性规划是解决某个问题的整体效益最优问题。

应用线性规划法需要注意的问题是：首先要对所要解决的问题进行细致的分析，然后建立线性规划模型，最后用图解法或单纯形法等解决线性规划问题。线性模型必须符合下列要求：第一，线性规划的目标函数和约束方程必须是线性函数，即数学表达式中的变量必须是一次项。第二，决策变量应该是连续分布的，其数值可以是整数、分数或小数，但不能是负值；目标函数应是单一的，如果决策目标是多元的，就应该使其变成单一目标。第三，线性规划模型应是确定型的，其中的参数和系数应该是已知的。

（四）投入产出法

投入产出分析是20世纪40年代由美国经济学家列昂节夫首先提出的。投入产出法是研究经济体系（国民经济、地区经济、部门经济、公司或企业经济单位）中各个部分之间投入与产出的相互依存关系的数量分析方法。

1. 投入产出法的基本原理

任何经济活动都包括投入和产出两部分。投入产出法就是把部门在一定时期内的投入来源（指产品生产所消耗的原材料、燃料、动力、固定资产折旧和劳动力等生产性消耗）与产出去向（指产品生产出来后的分配去向、流向）排成一张纵横交叉的投入产出表格；然后，据此分析生产与消耗之间的内在平衡关系，并计算各部门（各环节）的直接消耗系数和间接消耗系数；最后，根据某部门（或者企业）对最终产品的数量要求，计算出各中间环节应达到的指标要求，据此编制综合计划。

2. 投入产出法的优点

（1）它可以系统地反映国民经济各部门之间、各产业之间、生产过程各环节之间的内在经济和技术联系，以便做好综合平衡和有效控制。

（2）在编制投入产出表的过程中，不仅可充分运用现有的统计资料，而且能够应用确定的线性数学模型揭示各指标之间的内在关系，以便进行各种经济预测和经济分析。

（3）表格形式直观、明了、清晰，易于理解。

（4）应用广泛，既可用于宏观的国民经济整体规划和综合平衡，也可用于微观的企业综合计划的制订。

（五）网络计划技术

网络计划技术，又称计划评审技术（简称 PERT，或称 PERT 网络分析），是 20 世纪 50 年代后期在美国产生和发展起来的。这种方法包括各种以网络为基础制订计划的方法，如关键路径法、计划评审技术、组合网络法等。1956 年，美国一些工程师和数学家组成一个专门小组首先开始这方面的研究。1958 年，美国海军武器计划处采用了计划评审技术，使北极星导弹工程的工期由原计划的 10 年缩短为 8 年。1961 年，美国国防部和国家航空署规定，凡承制军用品必须用计划评审技术制订计划上报。从那时起，网络计划技术就广泛地应用于组织管理活动之中。

1. 网络计划技术的基本步骤

网络计划技术的原理，是把一项工作或项目分成各种作业，然后根据作业顺序排列，通过网络图对整个工作或项目进行统筹规划和控制，以便用最少的人力、物力、财力资源，用最快的速度完成工作。网络计划技术的基本步骤如图 4-10 所示。

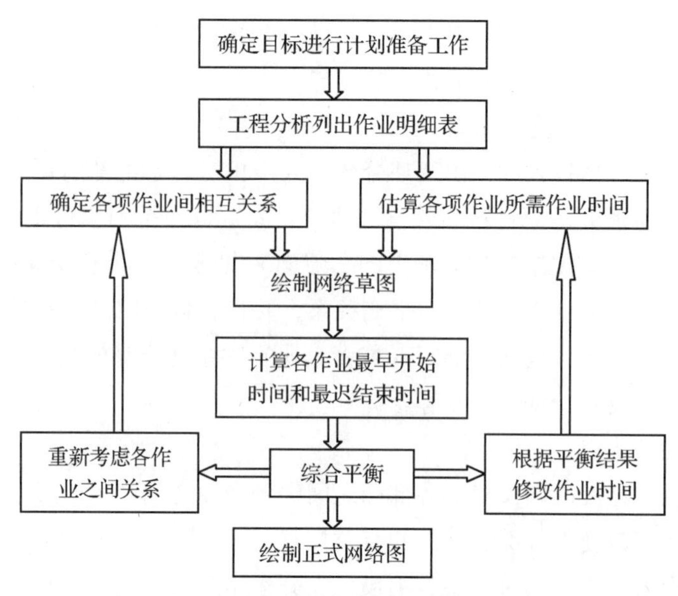

图 4-10　网络计划技术的基本步骤

2. **网络图**

网络图是网络计划技术的基础。任何一项任务都可分解成许多步骤的工作，根据这些工作在时间上的衔接关系，用箭线表示它们的先后顺序，画出一个由各项工作相互联系并注明所需时间的箭线图，这个箭线图就是网络图。图 4-11 便是一个简单的网络图。

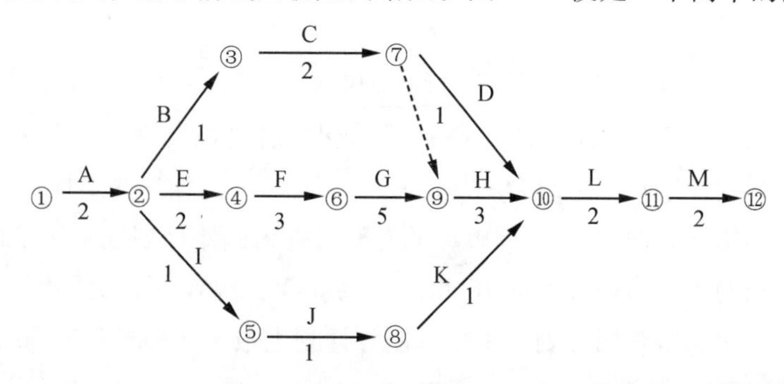

图 4-11　网络图

分析图 4-11 可以发现，网络图主要由以下部分构成：

（1）工序（或称活动）。它是一项工作的过程，有人力、物力参加，经过一段时间才能完成，即耗费一定的时间和资源的活动。常用“→”表示。图中箭线下的数字便是完成该项活动所需的时间。此外，还有一些既不占用时间也不消耗资源的工序，叫虚工序，在图中用虚箭线“----►”表示。网络图中应用虚工序的目的是避免工序之间关系的含糊不清，以正确表明工序之间先后衔接的逻辑关系。

（2）节点（或称事项、事件）。它是两个工序间的连接点。节点既不消耗资源，也不占用时间，只表示前道工序结束、后道工序开始的瞬间。用○表示。一个网络图中只有一个始点事项，一个终点事项。

（3）路线。路线是网络图中由始点事项出发，沿箭线方向前进，连续不断地到达终点事项为止的一条通道。一个网络图中往往存在多条路线，例如，图 4-11 中从始点①连续不断地走到终点⑫的路线有 4 条，即：

（A）①→②→③→⑦→⑩→⑪→⑫

（B）①→②→③→⑦→⑨→⑩→⑪→⑫

（C）①→②→④→⑥→⑨→⑩→⑪→⑫

（D）①→②→⑤→⑧→⑩→⑪→⑫

比较各路线的长短，可以找出一条或几条最长的路线，这种路线被称为关键路线。关键路线上的工序称为关键工序。关键路线的路长决定了整个计划任务所需的时间。关键路线上各工序完工时间提前或推迟都直接影响着整个工程能否按时完工。确定关键路线，据此合理地安排各种资源，对各工序活动进行进度控制，是应用网络计划技术的主要目的。

掌握和控制关键路线是网络计划技术的精华。关键路线决定着一项计划的工期。在网络图中寻找关键路线的方法有三个：最长路线法、时差法和破圈法。

3. 网络计划技术的评价

网络计划技术虽然需要大量而烦琐的计算，但在计算机广泛运用的时代，这些计算大都已程序化了。这种技术之所以被广泛运用是因为它有一系列的优点。

（1）该技术能清晰地表明整个工程的各个项目的时间顺序和相互关系，并指出完成任务的关键环节和路线。因此，管理者在制定计划时可以统筹安排，全面考虑，又不失重点。在实施过程中，管理者可以进行重点管理。

（2）可对工程的时间进度与资源利用实施优化。在计划实施过程中，管理者调动非关键路线上的人力、物力和财力从事关键作业，进行综合平衡。这既可节省资源又能加快工程进度。

（3）可事先评价达到目标的可能性。该技术指出了计划实施过程中可能发生的困难点及这些困难点对整个任务产生的影响，有利于管理者准备好应急措施，从而减少完不成任务的风险。

（4）便于组织与控制。管理者可以将工程，特别是复杂的大项目，分成许多支持系统来分别组织实施与控制，这种既化整为零又聚零为整的管理方法，可以达到局部与整体的协调一致。

（5）易于操作，并具有广泛的应用范围，适用于各行各业及各种任务。

五、计划执行与目标管理

计划工作的目的是通过计划的制定和组织实施来实现决策目标。因此，编制计划只是计划工作的开始，更重要、更大量的工作，还在于计划的执行。

组织计划执行的基本要求是：保证全面地、均衡地完成计划。所谓全面地完成计划，是指组织整体、组织内的各个部门要按所设定的指标完成计划，而不能有所偏废；所谓均衡地完成计划，则是指要根据各时段的具体要求做好各项工作，按年、季、月，甚至旬、周、日完成计划，以建立正常的活动秩序，保证组织稳步发展。

如果说决策与计划的制定主要是专业工作者的事，那么计划的执行则需要依靠全体组织成员的努力，因此，能否全面、均衡地完成计划，很大程度上取决于在计划执行中能否充分调动全体组织成员的工作积极性。

为了调动组织成员在计划执行中的积极性，我国一些企业于 20 世纪 80 年代初也开始引进了目标管理的方法，并取得了一定成效。

（一）目标管理的概念和特点

1. 目标管理的概念

美国管理学家彼得·德鲁克在 1954 年所著的《管理的实践》一书中，首先提出了目标管理（缩写为 MBO）思想，并使目标管理成为计划体系的一个重要内容。目标管理提供了一种将组织的整体目标转换为组织部门和每个成员目标的有效方式。由于这种管理制度在美国应用得非常广泛，而且特别适用于对主管人员的管理，故被称为“管理中的管理”。

目标管理专家——彼得·德鲁克

所谓目标管理是指组织的最高领导层根据组织所面临的形势和社会需要，制定出一定时期内组织活动所要达到的总目标，然后层层落实，要求下属各部门管理者乃至每个员工根据上级制定的目标制定出自己工作的目标和相应的保证措施，形成一个目标体系，并把目标的完成情况作为各部门或个人工作绩效评定的依据。简单地说目标管理就是让组织的管理者和员工参加目标的制定，在工作中实行“自我控制”并努力完成工作目标的一种管理制度或方法。

目标管理的理论基础是科学管理理论和行为科学理论的有效统一。科学管理理论重视工作的效率，而忽视人的主观能动性。行为科学偏重于对员工思想和行为的研究。德鲁克提出的目标管理，是将“以工作为中心”和“以人为中心”这两种管理思想有机结合起来。他认为，任何企业都是一个协作体，要把个人的努力凝结成为集体共同的努力。企业的目的和任务必须化为目标，管理人员通过目标对下级进行领导，以此来达到总目标。

2. 目标管理的特点

（1）目标管理强调以目标网络为基础的系统管理。目标管理首先由管理层确定一定时期的总目标，然后对总目标进行分解，层层下达，逐级展开，形成不同层次、不同要求的多个目标。这些目标之间相互关联、相互支持，形成整体的目标网络系统，从而保证组织目标的整体性和一致性。

(2) 目标管理强调“自我控制”。目标管理既重视科学管理，又重视人的因素。目标管理认为，员工是愿意负责的，愿意在工作中发挥自己的聪明才智和创造力。如果我们控制的对象是一个社会组织中的“人”，则必须通过对动机的控制来实现对行为的控制。目标管理的主旨是用“自我控制管理”代替“压制性的管理”，这种“自我控制”可以激励员工尽自己最大的努力把工作做好。

(3) 目标管理促使权力下放。目标管理的网络化将目标层层分解下达，这就要求各级管理人员要明确自己的管理目标和管理责任。上级要根据目标的需要，授予下级部门和个人相应的权力，这样才能激励下级部门和个人充分发挥其聪明才智，保证目标的顺利实现。因此，授权是提高目标管理效果的关键，推行目标管理，可以促使权力下放。

(4) 目标管理注重成果。德鲁克强调，凡是其业绩影响企业组织健康成长的所有方面，都必须建立目标。由于目标管理有一套完整的目标考核体系，所以能对组织成员的实际贡献和业绩大小进行评价，从而克服了以往凭印象、主观判断等传统的管理方式的不足。

(二) 目标管理的实施步骤

目标管理的实施，大致可分为制定目标体系、实施目标、成果评价、实施奖惩和制定新目标并开始新的目标管理循环。

1. 制定目标体系

实行目标管理，首先要建立一套完整的目标体系。这项工作总是从企业的最高主管部门开始的，然后由上而下逐级确定目标。上下级的目标之间通常是一种“目的—手段”的关系，某一级的目标，需要用一定的手段来实现，这些手段就成为下一级的次目标，按级顺推下去，直到作业层的作业目标，从而构成一种锁链式的目标体系。

2. 实施目标

目标的实施过程主要依靠目标的执行者进行自主的管理，即由执行人主动地、创造性地工作，并以目标为依据，不断检查对比、分析问题、采取措施、纠正偏差，实行自我控制，但这并不是说领导可放手不管。由于组成了目标锁链和目标系统，目标的实施过程是一个自下而上的保证过程，因此一环失误则可能牵动全局。在此过程中，领导者的责任主要是深入基层，对工作情况进行定期检查，一方面检查应由上级保证的目标执行者的工作条件是否得到正常保障，发现问题及时给予解决；另一方面，当好目标执行者的参谋和顾问，以商议、劝告的方式帮助下级解决问题。在必要时，也可以通过一定的手续，修改原定的目标。但从本质上来看，目标管理在过程控制上是十分宽松的，夸张一点讲就是“只问结果，不问过程”。因此，领导者对执行者的监督和控制应采用“内紧外松”的方式。

3. 成果评价

成果评价既是实行奖惩的依据，也是上下左右沟通的机会，同时还是自我控制和自我激励的手段。该阶段主要应做好两方面的工作，一是对目标执行者的工作成果进行考核，并决定奖惩；二是总结经验教训，把成功的经验、好的做法固定下来，并加以完善，使之科学化、系统化、标准化、制度化，对不足之处则要分析原因，采取措施加以改进，从而为下一目标管理循环打好基础。

4. 实施奖惩

组织对不同成员的奖惩是以上述各种评价的综合结果为依据的。奖惩可以是物质的，也可以是精神的。公平合理的奖惩有利于维持和调动组织成员饱满的工作热情和积极性，奖惩有失公正，则会影响成员的工作积极性。

5. 制定新目标并开始新的目标管理循环

成果评价与成员行为奖惩，既是对某一阶段组织活动效果及组织成员贡献的总结，也为下一阶段的工作提供了参考和借鉴。在此基础上，组织成员及各个层次、部门制订新的目标并组织实施，即展开目标管理的新一轮循环。

（三）对目标管理的评价

1. 目标管理的优点

（1）可促进管理的改进，使组织的目标性增强，有助于提高组织绩效。目标管理法迫使管理者去考虑计划的执行效果，而不仅仅是计划本身。并且有了一套明确的目标，就有了控制的标准，同时它也是评价各部门和个人绩效的标准。

（2）有助于改进组织结构和职责分工。目标管理法要求尽可能把完成一项组织目标的成果和责任划归一个职位或部门。这条原则的实施，常常使我们发现组织的缺陷——授权不足或职责不清。此外，目标管理法的授权和权力下放，促进了分权管理，可以使组织具有弹性。

（3）有助于调动员工的主动性、积极性、创造性，具有激励作用。目标管理强调自我控制、自我调节，将个人利益与组织利益紧密联系起来，因而提高了员工士气。由于目标是商定的，员工因此明确了自己的工作在整体工作中的地位和作用，同时取得了授权和支持。通过目标和奖励，将个人利益和组织利益紧密联系在一起，这时他不再是只听从命令、等待指示的盲从的工作者，而是一个可以自我控制、在一个领域内施展才华的积极工作者。

2. 目标管理的局限性

（1）目标难以确定。一方面可考核的目标是难以确定的，另一方面使同一级主管人员的目标都具有正常的“紧张”和“费力”程度更是困难的，而这两个问题恰是目标管理取得成效的关键。这就为目标管理的有效实施设置了难以逾越的障碍。

（2）缺乏灵活性。目标管理要取得成效，就必须保持其目标的明确性和肯定性，如果目标经常改变，就难以说明它是经过深思熟虑和周密计划的结果，这样的目标是没有意义的。但是，计划是面向未来的，而未来存在许多不确定因素，这又必须根据已经变化了的计划工作前提对目标进行修正。然而修订一个目标体系与制定一个目标体系所花费的精力相差无几，结果可能迫使主管人员不得不中途停止目标管理的过程。

（3）注重短期效应。几乎在所有实行目标管理的组织中，所确定的目标一般都是短期的，很少超过一年，常常是一季度或更短些。强调短期目标的弊病是显而易见的，因此，为防止短期目标所导致的短期行为，上级主管人员必须从长期目标的角度提出总目标和制定目标的指导方针。

(4) 加大了管理的难度。一方面，由于管理工作是非常复杂的，所以把所有的工作都放在目标管理上是不可能的。例如，将决策水平和创新能力的提高放入目标管理的范畴就很困难。因此，有些工作无法实施目标管理。另一方面，由于下级努力去实现那些可测量的目标，往往会忽视那些无法测量的工作。此外，目标的制定要上下沟通、反复协调、统一思想，这就会浪费时间。每个单位、个人都关注自身目标的完成，忽略相互协作，忽视组织的整体目标和利益，滋长本位主义、临时观点和急功近利的倾向。

(5) 目标管理的人性理论假设不一定存在。目标管理是以“社会人”的假设和 Y 理论为基础的，其对人类动机做的假设过分乐观。实际上，学者们对人性假设的意见并不统一。现实生活中的人是有“机会主义本性”的，尤其在监督不力的情况下。因此许多情况下，目标管理所要求的承诺、自觉、自治气氛难以形成。

阅读资料三

某公司目标管理制度的实施程序

本章小结

决策与计划是两个既相互区别，又相互联系的概念。

决策是指为实现一定的目标，提出各种可行方案。依据评定准则和标准，在多种备选方案中，选择一个方案进行分析、判断并付诸实施的管理过程。依据一定的标准，决策可分为多种类型。按决策的重要程度，分为战略决策、管理决策与业务决策；根据参与决策的主体，分为集体决策和个人决策；根据对未来的把握程度，分为确定型决策、风险型决策、不确定型决策；根据决策的重复程度，分为程序化决策与非程序化决策；按决策的科学性，可分为经验决策和科学决策；按决策的初始性，可分为初始决策和追踪决策。

决策的过程一般包括发现并界定问题、确定决策目标、拟定备选方案、选择方案、执行方案、检查评价和反馈处理。在一个决策过程中，环境、组织文化、过去的决策、决策者对风险的态度和时间限制等因素都会对决策产生影响。

决策的方法有多种，主要有定性决策方法和定量决策方法。定性决策方法可分为两大类，即集体决策方法和确定活动方向的决策方法。集体决策方法主要包括头脑风暴法、德尔菲法、名义小组法和电子会议法；确定组织活动方向的决策方法主要包括经营单位组合法和政策指导矩阵法。定量决策方法主要包括：确定型决策中的盈亏平衡分析，风险型决策中的决策树法，不确定型决策中的乐观、悲观、折中、后悔值和等概率法等。

计划是一个确定目标并评估实现目标最佳方式的过程，是决策的组织落实过程。计划工作的程序一般为：寻找机会、确定目标、确定前提条件、确定备选方案、评价备选方案、选择可行方案、制定派生计划、编制预算。

计划的类型。按照不同的表现形式，可将计划分为宗旨、目标、战略、政策、程序、规则、规划或方案和预算等几种类型；按计划的时间期限可把计划分为长期计划、中期计划和短期计划；根据职能部门把计划分为供应计划、生产计划、销售计划、财务计划、人力资源计划、新产品开发计划和安全计划等；按计划范围的广度可将计划分为战略计划、战术计划和作业计划；按计划的明确程度可把计划分为指导性计划和具体性计划。

滚动计划法的编制需要采用近细远粗的方法，根据计划的执行情况及环境变化情况定期修改未来的计划，并逐步向前推移，每次计划修改都使计划向前滚动一次，这就是滚动计划法。网络计划技术是以网络图的形式反映管理对象中各工作项目的相互关系，通过分析计算找出完成任务的最优方案，最后以最优方案进行工作安排和控制工作进度，从而获得最好的经济效果。线性规划法是通过建立线性规划模型，来求解最优方案。

目标管理是指组织最高领导层与各级管理人员共同参与制定出一定时期内经营活动所要达到的各项工作目标，然后层层落实，要求下属各部门主管人员乃至每个员工根据上级制定的目标制定出自己工作的目标和相应的保证措施，形成一个目标体系，并把目标完成情况作为各部门或个人考核依据的一套管理方法。

同步练习

第四章同步练习

管理实训

项目：计划及目标管理

【实训目的】

1. 使学生结合实际，加深对计划及目标管理知识的理解。

2. 初步掌握企业年度计划、目标管理方案的制定，培养学生实际工作能力。

【实训内容】

教师组织参观一个开展目标管理较成功的厂家，请工厂管理人员介绍工厂的基本情况，重点了解企业年度计划的编制、目标管理方案的设计、组织结构建设等情况。

1. 该厂年度计划由哪个部门编制？用哪种计划法？编制程序如何？

2．今年的计划指标有哪些？确定这些指标的依据是什么？

3．该厂如何确定当年的目标？主要目标有哪些内容？如何分解到各部门和个人？

4．该厂在目标管理工作中有哪些成功经验和问题？

【实训组织】

教师组织学生参观、调查。

【实训考核】

1．每人写一份该厂年度计划编制情况报告，画出该厂的目标管理展开图，并提出改进的措施。

2．参观结束后，组织一次课堂交流与讨论。

3．由教师根据学生的讨论发言及计划编制报告与目标管理展开图评估打分。

第五章

组织职能

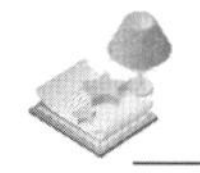

学习目标

阅读和学习本章后，你应该能够：

- 了解组织结构的构成与形式，掌握组织结构设计的基本原则
- 掌握管理幅度与管理层次之间的关系
- 掌握人员配备的内容与要求
- 理解组织变革的动力、阻力和过程
- 理解集权与分权的关系、影响因素
- 理解授权的原则

导入案例

为什么将中间管理层砍掉？

格兰仕目前是全球最大的微波炉生产企业，市场份额稳居全球第一。其以前是一个拥有房地产、毛纺、羽绒等多行业产品的集团企业，组织结构较为复杂，从上到下包括集团内的决策层和执行层、职能部门的管理层和执行层，还有各工厂的管理层和执行层，多至五到六层。这样一种垂直分工、等级分明的金字塔式的结构，使企业大规模生产和管理低效率之间的矛盾越来越突出。格兰仕意识到必须进行企业组织结构的调整，只有这样企业才能有新的发展。

现在，他们已经将过多的层次纷纷砍掉，集中所有的资源，包括人力、物力、财力进行家用电器的专业化生产，最终形成决策、管理、执行三层结构制，实际上就是把一个集团变成一个工厂，从而提高了企业对市场的反应能力。现在公司实行的是董事会领导下的总经理负责制，下设按八大条线划分的八大副总，分管从生产、技术质量项目、大行政、外贸、内贸、策划、市场研究到供应等各个领域，主要的决策项目由总经理办公会议决定。

经过组织结构的变革，企业内各位副总经理的管理面显然加宽了，各基层的工作也能一步到位，而不是以前的那种层层上报、层层审批模式。管理幅度加大以后，对每个分管副总和管理部门来讲，工作压力虽然加大了，但是消除了原来政令多出、交叉管理的弊端，显著地提高了管理效率。

集团还根据具体情况，为副总经理配备必要的助手。这些助手学历高，精力充沛，是公司第二梯队的人才。同时，对企业高层领导进行有针对性的培训，使他们能够更好地适应组织结构的变化。

（资料来源：肖智润，郝皓. 管理学［M］. 北京：清华大学出版社，2021：325.）

人类的各种组织都是由具有特定目标的人组成的，管理工作就是按照一定规则和方式将众多的人组织起来，确保计划目标的完成，使个人工作符合组织目标。

第一节　组织设计概述

一、组织的含义与类型

（一）组织的含义

在管理学中，组织的概念可以从静态与动态两个方面来理解。从静态方面来看，组织是指组织结构，即反映人、职位、任务，以及它们之间的特定关系的网络。从动态方面来看，组织是指组织工作，即通过组织的建立、运行和变革去配置组织资源，完成组织任务和实现组织目标的过程。

组织工作的最终成果是形成组织结构。一个良好的组织可以有效配置资源，使组织内部人员的能力得到最大的发挥，而组织工作就是要设计并保持这种角色关系，这也就是管理的组织职能。

（二）组织的类型

按照不同的标准，可以对组织进行不同的分类。

1. 按组织的目标划分，组织可分为营利组织和非营利组织

（1）营利组织。营利组织是指经工商行政管理机构核准并登记注册的以营利为目的，自主经营、独立核算、自负盈亏的具有法人资格的组织，包括工厂、银行、商店等。

（2）非营利组织。非营利组织是指不以营利为目的的组织，其目标通常是支持或处理个人关心或者公众关注的议题或事件。非营利组织又可分为群体性组织和公益组织，其中，群体性组织包括工会、妇女组织、行业协会、职业团体等；公益组织包括政府机构、学校、医院、研究所等。

2. 按组织是否自发形成划分，组织可分为正式组织和非正式组织

（1）正式组织。正式组织是为实现组织目标而建立的，按组织的章程和组织规程建立，其成员有明确的编制，是建立在组织效率逻辑和成本逻辑基础之上的。

正式组织有明确的目标、任务、结构、职能及由此决定的成员间的责权关系，对个人具有某种程度的强制性。合理、健康的正式组织无疑为组织活动的效率提供了保证。

（2）非正式组织。非正式组织是伴随着正式组织的运转而形成的。在正式组织展开活动的过程中，组织成员必然发生业务上的联系，这种工作上的接触会促进成员之间的相互认识和了解，并开展工作以外的联系，频繁的非正式联系又促进了他们之间的相互了解。久而久之，一些正式组织成员之间的私人关系从相互接受、了解逐步上升为友谊，一些无形的、与正式组织有联系但又独立于正式组织的小群体便慢慢地形成了。其成员由于工作性质相近、社会地位相当、对一些具体问题的认识基本一致、观点基本相同，或者在性格、业余爱好及感情相投的基础上，产生了一些被大家所接受并遵守的行为规则，从而使原来松散、随机性的群体渐渐成为趋向固定的非正式组织，如图 5-1 所示。

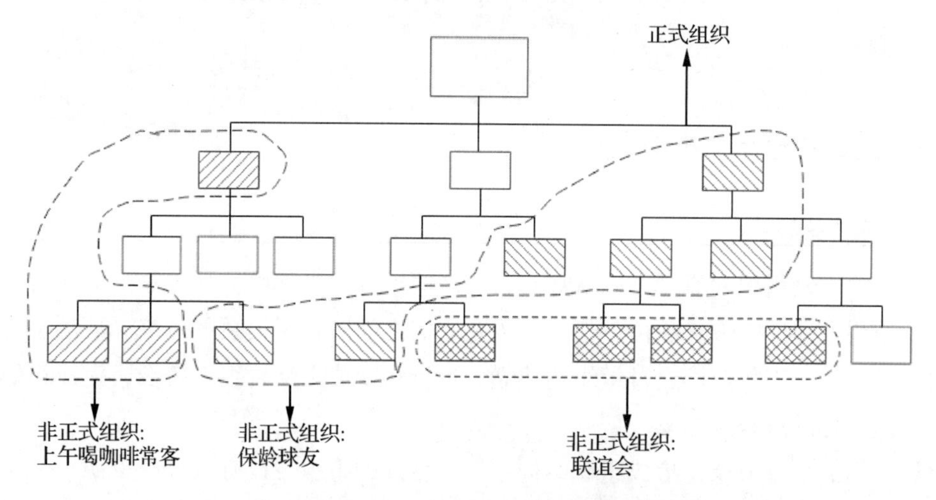

图 5-1　正式组织中的非正式组织

（3）正式组织与非正式组织的区别。正式组织和非正式组织都有自己的目标，但两者的目标可能一致也可能不一致，甚至相反。二者之间各有不同的特点，其主要区别见表 5-1。

表 5-1　正式组织与非正式组织的区别

项目	正式组织	非正式组织
形成原因	为了实现共同目标而有意识地组织起来	因人们性格、爱好、交往、感情等逐渐形成，并无明确的共同目标
表现形式	是有形的组织，表现为组织图、职务说明书等	是无形的组织，无任何成文的表现形式

续表

项目	正式组织	非正式组织
成员范围	按组织设计规定的层次、部门配备合格的人员，人数相对稳定	自愿结合，不受正式组织规定的层次、部门、职务等的限制，人数不定
行为标准	以效率逻辑作标准，制定明确的方针、程序、规章制度，要求严格执行	以感情逻辑作标准，只有不成文的约定，如有违反，则受到疏远或排斥
领导者的产生方式	按有关规定选拔产生	自然产生，往往是团体中交往最多或威望最高者

3. 按组织的形态划分，组织可分为实体组织和虚拟组织

组织的最初形态就是实体组织，实体组织即是一般意义上的组织。虚拟组织，只是社会发展到一定阶段才出现的产物。特别是数字化网络出现之后，虚拟组织更是成为一般的学术名词及操作术语为大众所认同和接受。虚拟组织虽然不是因为互联网的出现才产生的，但在互联网出现之后才得以全方位发展。网络是虚拟组织产生的必要条件，但不是充分条件，网络也不仅仅是指互联网，传统意义上的邮政网、电信网等都曾导致一定程度和数量的虚拟组织的产生。许多企业也曾利用虚拟组织为实现实体组织的目标服务。

二、组织设计的概念与任务

（一）组织设计的概念

组织设计是建立或改造一个组织的过程，是通过对组织活动、组织结构和组织岗位的设计与再设计，把任务和责任进行有效组合与协调的活动过程。其目的是协调组织中人与事、人与人的关系，最大限度地发挥人的积极性、提高工作绩效，以便更好地实现组织目标。

需要对组织进行设计的几种情况为：（1）新建企业；（2）原有组织出现较大的问题或组织目标发生变化；（3）组织必须进行局部的调整和完善。这三种情况虽然不同，但组织设计的内涵和基本程序是一致的。

（二）组织设计的任务

组织设计的任务具体地说就是建立组织结构和明确组织内部的相互关系，提供组织结构图和部门职能说明书、岗位结构图和岗位职责说明书。

1. 组织结构图和部门职能说明书

组织结构是组织设计的结果之一，它是指组织内部的结构框架。它由工作内容、职权关系、沟通渠道所组成，可用组织结构图来明确表明组织中的部门设置情况和层次结构，直观反映组织内部的分工和各部门上下隶属关系，如图 5-2 所示。

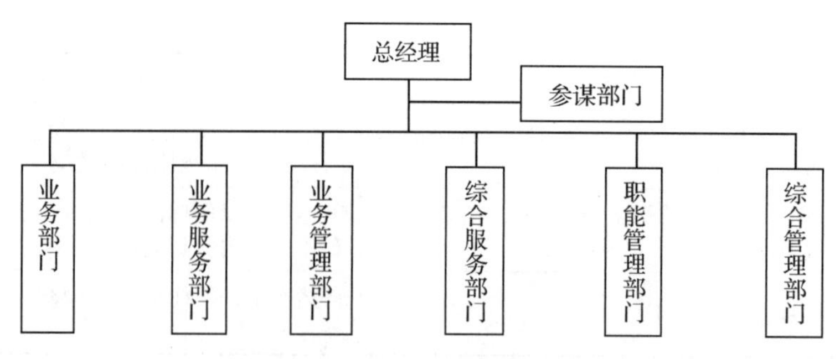

图 5-2　一般企业组织结构示意图

部门是指具有独立职能的工作单元的组合。与组织结构图相对应的是部门职能说明书。部门职能说明书一般包括部门名称、上下级隶属关系、协作部门、部门本职、部门宗旨、主要职能、主要责任、部门权力、岗位设置等内容。通过部门职能说明书，可清楚了解该组织中各部门之间的职能分工情况。

2. **岗位结构图和岗位职责说明书**

为了聚焦群体力量以有效地完成实现组织目标所必须开展的各项工作，在明确了部门职能以后，还要进一步明确部门内部的职责分工，形成相应的岗位结构图和岗位职责说明书，以便将各项工作落实到人。

岗位是由一组有限的工作集合而成的。由于每一个人的能力是有限的，不可能完成大量的不同性质的工作，因此需要对各种工作进行合理组合，形成相应的岗位，使工作分工与组织成员的能力相匹配，从而切实保障各项工作能够得以落实。

部门内部的分工情况可用岗位结构图表示，如图 5-3 所示。岗位结构图表明了组织中的各种岗位及岗位之间的权力关系，各岗位的具体职责和上岗人员素质要求则可在岗位职责说明书中表明。岗位职责说明书一般包括岗位名称、上下级关系、岗位本职、主要工作、直接责任、岗位权力、岗位素质要求等内容。

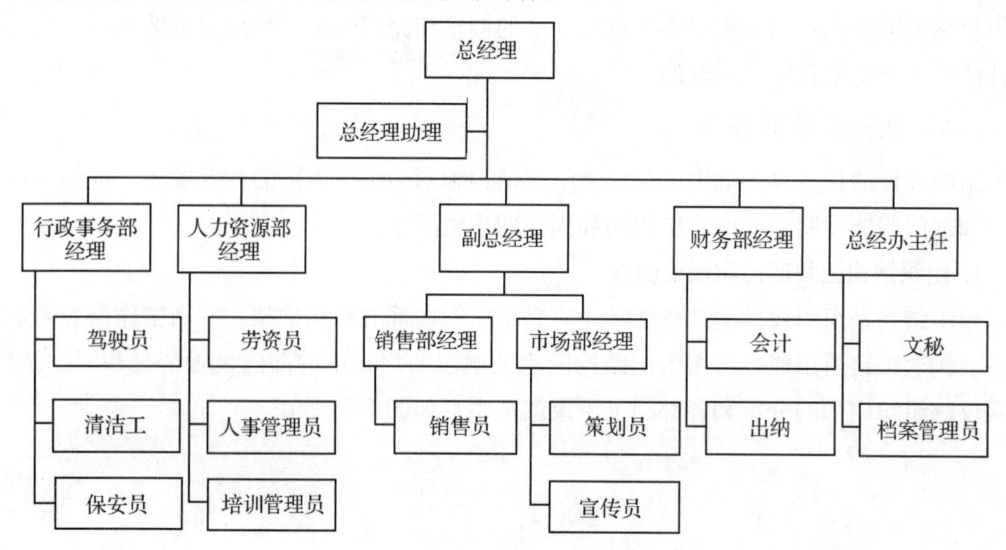

图 5-3　岗位结构图

3. 组织结构和组织成员之间的关系

组织结构反映了组织内部的分工协作情况。组织结构的功能是维持组织存在，若无一定的形式结构，组织本身也就不复存在。但仅有结构而不拥有具有共同目标的人也构不成完整的组织。就所有的组织而言，结构是基础，人们为了达到目标，完成一个人无法承担的大量而复杂的工作，就只有进行分工协作。但建立结构的目的是使组织成员协调地开展工作，共同为组织目标的实现而奋斗，因此，组织结构的建立是实现目标的一种手段，倘若把组织结构视为神圣不可侵犯的，那就意味着把人当作了工具而把组织结构错当成了目标。

三、组织设计的原则

组织所处的环境、采用的技术、制定的战略、发展的规模等方面不同，所需的职务和部门及其相互关系也不同。尽管如此，在进行组织设计时，还是可以找到一些需要共同遵守的原则。

（一）目标统一原则

该原则是指组织设计必须有利于组织目标的实现。组织目标层层分解，机构层层建立，直到每一个人都了解自己在总目标实现中应完成的任务，这样建立起来的组织机构才是一个有机整体，才能为保证组织目标的实现奠定基础。在组织设计时要求从工作特点和需要出发，因事设机构、设职，因职用人。

（二）分工协作原则

分工是按照提高专业化程度和工作效率的要求，把组织的目标任务进行分解，明确各层次、各部门乃至个人的职责。协作是明确部门与部门之间及部门内部的协调关系与配合方法。只有分工没有合作，分工就失去了意义；但如果没有分工，也就谈不上协作，两者是相辅相成的。

组织系统中的各部门不可能脱离其他部门而单独运行，都必须经常与其他部门相互协调，在实现本部门目标的同时，保证整个组织目标的实现。高度分工是个人和部门取得良好绩效的基础，而高度整体化是整个组织达成目标、取得整体效益的基础。因此，组织设计必须坚持统一领导下的分工负责和密切合作，以实现高度分工与高度整体化的统一。

（三）职、责、权、利相对应原则

有了分工，就意味着明确了职务，承担了责任，就要有与职务和责任相等的权力，并享有相应的利益，这就是职、责、权、利相对应的原则，简称权责对等原则。该原则要求：职务要实在、责任要明确、权力要恰当、利益要合理。它们的关系应当是相互对应的正方形。

如果责任大而权力和利益小，会导致下属缺乏主动性、积极性，难以有效履行责任；如果权力和利益偏大而责任较小，下属就有可能不负责任地滥用权力，容易助长官僚主义的习气。

（四）统一指挥原则

统一指挥原则是指组织中的每位下属都应当有一个而且只能有一个上级主管，向一个人直接汇报工作，从而形成一条清晰的指挥链。如果一个下属有多个上级，那么就会由于上级之间彼此不同，甚至发出互相冲突的命令而导致政出多门，指挥不统一，令下属产生无所适从之感。该原则要求如下：

（1）在确定管理层次时，要使上下级之间形成等级链。从最高级到最低级的等级链必须是连续的，不能中断，并要明确上下级的职责、权力和联系方式。

（2）任何一级组织只能一个人负责，实行首长负责制。

（3）正职领导副职，副职对正职负责。

（4）下级组织只接受一个上级组织的命令和指挥，防止出现多头领导的现象。

（5）下级只能向直接上级请示工作，不能越级请示工作，下级必须服从上级命令和指挥，不能各自为政，各行其是。如有不同意见，可以越级上诉。

（6）上级不能越级指挥下级，以维护下级组织的领导权威，但是可以越级检查工作。

（7）职能管理部门一般只能作为同级直线指挥系统的参谋，无权对下属直线领导者下达命令和进行指挥。

（五）有效管理幅度原则

管理幅度是指一名主管人员有效地指挥、监督、管理的直接下属的人数。一般来说，任何主管人员能够有效地指挥和监督的下属的数量总是有限的。所以，每个主管都要根据管理的职责和职权，考虑各种影响因素，来慎重确定自己的管理幅度。

（六）集权与分权相结合原则

集权与分权是反映组织纵向职权关系的一个特征，用于描述组织中决策权限的集中与分散程度。所谓分权，是指组织的决策权分配给较低层次的部门或人员的一种倾向。而集权则是指组织的决策权主要集中在较高层次的管理人员手中。集权和分权各有优缺点，过分集权或分权都会给组织带来问题。实际中的组织应根据自身的具体条件选择合适的分权程度，从而在集权和分权的平衡中获得良好发展。

（七）精简与效率原则

德鲁克说，组织设计要“努力用经济来维持管理，并把摩擦减至最小限度”。组织的管理机构必须精干简明、以一当十，这样才能提高效率。如果机构臃肿、层次繁多、手续繁杂，必然导致人浮于事、效率低下。国际上著名的“帕金森定律”揭示了组织管理中的职位数与效率之间恶性循环的特征，即在金字塔结构的组织中，随着各级管理人员职位的增多，人们之间的相互关系会进一步复杂化，推诿扯皮的现象会增加，内耗也就增大，于是又要增加管理人员……如此反复，机构不断膨胀，管理效率却日益降低，从而形成恶性循环。

阅读资料一

帕金森定律

（八）稳定性与弹性结构相结合原则

该原则是指组织结构及其形式既要有相对的稳定性，又不能轻易变动。因为组织的变动，涉及人员、分工、职责、协调等方面的调整，对人员的情绪、工作方法、工作习惯等会带来各种影响，需要有一个适应过程。但同时组织为了适应多变的环境、提高竞争能力和效率，又必须能灵活地对所涉及的结构进行动态的调整。

所以作为领导必须懂得：一个一成不变的组织，是个僵化了的组织；一个经常变化的组织，则是个创不出业绩的组织。故应该在保持稳定性的基础上进一步加强和提高组织机构的适应性。

（九）执行与监督分设原则

在组织设计时，应将组织中的执行机构和监督机构分开设置，不应合并为一个机构。例如，企业中的质量监督、财务监督和安全监督等部门应当同生产执行部门分开设置。必要的监督和制约有利于暴露矛盾，只有暴露矛盾才能去解决矛盾。监督机构分开设置后，必须在强调监督的同时加强对被监督部门的服务，以利于监督职能的履行，搞好双方关系。

四、影响组织设计的因素

组织设计的目的是合理安排组织中人员的活动，而组织活动总是发生在一定的环境中，受制于一定的技术条件，并在组织总体战略的指导下进行的。此外，组织规模及其所处的发展阶段不同，也会对组织结构形式提出不同的要求。因此，组织设计必须考虑以下这些因素的影响。

（一）组织目标与任务

组织设计必须遵循目标任务原则，必须从组织要实现的目标任务出发，并为优先实现目标任务服务。其设计应以组织的目标任务为基本依据，如目标任务发生变化，则组织结构将相应地做必要的调整。与此同时，在不同时期，组织的战略目标和重点任务是不同的，就应该有不同的组织结构与之相适应。

（二）组织环境

一个组织是一个与其外部环境相互作用、相互依存的系统。外部环境由于其变化性和复杂性，造就了它的不确定性。一个组织面临的外部环境不确定性越大，外部环境对组织的选择的限制就越大。从本质上讲，在稳定的外部环境中采用机械式组织结构最为有效，而动态的不确定的外部环境则与弹性组织结构最为匹配。

（三）组织战略

组织战略决定和影响组织活动的性质及根本方向，它涉及一定时期内组织的全局方针、主要政策与任务，它是制定策略和计划的准绳。组织结构是实现组织目标和战略的手段与工具，而目标产生于组织的总体战略。因此，组织结构与组织的总体战略是紧密联系在一起的，组织战略对组织结构起着决定性作用，组织结构必须服从组织战略，并与战略紧密结合。

（四）生产条件与技术状况

生产技术水平不仅影响组织活动的效果和效率，而且还会作用于组织工作的各个方面。采用不同的技术手段需要对组织活动采用不同的管理方式，因而也就必然影响组织结构的选择和设计。生产技术越高或越复杂，组织结构垂直分工就越复杂，反之则越简单。查尔斯·裴洛以二向度指针说明结构与组织之关系，即工作的变化性与问题的可分析性形成惯性、工程性、技艺性与非惯性四种生产技术。惯性高的工作可考虑采用标准化协调与控制结构，组织结构需较高的正式性、集权性。

（五）组织规模及其所处的发展阶段

组织的规模往往是与组织的发展阶段相联系的。随着组织的发展，组织活动的内容会日趋复杂，人数会逐渐增多，组织的结构也需要随之调整，以适应变化了的情况。一般来说，规模大的组织要比规模小的组织更趋向于高程度的专业化和横向及纵向的分化，规则条例也更多。美国学者托马斯·卡曼提出了“组织发展五阶段”理论，他认为组织的发展过程要经历创业、职能发展、分权、参谋激增和再集权五个阶段，不同的发展阶段要求与之相适应的组织结构形态。

（六）人员结构与素质

各级管理者及其下属人员的素质，对组织结构的各要素（层次、机构、权责分工、协作配合等）都有影响，从而带来组织结构的差别和变化。握有权力的决策者，往往会选择惯性技术以降低运作过程中的不确定感。决策阶层偏好稳定而往往会选择机械性结构方式，即倾向复杂度低、正式化而集权化程度高的结构方式。

第二节　组织的部门化

一、组织部门化的含义与原则

（一）组织部门化的含义

组织部门化又称部门划分，是指根据组织目标任务的需要，把工作和人员分成若干管理单元并组建相应的机构，形成组织的横向部门结构的过程，是建立组织结构的首要环节和基本途径。部门划分的实质是对管理活动的分工，即将不同的管理人员安排在不同的管理岗位和部门，通过他们在特定环境和特定相互关系中的管理工作，使整个管理系统有机、协调地运转起来。

（二）组织部门化的基本原则

为了有效、合理地集合组织资源，安排好组织内全部的业务活动，必须提供一些基本的指导原则，使组织部门化能够具备科学性和可操作性。

1. 因事设职和因人设职相结合原则

为了保证组织目标的实现，必须将组织活动落实到每一个具体的部门和岗位上，确保“事事有人做”。另外，组织中的每一项活动终归要由人去完成，组织部门设计就必须考虑人员的配置情况，使得“人尽其能”“人尽其用”。特别是，组织在根据外部环境的变化进一步调整和再设计组织部门结构时，必须贯彻因事设职和因人设职相结合的原则，及时调整与组织环境不相适应的部门和人员，使组织内的人力资源能够得到有效的整合和优化。

2. 分工与协作相结合原则

分工与协作是社会化大生产的必然结果，古典管理理论强调分工是效率的基础。在组织的部门设计中，企业必须对每一个部门、每一个岗位进行必要的工作分析和关系分析，并按照分工与协作的要求进行业务活动的组合。部门设计者可以依据技能相似性的归类方法集合相关的业务活动，以提高专业分工的细化水平。但是，过分强调专业化分工也会造成管理机构增多、部门之间难以协调等问题，反而会降低管理效率。这时可以依据关系紧密性的归类方法，按照业务流程管理的逻辑顺序集合业务活动，以达到紧凑、连续、利于协作的工作效果。

3. 精简高效原则

精简高效原则是指在保证有效地实现组织目标的前提下，组织结构中的部门数量力求最少。按照精简高效原则，部门设计应当体现局部利益服从组织整体利益的思想，并将单个部门效率目标与组织整体效率目标有机地结合起来。另外，部门设计应在保证组织目标能够实现的前提下，力求人员配置和部门设置精简合理，不但要“事事有人做”，而且要“人人有事做”，工作任务充足饱满，部门活动紧密有序。

4. 部门制衡原则

部门制衡原则是指将原来由某个部门单独行使的权力拆分为由多个部门配合行使。部门制衡原则包括两层含义：一是按照不同的功能把权力划分为不同的类型；二是不同功能的权力之间形成相互制约关系。部门制衡原则在部门设置上的贯彻，通常体现为按不同功能权力设置不同的部门，部门之间拥有相互监督、相互否决的权力。例如，销售部门拥有接受订单、签订合同的权力，但必须受到适当的制约，承担根据企业生产能力接受适当订单的责任。这时可以通过生产部门制约销售部门，收到订单后，必须根据生产部门主管的签字决定是否接受订单。销售部门应该及时和生产部门沟通，获取履行订单的能力情况，不能接受过多的超出企业生产能力的订单。如果销售部门拥有接受订单权但没有生产部门的制约，就会不顾本企业的生产能力，盲目地接受过多的订单，企业就可能不能按期交货，不仅会因合同违约而支付罚金，还要承受企业信誉受损的后果。

5. 弹性原则

弹性原则是指划分的部门应随业务的需要而增减。在一定时期划分的部门，不是永久性的，其增设和撤销应随业务工作而定。组织也可以设立临时部门或工作组来解决临时出现的问题。为了加强企业的价值链管理、优化组织结构和业务流程，降低组织的经营成本、增强企业的竞争力，企业应该定期或不定期地调整组织机构，合理划分部门。

二、组织部门化的基本形式

根据各个岗位所从事的工作内容的性质以及岗位间的相互关系，依照一定的原则，可以将各个岗位组合成被称为“部门”的管理单位。组织活动的特点、环境和条件不同，划分部门所依据的标准也是不一样的。对同一组织来说，在不同时期，划分部门的标准也可能会不断调整。组织设计中经常运用的部门划分标准是：职能、产品、地域、顾客和生产流程。

（一）职能部门化

按照职能划分部门是根据专业化的原则，以工作或任务的性质为依据来划分部门，如图5-4所示。

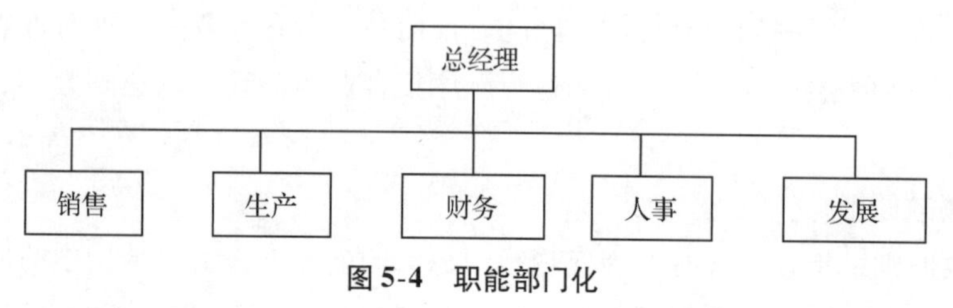

图5-4 职能部门化

它的优点在于：合理地反映职能，符合分工和专业化原则，有利于发挥各职能领域专家的特长，提高人员的利用效率；有利于使组织的基本活动得到重视和保障，以利于对整个组织活动实施严格控制。但是这种部门化方法也存在一些缺点：总体决策需要最高层作出，因而速度较慢；由于人员过度专业化，因此容易形成本位主义，给各部门之间的协调带来一定困难；随着组织规模的扩大，容易导致机构臃肿，缺乏对环境变化的适应能力；只有最高层对最终成果负责，因而对各部门的绩效和责任不易考核。这种方法较多用于管理或服务部门的划分。

（二）产品部门化

按照产品划分部门是根据产品或产品系列来组织业务活动，这种方法是从职能部门化发展而来的。随着组织规模的不断扩大，管理工作越来越复杂，实行职能部门化组织的管理人员的工作负担越来越重，管理幅度的限制使得他们难以通过增加直接下属的办法来解决问题，此时就有必要按照产品重新组织活动。进行多元化经营的组织常采用这种部门划分方法，如图 5-5 所示。

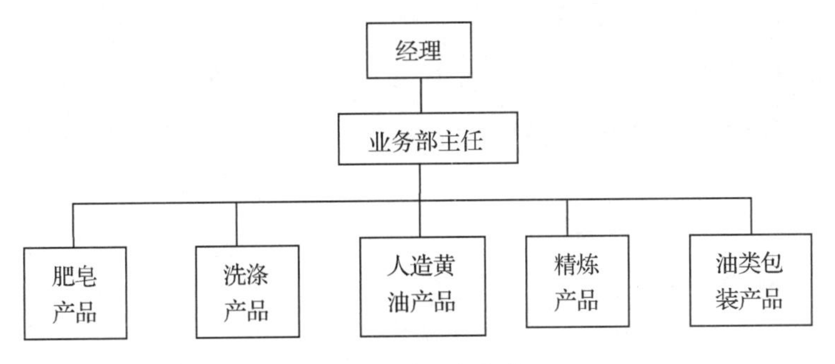

图 5-5 产品部门化

实行产品部门化方法的优点在于：能够充分利用专项资本和设备，发挥个人的技术知识和专长；有利于部门内的协调；利润、责任明确划分到部门一级，易于评价各部门的业绩，也便于最高主管把握各种产品或产品系列对总利润的贡献；可促进企业内部竞争，有利于产品和服务的改进和发展；有利于增加新的产品和服务；有利于锻炼和培养全面的综合性管理人才。但是这种方法需要具备全面知识和技能的人来担任部门负责人；总部和分部的职能部门与人员须重复设置，会增加管理成本；由于各产品部门的独立性较强而整体性较差，因此给高层管理造成困难。

（三）地域部门化

按地域划分部门就是将某个地域内的业务活动集中起来，委派相应的管理者，形成区域性部门，如图 5-6 所示。

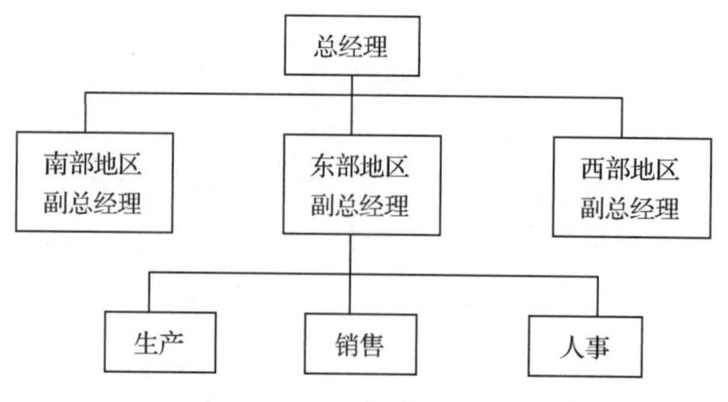

图 5-6　地域部门化

这种方法将责任下放到区域，因此有利于调动各区域的积极性；便于与当地的供应商、用户进行面对面的联系，降低运输等费用，从而取得区域化经营的优势；有利于适应区域的特殊要求与特定环境，促进区域性活动的协调；有利于促进企业内部竞争；有利于培养能力全面的管理者。但缺点是由于机构重复设置而导致管理成本增加，增加了最高主管部门对区域控制的难度，要求区域部门主管人员具有全面的管理能力。这种方法主要用于空间分布很广的企业的生产经营。

（四）顾客部门化

为了更好地满足顾客的要求，将与某类顾客有关的各种组织活动集中在一起，形成部门的划分。如有些企业设置了大客户部、商业客户部、公众客户部、VIP 服务部等部门，如图 5-7 所示。

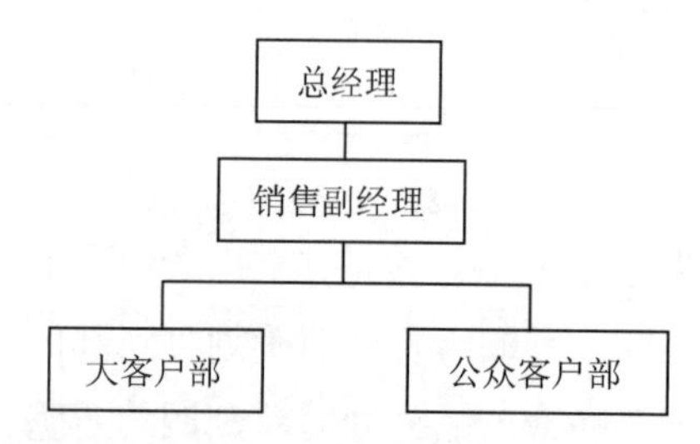

图 5-7　顾客部门化

这种方法最大的优点是有利于重视和满足顾客的某种需要，针对不同顾客的特点和需要开展组织活动，从而增加顾客的满意度和忠诚度；有利于本组织形成针对特定顾客需求的经营技巧和诀窍。但这种划分方法不能使设备和专业人员得到充分利用；为满足特定顾客需要，可能导致部门间的协调变得困难。这种方法适用于服务对象差异较大、对产品和服务有特殊要求的企业。

（五）流程部门化

流程部门化是指按照工作或业务流程来组织企业活动，如图 5-8 所示。

图 5-8 生产流程部门化

因为这种方法是建立在特殊技能和训练的基础上的，所以在部门内的协调要简单得多；但由于生产过程需要将自然的工作流程打断，将工作流程的不同部分交给不同的部门去完成，就要求每个部门的管理者必须将自己的任务与其他部门管理者的任务协调起来。

第三节 组织的层级化

组织的层级化是指组织在纵向结构设计中必须确定层级数目和有效的管理幅度，必须根据组织集权化的程度，规定纵向各层级之间的权责关系，最终形成一个能够对内外环境要求做出动态反应的、有效的组织结构形式。

一、组织的管理幅度与管理层次

（一）管理幅度

管理幅度，又称管理跨度，是指一名主管人员能有效直接指挥、监督、管理的直接下属的人数。如图5-9所示，图中主管人员甲的管理幅度为3，乙的管理幅度为5，丙的管理幅度为7，丁的管理幅度为8。

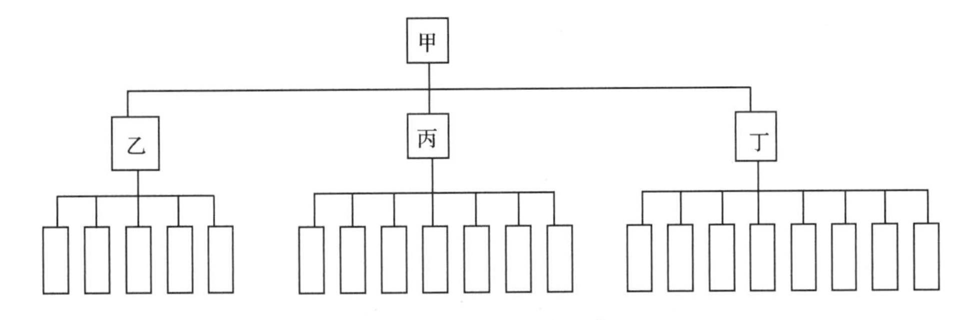

图 5-9 管理幅度示意图

管理幅度是影响组织内部各单位规模大小的重要决定因素。

任何组织在进行结构设计时，都必须考虑到管理幅度的问题。一般来说，即使在同样获得成功的组织中，每位主管直接管辖的下属数量也不相同。有效管理幅度的大小受到管理者本身素质及被管理者的工作内容、能力、工作环境与工作条件等诸多因素的影响，每个组织都必须根据自身的特点，确定适当的管理幅度。

（二）管理层次

由于主管人员能够直接有效地指挥和监督的下属数量是有限的，因此，最高主管的被委托人也需要将受托担任的部分管理工作再委托给另一些人来协助进行，依此类推，直至受托人能直接安排和协调组织成员的具体业务活动，由此就形成了组织中从最高主管到具体工作人员之间的不同管理层次。

因此，管理层次是指组织内部从最高一级管理组织到最低一级管理组织的职位等级数目。如在图 5-9 中，管理层次为 3。

（三）管理幅度与管理层次的关系

组织的管理层次受到组织规模和管理幅度两方面的影响。在管理幅度给定的条件下，管理层次与组织规模大小成正比，组织规模越大，成员数目越多，其所需的管理层次就越多；在组织规模既定的条件下，管理层次与管理幅度成反比，管理幅度越大，所需的管理层次就越少，反之管理幅度越小，所需的管理层次就越多。

以一家拥有 4 096 名员工的企业为例，假设各层次的管理幅度相同，如果按管理幅度分别为 4、8 和 16 对其进行组织设计，那么其相应的管理层次为 6、4 和 3，所需的管理人员数为 1 365、585 和 273 名。见表 5-2 和图 5-10 所示。

表 5-2　管理幅度与管理层次的对应关系表

项目	(a)	(b)	(c)
管理幅度	4	8	16
管理层次	6	4	3
管理人员数	1 365	585	273

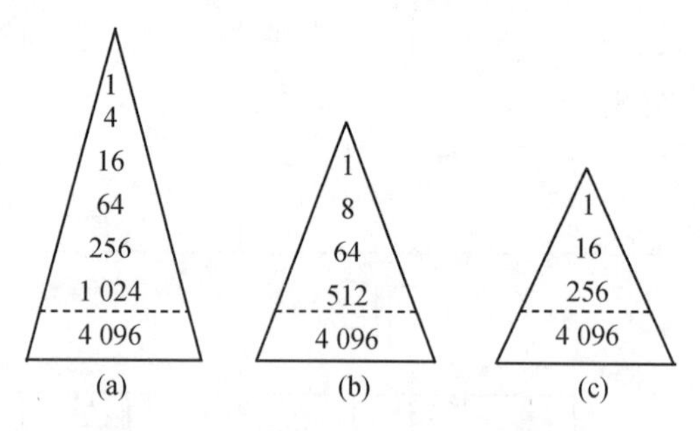

图 5-10　管理幅度与管理层次的关系

管理幅度的宽窄对组织形态和组织活动会产生显著的影响。在组织中人员数量一定的情况下，管理幅度越窄，组织层次就越多，从而组织就表现为高而瘦的结构特征，这种组织称为高耸型组织，见图 5-10（a）；反之，管理幅度越宽，组织层次就越少，这种组织就称为扁平型组织，见图 5-10（c）。一般来说，高层最适宜的管理幅度为 3～6 人，中层为 5～9 人，基层为 7～15 人。

（四）高耸型结构与扁平型结构

如上所述，由于管理幅度与管理层次这两个变量的取值不同，就会形成高耸型结构和扁平型结构两种组织结构类型。

1. 高耸型结构

高耸型结构是指组织的管理幅度较小，从而形成管理层次较多的组织结构。它具有管理严密、分工明确、上下级易于协调的特点，但层次较多，需要从事管理的人员也迅速增加，彼此之间的协调工作也急剧增加。如图 5-10 中，当管理幅度从 16 变为 4 时，管理人员从 273 名增至 1 365 名，增加了 4 倍。高耸型结构的优点在于：有利于上级对下属进行及时的指导和控制，层级之间关系较为紧密；权责关系明确，有利于工作任务的衔接；有利于增强管理者的权威；为下属提供更多的晋升机会。但也存在一定的缺点：过多的层次不仅会增加高层与基层之间沟通的难度，影响信息传递的速度和质量，而且还会因管理人员的迅速增加而增大协调的工作量和管理成本，同时由于管理严密，影响下级人员的主动性和创造性。

2. 扁平型结构

扁平型结构是指组织的管理幅度较大，从而形成管理层次较少的组织结构。其优点在于：缩短了上下级距离，密切了上下级关系，加快了信息纵向沟通的速度，减少了信息的失真，从而可以提高决策的质量，降低管理成本；由于管理幅度的增加迫使上级授权，可以大大提高下级的积极性和自主性，增强其满足感；同时也有利于更好地选择和培训下属人员，培养和提高下级管理能力。但也存在一定缺点：由于管理幅度较大，不能严密地监督下属，上下级协调较差，而且也加重了横向沟通与协调的难度。

随着经济的发展和技术的进步，为了提高效率，组织结构越来越趋于扁平化，就是组织通过增大管理幅度、减少层次来提高组织信息收集、传递和组织决策的效率，最终发挥组织的内在潜力和创新能力，从而提高组织的整体绩效，完成组织的战略目标。

二、组织层级化设计中的集权与分权

（一）职权的种类及相互关系

1. 职权的概念

职权是指由于占据组织中的职位而拥有的权力。职权只与一定的职位有关，而与任职者的个人特征无关。

同职权相对应的是职责，职责是指担当组织某项职位而必须履行的责任。职权与职责具有同等的重要性，职权是履行职责的必要条件和手段，职责则是行使职权所要达到的目的。

在组织中，最基本的信息沟通是通过职权来实现的，通过职权关系上传下达，使下级按指令行事，上级得到及时反馈的信息，做出合理的决策，进行有效控制。

2. 职权的种类

组织内的职权分为三种类型，即直线职权、参谋职权和职能职权。

（1）直线职权。直线职权是指给予一位管理者指挥其下属工作的权力，也就是通常所说的指挥权。显然，每一管理层的主管人员都具有这种职权，只不过每一管理层次的功能不同，其职权的大小及范围不同而已。

（2）参谋职权。参谋职权是指管理者拥有某种特定的建议权或审核权，可以评价直线方面的活动情况，进而提出建议或提供服务。

（3）职能职权。职能职权是指参谋人员或某部门的主管人员所拥有的原属直线主管的那部分权力。在纯粹参谋的情形下，参谋人员所具有的仅仅是辅助性职权，并无指挥权。但是，随着管理活动的日益复杂，主管人员仅依靠参谋的建议还很难做出最后的决定，为了改善和提高管理效率，主管人员就可能对职权关系做某些变动，把一部分原属于自己的直线职权授予参谋人员或某个部门的主管人员，这便产生了职能职权。

3. 直线职权与参谋职权之间的关系

直线职权是命令和指挥的权力，参谋职权是协助和建议的权力，参谋的职责是建议而不是指挥，他们的建议只有被管理者所采纳并通过等级链向下发布时才有效，由此可见，直线职权与参谋职权之间的关系是“参谋建议、直线指挥”的关系。

“参谋建议、直线指挥”有两层意思，一是指直线人员（管理者）在进行重大决策之前要先征询组织成员或参谋人员的意见。管理者和操作者只是为了实现共同目标而进行的一种分工，操作者有权了解管理者的经营策略并对此发表自己的意见；而参谋人员的设立就是为了减轻管理者的负担，或弥补管理者的不足，以避免重大失误。因此，管理者在具体行使职权时，要充分发挥参谋人员的智囊作用，否则就没有必要在组织中专门设立参谋人员或部门。二是指这两种权力之间性质的不同。参谋权力是咨询性的，行使参谋权力的人员可以向直线人员提出自己的意见或建议，但不能把自己的知识、想法等强加给直线人员，或超越权限，发号施令；指挥的权力应由直线人员来承担，由直线人员来决定方案的取舍及发布指令，并承担最后的责任。这是确保组织内部命令的统一性所必需的。

一般来说，在现实生活中，直线权力和参谋权力经常会发生摩擦和冲突，两者关系如果处理不好，会给组织带来灾难性的后果。为了协调好这两者之间的关系，必须注意以下几点：

（1）明确两种权力之间的关系。要通过规范化的文件，对直线权力和参谋权力之间“参谋建议、直线指挥”的关系做出明文规定，以便相应人员能各司其职，形成有序的管理。

（2）直线人员要注意倾听参谋人员的意见，并随时向参谋人员提供有关情况。直线人员若认为不需要参谋的协助，就不要设立参谋人员；若由于各种原因设立了参谋人员，那么就应当注意倾听参谋人员的建议，并为参谋人员开展工作提供必要的条件。

（3）参谋人员要努力提高自己的工作水平。参谋人员只有努力提高自己的工作水平，才能为直线人员提供有效的帮助，从而体现出其存在的价值。

(4) 创造相互合作的良好气氛。组织中人与人之间的友好合作关系常在减少矛盾方面发挥着重要作用。直线权力和参谋权力的形成，都是为了实现组织目标，因此组织目标是双方友好合作的共同基础，应反复强调双方在实现组织目标中的相互依赖性，以形成彼此谅解、诚信合作的友好气氛。

4. 直线职权与职能职权之间的关系

与参谋权力不同，职能权力是由直线权力派生的限于特定职能范围内的直线权力。由于职能权力是高层管理者直接授予的特定权力，因此直线权力和职能权力之间的关系应是“直线有大权，职能有特权”的关系。

“直线有大权、职能有特权”是指在一个组织中，直线人员拥有除了其上层直线人员赋予职能部门的职能权力以外的大部分直线权力；职能部门的管理人员则除了拥有对本部门下属的直线权力外，还拥有上层管理者所赋予的特定权力，可在其职能范围之内对其他部门及下属部门发号施令。直线人员在组织规定的各种职能范围内的事项要接受职能权力的指挥，如企业中各部门经费的使用要遵守财务部门的有关规定；职能权力则应限定在规定的职能范围之内，如采购部经理有权制定采购程序，但无权决定其他部门要买什么和买多少等。

严格限制职能权力对于维护管理职位的完整性是十分重要的。由于各种原因，高层管理人员把一些直线权力委托给了某些部门或个人，使这些部门或个人拥有了对同级或下级直线组织的指挥权力，当这样的职能权力扩展到相当大程度时，同级或下级管理者就失去对本部门计划、组织、人事、财务等方面的控制，从而无法开展工作。为了维护一定程度的统一管理，职能权力在组织结构中应限定其职能范围和作用层次范围。

（二）集权与分权

1. 集权与分权的含义

集权是指决策指挥权在组织层级系统中较高层次上的集中，即职权集中到较高的管理层次。也就是说，下级部门和机构只能依据上级的决定、命令和指示办事，一切行动必须服从上级指挥。组织管理实践告诉我们，组织目标的一致性必然要求组织行动的统一性，所以，组织应实行一定程度的集权。

分权是指决策指挥权在组织层级系统中较低管理层次上的分散，即表示职权分散到整个组织中。组织高层将其一部分职权分配给下级组织机构和部门的负责人，可以使他们充分行使这些权力，支配组织的某些资源，并在其工作职责范围内自主地解决某些问题。一个组织内部要实行专业化分工，就必须分权。

集权与分权研究的是组织结构，特别是纵向管理系统内的职权划分问题，即上级如何授权予下级。绝对的集权或绝对的分权都是不可能的。绝对的集权意味着组织中的全部权力集中在最高主管手中，组织活动的所有决策均由主管做出，主管直接面对所有的命令执行者，中间没有任何管理人员，也没有任何中层管理机构。这在现代社会中几乎是不可能的，也是做不到的。而绝对的分权则意味着将全部权力分散到各个管理层中，最高主管不再有任何职权，领导者也就不成其为领导者，一个完整的组织也就不存在了。因此，将集权和分权有效地结合起来是组织存在的基本条件，也是组织既保持目标统一性又具有柔性灵活性的基本要求。

2. 集权与分权的标志

所谓集权与分权是相对而言的，衡量一个组织集权或分权的标志主要有以下几个方面：

（1）决策的数量。组织中较低管理层次做出决策的数量越多、越频繁，表明该组织的分权程度就越高。

（2）决策的重要性。组织中较低管理层次做出决策所涉及的费用越高，重大性质的决策越多，则分权程度较高。例如，如果下级在不请示任何上级的情况下，可以做出购买价值20万元设备的决定，显然比购买决策权被限制在2万元以内的分权程度高。

（3）决策的范围。组织中较低管理层次做出决策的影响范围越广、涉及的职能越多、参与决策制定过程的环节越多，则分权程度就越高。

（4）决策的审核。下级做出的决策需要经常向上级请示与汇报，且要受到严格监控，则表明分权程度较低。反之，如果上级对组织中较低管理层次做出决策的审批手续越少，执行中监控越少，则分权程度就越高。

3. 影响集权与分权的因素

影响集权与分权的因素主要有以下几方面：

（1）组织规模的大小。组织规模增大，管理的层级和部门数量就会增多，信息的传递速度和准确性就会减低。因此，当组织规模扩大后，组织需要及时分权，以减缓决策层的压力，使其能够集中精力于最重要的事务。

（2）政策的统一性。如果组织内部各个方面的政策是统一的，集权最容易达到管理目标的一致性。然而，一个组织所面临的环境是复杂多变的，为了灵活应对这种局面，组织往往会在不同的阶段、不同的场合采取不同的政策，这虽然会影响组织政策的统一性，却可能有利于激发下属的工作热情和创新精神。

（3）员工的数量和基本素质。如果员工的数量和基本素质能够保证组织任务的完成，组织可以更多地分权；组织如果缺乏足够受过良好训练的管理人员，其基本素质不能符合分权式管理的基本要求，分权将会受到很大的限制。

（4）组织的可控性。组织中各个部门的工作性质大多不同，有些关键的职能部门，如财务会计等部门往往需要相对的集权，而有些业务部门，如研究开发、市场营销等部门，或者是区域性部门却需要相对的分权。组织的管理者所要考虑的是围绕任务目标的实现，如何对分散的各类活动进行有效的控制。

（5）组织所处的成长阶段。在组织成长的初始阶段，为了有效管理和控制组织的运行，组织往往采取集权的管理方式。随着组织的成长，管理的复杂性逐渐增强，组织分权的压力也就比较大，管理者对权力的偏好就会减弱。

（6）组织的历史和领导者个性。如果组织是在自身较小规模的基础上逐渐发展起来的，并且发展过程中也没有其他组织的加入，则集权的倾向可能较为明显。同时，如果组织中的领导者个性较强，且自信和独裁，则往往喜欢所辖部门完全按自己的意志行事，而集中控制权则是保证个人意志绝对被服从的先决条件。

（7）环境影响。决定分权程度的因素中大部分是属于组织内部的，但影响分权程度的还有一些外部因素。一般来说，如果组织所处的经营环境不稳定性较高，适宜采用分权，而如果组织面临稳定的经营环境，则可以采用集权。

三、有效授权

在组织中由一个人来行使所有的决策权是不可能的，随着组织的发展和管理层次的出现，就必须把职权授予下属。

（一）授权的含义

所谓授权，就是委派工作和分配权力的过程。因此授权也叫委派。授权是允许下属做出决策，也就是说，将决策的权力从组织中的一个层级移交至另一个层级，即一个更低的层级。

授权与分权有所不同。孔茨认为，分权是授权的一个基本方面。授权的含义略大于分权。授权是上级把权力授予下级，授权的时间可长可短。授权往往有两种情况：一种是所分派的任务以执行决策为主；另一种是所分派的任务以制定决策为主。后一种情况的授权就是分权。分权是同集权相对的概念，往往同领导方式联系在一起，是权力的分散状态。

授权应包括以下含义：

（1）分派任务。向被授权人交代所要分派的任务。

（2）委任权力。赋予被授权人完成任务所需要的权力。

（3）明确责任。要求被授权人对上级委任的工作和任务负全责。所负责任不仅包括需要完成的指定任务，也包括向上级汇报任务的具体情况和成果。

（二）授权的原则

授权应当遵循如下原则：

1. 因事设人，视能授权

在授权的过程中，授权的范围、程度等以被授权者的才能大小和知识水平高低为依据。古人有句名言“职以能授，爵以功授”，说的就是这个道理。授权时，一定要根据要承担的职责和履行的任务性质选择最合适的人选，一旦授予下属职权而发现下属不能承担职责时，应明智、及时地收回职权。

2. 授权事项必须明确

授权时，授权者必须向被授权者明确所授事项的任务目标及权责范围。这样一方面有利于下属明确职责，另一方面可有效避免下属推卸责任。

3. 不可越级授权

越级授权是指组织的最高层领导将原本属于中层主管的权利直接授予基层管理人员，越级授权必然造成中层主管人员的被动，影响其工作积极性，造成部门之间的矛盾。因此，授权不能越级，只能授予直接下级。

4. 授权要适度

授予的职权是上级职权的一部分，而不是全部。授权要适度，上级授予的权利对下属来讲，这是他完成任务所必需的。授权太少，下属无法履行其应当承担的责任和任务，会影响工作的积极性；授权过度，又会造成组织的无政府状态，甚至使下属部门失去控制。因此，要谨记授权不等于放任不管，甚至放弃权力，而必须进行有效的监督和控制。

5. 上下级之间要相互信赖

授权和沟通相似，必须基于主管人员和部属之间的相互信赖关系。上级将所属权力下放给下级，就应该充分相信下级，这正所谓“疑人不用，用人不疑”。

阅读资料二

授权的障碍

第四节　常见的组织结构形式

组织结构是表现组织各部分排列顺序、空间位置、联系方式以及各要素之间相互关系的一种模式。它是执行管理任务的体制，在整个管理系统中起到的是“框架”的作用。现实中的组织是多种多样的，每一个具体的组织都与其他组织不同，没有一种统一的、适用于任何条件的组织形式。实际中常见的组织结构类型主要有直线型、职能型、直线职能型、矩阵型、事业部型、网络型、控股型、委员会、团队等。

一、直线型组织结构

直线型组织结构是指组织没有职能机构，从最高管理层到最基层，实行直线垂直领导，如图 5-11 所示。直线型组织结构把职务按垂直系统直线排列，各级管理者对所属下级拥有直接的一切职权，下属必须绝对服从其上级主管，又称为“军队式组织”。

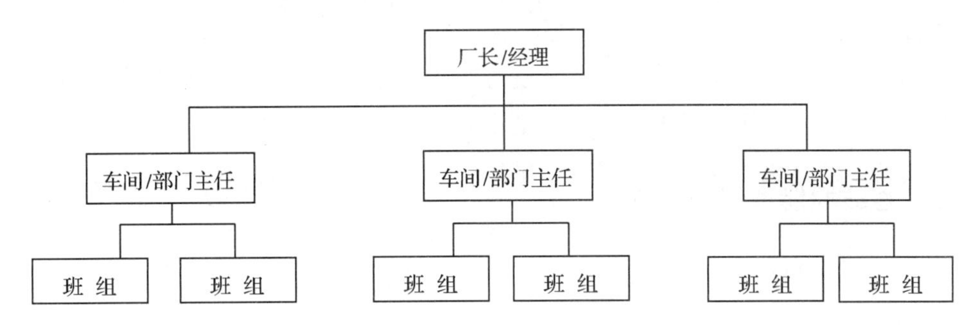

图 5-11　直线型组织结构

这种组织结构简单，责任分明，权力集中，命令统一，联系简捷，沟通迅速。但在组织规模较大的情况下，所有的管理职能都集中由一人承担，往往由于个人的知识及能力有限而感到难以应付，顾此失彼，可能会出现较多失误。此外，组织中的成员只注意上情下达和下情上传，每个部门只关心本部门的工作，因而部门间的横向联系与协调比较差，难以在组织内部培养出全能型、熟悉组织情况的管理者。其主要适用于规模较小、任务比较单一的小型组织，或者是现场的作业管理。

二、职能型组织结构

职能型组织结构的特点是采用专业分工的管理者，代替直线型组织中的全能型管理者。即在组织内设置若干职能部门，各职能部门都有权在各自业务范围内向下级下达命令和指示，也就是各基层组织除服从上级直接领导外，还要接受各职能部门的领导。即各级领导者都配有通晓各门业务的专门人员和职能机构作为辅助者直接向下发号施令，如图 5-12 所示。

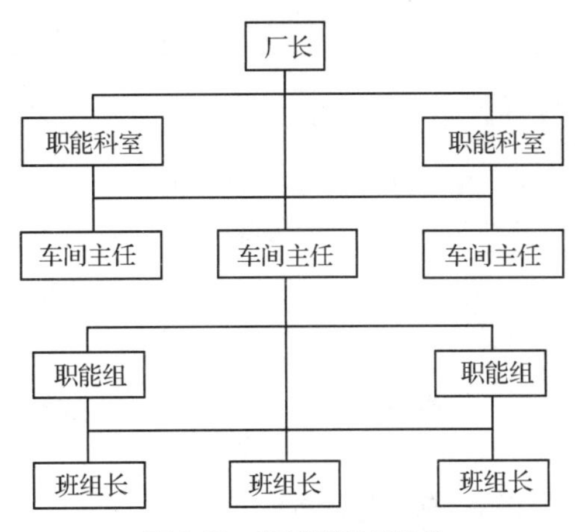

图 5-12　职能型组织结构

这种组织结构适应现代组织技术比较复杂和制度管理分工较细的特点，能够发挥职能机构的专业管理作用，从而减轻上层管理者的负担。但是，它违背了集中管理和统一指挥原则，形成了多头领导，对基层来讲是“上边千条线，下面一根针”，无所适从；各部门容易过分强调本部门的重要性而忽视与其他部门的配合，往往会片面追求本部门的利益，部门之间缺乏交流合作，且矛盾冲突会增多，这又会增加最高主管协调、统领全局的难度，加大了完成任务的压力；另外，由于受各职能部门狭窄的专业知识限制，不利于培养全面的管理人才。这是我国高科技私营企业采用较多的组织结构形式。

三、直线职能型组织结构

直线职能型组织结构是对职能型组织结构的改进，是以直线型组织为基础，在各级直线主管之下设置相应的职能部门而建立的二维组织结构。即设置了两套系统，一套是按命令统一原则组织的纵向指挥系统，另一套是按专业化原则组织的横向管理职能系统。其特点是，直线部门和人员在自己的职责范围内有决定权，对其所属下级的工作进行指挥和命令，并负全部责任，而职能部门和人员仅是直线主管的参谋，只能对下级机构提供建议和业务指导，没有指挥和命令的权力。职能部门拟订的计划、方案及有关的指令，统一由直线领导批准下达，如图 5-13 所示。

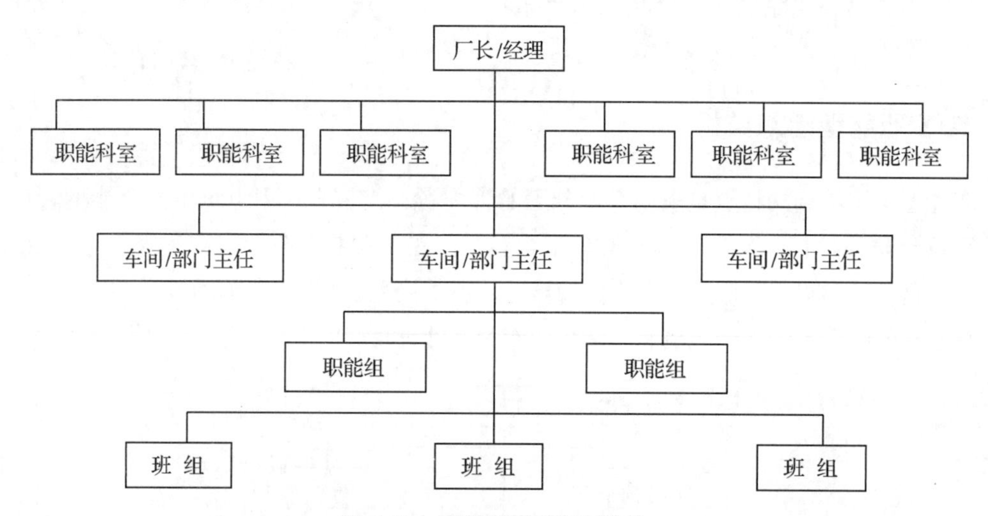

图 5-13 直线职能型组织结构

直线职能型组织结构既保持了直线型的集中统一指挥的优点，又吸取了职能型发挥专业化管理的长处，管理权力高度集中，任务明确，决策迅速，指挥灵活，效率高，稳定性高。缺点是权力集中于高层领导，下级缺乏必要的自主权，职能人员之间横向联系较差，目标不易统一，缺乏全局观念，信息传递较慢，难以适应环境变化。

直线职能型组织结构属于典型的“集权”式结构，是一种普遍适用的组织形式。目前，绝大多数企业和非营利性组织均采用这种组织结构形式。

四、矩阵型组织结构

这是一种把按职能划分的部门同按产品、服务、活动、研究或工程项目划分的部门结合起来的组织形式，如图 5-14 所示。在这种组织中，每个成员既要接受垂直部门的领导，又要在执行某项任务时接受项目负责人的指挥。两者结合就形成一个矩阵，故借助数学语言，称其为矩阵型结构。可以说，矩阵型结构是对统一指挥原则的一种有意识的违背。其特点是：在项目负责人的主持下，从纵向的各职能部门抽调人员，组成项目组，共同从事活动项目或研究项目的工作。项目完成后，人员返回本部门，项目组随即撤销。每个项目负责人都是在厂长的直接领导下专门负责。

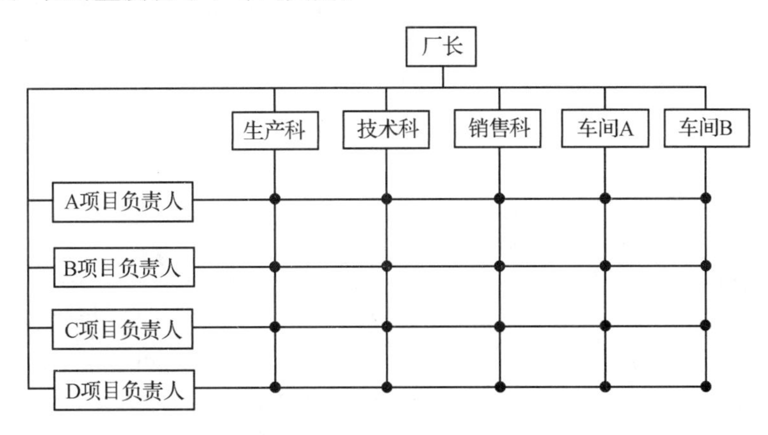

图 5-14　矩阵型组织结构

矩阵型组织结构在不增加机构和人员的条件下，将不同部门集中在一起，组建方便，可实现资源在不同项目之间柔性的分配，灵活性和适应性较强，有利于加强各职能部门之间的协作和配合，并且有利于开发新技术、新产品和激发组织成员的创造性。缺点是存在双重指挥，容易引起冲突，需要大量的协调工作，组织结构稳定性差，而且还可能导致项目经理过多、机构臃肿的弊端。

这种组织结构主要适用于：采用非常规技术和创新性较强的科研、设计、项目规划等工作，职能部门内部和相互之间的依赖程度很高的情况；环境高度不确定，需要灵活的适应性结构的组织；突击性、临时性任务需要，如大型赛事组织、考核评估、摄制组、建筑工程等。

五、事业部型组织结构

事业部型组织结构首创于 19 世纪 20 年代，最初由美国通用汽车公司副总经理斯隆创立，故又称“斯隆模型”。该结构是在直线职能型框架基础上，按地区或所经营的各种产品、项目或地域设置独立核算、自主经营、自计盈亏的事业部，同时，将事关大政方针、长远目标及一些全局性问题的重大决策集中在总部，以保证企业的统一性。这种组织结构形式最突出的特点是“集中决策，分散经营”，这是在组织领导方式上由集权制向分权制转化的一种改革，如图 5-15 所示。

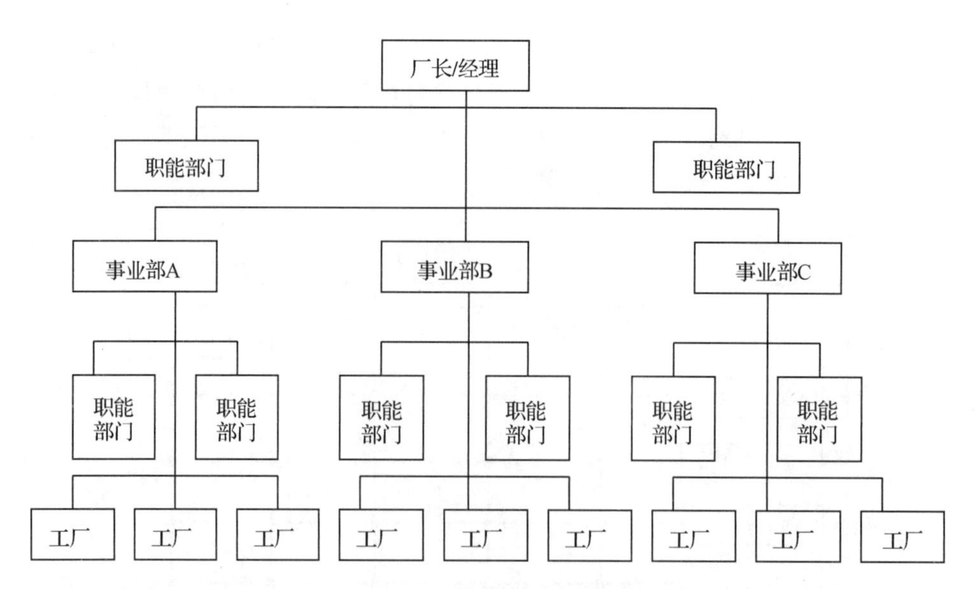

图 5-15 事业部型组织结构

事业部型组织结构有利于发挥事业部的积极性、主动性；公司高层可摆脱日常事务，集中思考战略问题；各事业部高度专业化，集中从事某方面的经营，有利于提高效率和适应性；经营责任和权限明确，绩效容易考核，可促进部门间的竞争；有利于培养高级综合管理人才。缺点在于机构、活动和资源重复配置，管理成本高；各事业部独立经营，易形成本位主义，相互支援和协作较差；对管理者要求较高，事业部经理需要熟悉全面业务和管理知识。

这种组织结构是“集权”与“分权”相结合的形式，主要适用于生产经营多样化、面对多个不同市场或者所处地理位置差异大、要求适应性较强的大型企业。

六、网络型组织结构

网络型组织结构是基于当今飞速发展的现代信息技术手段而建立和发展起来的一种新型组织结构。网络型组织结构是一种只有很精干的中心机构，以合同（契约）关系的建立和维持为基础，依靠外部机构进行制造、销售或其他重要业务经营活动的组织结构形式。被联结的各经营单位之间并没有正式的资本所有关系和行政隶属关系，只是以相对松散的契约为纽带，通过一种互惠互利、相互协作、相互信任和支持的机制来进行密切的合作，如图 5-16 所示。

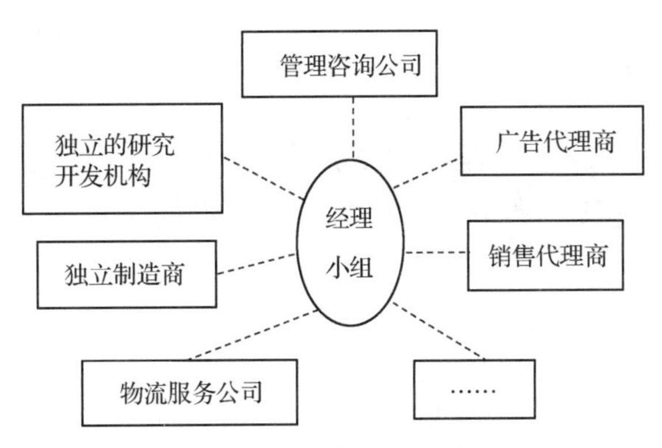

图 5-16　网络型组织结构

这种组织形式的特色是将企业内部各项工作（包括生产、销售、财务等），通过承包合同交给不同的专门企业去承担，而总公司只保留为数有限的职员，其主要工作是制定政策及协调各承包公司的关系。网络型组织最大的优点是能够利用社会上现有的资源使自己快速发展壮大起来。目前，网络型组织已经成为一种流行的组织结构形式。

七、控股型组织结构

控股型组织结构是在非相关领域开展多种经营的企业所常用的一种组织结构形式。由于经营业务的非相关性，因此大公司不对这些业务经营单位进行直接的管理和控制，而代之以产权关系为纽带对其进行持股控制，如图 5-17 所示。母公司或集团公司处于企业集团的核心层，故称之为集团的核心企业。相应的，各子公司、关联公司就是围绕该核心企业的紧密层或半紧密层的组成单位。

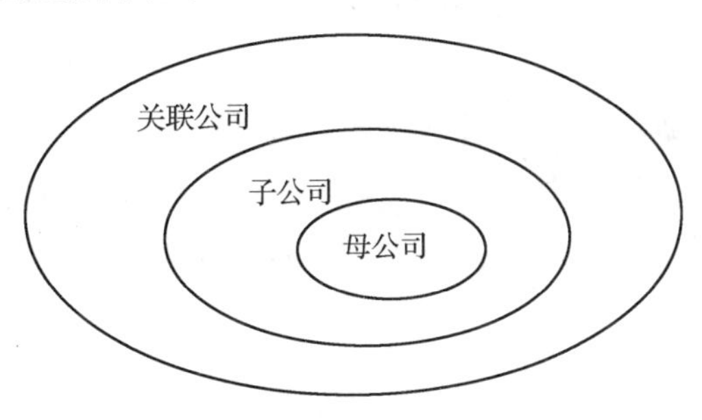

图 5-17　控股型组织结构

控股型组织结构是建立在企业间资本参与关系基础上的。母公司与它所持股的企业单位之间不是上下级的行政管理关系，而是出资人对被持股企业的产权管理关系。母公司作为大股东，对持股单位进行产权管理控制的主要手段是：凭借所掌握的股权向子公司派遣产权代表和董事、监事，通过这些人员在子公司股东会、董事会、监事会中发挥积极作用而影响子公司的经营决策。

八、委员会

委员会是由来自不同部门，具有不同经验、知识和背景的人员组成，跨越专业和职能界限执行某方面管理职能的一种组织结构。它的作用是完善个人管理的不足，并预防过分集权化，使各方的利益得到协调和均衡。大到国家，小到企业、大学等，委员会组织随处可见。如全国人大常务委员会、国家发展和改革委员会，公司中的董事会、监事会，高校的学术委员会等，委员会是一种重要的组织结构。

委员会的主要优点如下：（1）实行集体领导，可以集思广益，减少决策失误，避免权力过于集中；（2）委员会是独立的决策机构，决策后的执行由其他机构完成，实现了决策与执行的分离；（3）委员会的成员，一般由各方面利益集团的代表组成，因此委员会做出的决策必然能广泛地反映各利益集团的利益；（4）决策也需要专业化，委员会的大部分成员是某个领域的专业人员，更容易做到决策的科学化。

委员会的主要缺点如下：（1）做出决策往往需要较长时间；（2）集体负责，个人责任不清；（3）有委曲求全，折中调和的危险；（4）有可能为某一特殊成员把持，形同虚设。

委员会型组织结构对于处理权限争议问题和确定组织目标等是比较好的一种形式。

九、团队

团队就是由两个或者两个以上技能互补的个体，按照一定规则结合在一起，通过积极的相互作用实现共同目标的组织。团队的组成人员多有不同的背景、不同的知识结构和互补的不同技能，具有解决问题的能力和决策能力，在接受一定训练后，共同为某一任务而工作。

团队结构指整个组织都主要通过工作团队模式来执行任务，每个团队和团队成员被授予必要的职权，对各自领域的工作绩效负责。对于小公司来说，团队结构可以作为整个组织的结构模式；而对于大企业来讲，团队结构主要作为职能机构或者事业部结构的补充，以提高企业的灵活性和员工的工作效率。

团队结构的优点是团队组成灵活，具有很好的环境适应性；团队成员拥有多种技能，易于接受新观念和新的工作方式，有利于提高工作成效；有利于激励员工，有利于提高员工满意度；有利于促使员工多元化发展。缺点是团队所有成员须耗费较大精力维持团队的正常运行；团队规模过大时沟通工作量大，效率低；对领导者协调能力要求很高；可能因其成员疏于自律和疏于沟通而失败。

第五节　人员配备

组织设计仅为组织运行提供了可供依托的框架，框架要能够发挥作用并有效运转，则要求组织机构的每一个岗位都配有适当的人员，实现管理目标所必需的每项活动也要有合格的人去完成。人员配备就是根据组织结构中所规定的职务数量和要求，对所需人员进行恰当而有效的选择、任用与岗位调整，以保证组织活动正常进行，进而实现管理目标的活动。换言之，就是利用合格的人力资源对组织结构中的职位进行不断填充的过程。因此，人员配备是组织设计的逻辑延续，它通过分析人与事的特点，谋求人与事的最佳组合，实现人与事的不断发展。

一、确定人员需要量

人员配备是在组织设计的基础上进行的。人员需要量主要是根据组织设计出的职务数量和类型来确定的。职务数量指出了每种类型的职务需要多少人，职务类型指出了组织需要何种技能的人。构成组织结构基础的职务可以分成许多类型。例如，全体职务可分成管理人员和生产作业人员；管理人员又可分成高层、中层和基层管理人员；每一层次的管理人员还可分成直线主管与参谋或管理研究人员；生产操作人员可分为技术工人与专业工人、基本生产工人与辅助生产工人等。

对于新组建的组织，确定人员需要量的依据就是上述职务设计的分类数量表，然后直接到社会上招用和选聘。对于现有的组织，人员配备则不仅要考虑组织结构的要求，还要分析组织现有人力资源的情况，通过动态对比，找出预计的差额，确定需要从外部选聘的人员类别与数量。

二、人员招聘

“得人者昌，失人者亡”，这是古今中外公认的组织成功的要诀。人员招聘是指组织及时寻找、吸引并鼓励符合要求的人到本组织中任职和工作的过程。组织需要招聘人员可能基于以下几种情况：新设立一个组织；组织扩张；调整不合理的人员结构；人员因故离职而出现的职务空缺；等等。

（一）人员招聘的要求

确定组织的用人要求是人员招聘工作的第一个阶段。这个阶段，主要是在组织人力资源规划的指导下，根据组织的需要通过工作分析确定组织的用人数量、类别、工作条件，拟定工作说明、工作规程，为下一阶段的工作做准备。

1. **工作分析**

工作分析就是通过观察和研究，对需要人员担任的每项工作加以分析，清楚地把握该项工作的固有性质及其在组织内部与其他相关工作的关系，决定人员在履行职务上所应具备的各种条件。这个工作就是进行岗位分析和岗位评价，以确定所招聘人员必备的条件。

一般来说，一项工作分析包括以下项目：(1) 工作的内容、职责及与组织内其他工作的关系；(2) 工作的"应知""应会"及对经验、年龄、教育程度等方面的要求；(3) 徒工见习制度；(4) 技能的培养；(5) 工作环境条件。

工作分析过程可以分为以下几个步骤：(1) 对某项工作的要求和工作中的特殊问题进行粗略分析；(2) 对工作内容、职责进行详细分析，形成工作说明书；(3) 对完成工作所必需的知识、技能等各种条件进行分析，形成工作规范；(4) 对该项工作提出培训要求，形成培训方案。

2. **工作说明书**

在工作分析的基础上用于说明该项工作的内容、职责、要求等情况及特性的文件就是工作说明书。工作说明书是组织制定工作规范、挑选及培训人员的依据。工作说明书一般记载下列各项：(1) 工作识别事项：如工作名称、编号、所属部门等，以便将它与其他工作区分开来；(2) 工作概要：包括工作范围、目的、内容等基本事项；(3) 所需完成的具体工作：包括工作的具体目的、对象、方法等内容；(4) 其他特殊事项：如加班、恶劣的工作环境等事项的载明。

3. **工作规范**

在工作分析的基础上可进一步制定工作规范。工作规范用于记载该项工作要求人员应具备的资格条件。工作规范的内容可包括完成该项工作所要求的人员的智力条件、经验、知识技能、责任程度等。一般的组织都是将工作说明书与工作规范结合起来的，即在工作说明书中既记载工作情况又记载工作所要求的资格条件，但也有的组织将两者分开。

工作说明书与工作规范不是一成不变的，随着企业生产技术的变化、组织机构的调整、人员素质的提高，应该相应地对工作说明书和工作规范进行审查、更新、修订，以适应变化了的情况。

（二）人员招聘的来源

依据招聘的内外环境不同，组织大致可以通过外部招聘和内部招聘两种方式选择所需要的人员。

1. **外部招聘**

外部招聘是指根据一定的标准和程序，从组织外部的众多候选人中选择符合空缺职位工作要求的员工。外部招聘具有以下优点：

(1) 被聘人员具有"外来优势"。外来优势是指被聘人员没有历史包袱，组织内部成员只知道他目前的工作能力和实绩，而对其历史，特别是其职业生涯中的失败记录知道较少，这样他可以有较强的自信心，容易打开工作局面。

（2）可以给组织带来新的思想、新的方法，防止组织僵化和停滞，给组织带来更多的创新机会。

（3）有利于缓和内部竞争者之间的紧张关系。组织中空缺的管理职位可能使内部人员产生对这一空缺的竞争，失败者可能产生不满情绪、消极怠工、不听指挥，甚至拆台。而从外部招聘，可以使这些竞争者得到某种心理平衡，从而缓和他们之间的紧张关系，以利于工作的开展。

外部招聘也有许多局限性，主要表现在以下几个方面：

（1）外聘人员不熟悉组织内部情况，又没有一定的人事基础，所以，他需要一段时期才能进行有效的工作。

（2）组织对外聘者的情况不能深入了解。由于被聘者的实际工作能力与招聘时的评估可能存在较大的差距，组织可能聘用一些不符合该职业真正要求的管理人员，这种错误的招聘可能给组织带来较大损害。

（3）打击内部员工工作积极性。如果组织经常从外部聘任管理人员，并且形成习惯和制度，就会堵死内部人员的升迁机会，挫伤他们工作的积极性，从而容易导致内部人员集体抵制外聘管理者的现象。

2. 内部招聘

内部招聘是指随着组织内部成员能力的增强，在得到充分证实后，对那些能够胜任的人员委以承担更大责任的更高职务。作为填补组织中由于发展或伤、老、病退而空缺的职位的主要方式，内部提升具有以下优点：

（1）有利于保证招聘工作的正确性。由于对组织内部人员的了解程度较高，并且候选人在组织中工作时间越长，组织越有可能对其进行全面深入的考察和评估，从而提高招聘工作的正确性。

（2）有利于被聘者迅速开展工作。由于内部招聘人员对组织的历史、现状、目标及现存的问题比较了解，并且熟知组织中错综复杂的机构和人事关系，所以可迅速适应新的岗位，更好地开展工作。

（3）有利于调动组织成员的工作积极性。内部招聘给组织内部成员带来了希望，可以激发组织成员的上进心和工作热情，调动成员的工作积极性。

（4）有利于吸引外部人才。内部提升制度表面上排斥外部人才、不利于吸引外部优秀的人员。但真正有发展潜力的外部人员都会清楚，进入这样的组织，担任管理职务的起点可能比较低，但是依靠自己的知识和能力，通过熟悉基层业务，能迅速提升到较高层次的岗位上，因而外部人才会乐意应聘到这样的组织中来。

同外部招聘一样，内部招聘也有一定的局限性，主要表现在以下几个方面：

（1）容易引起同事不满。在若干内部候选人中提拔一名或几名人员，可能会引起落选者不满情绪，从而不利于被招聘者工作的开展。

（2）内部候选人供应可能有限。当组织内部人才储备的质或量不能满足组织发展的需要时，如果仍然坚持从内部招聘，将会使组织既失去得到一流人才的机会，又使不称职的人占据主管职位。

(3) 可能造成“近亲繁殖”的现象。从内部提升的管理人员往往喜欢模仿上级的管理方法。这虽然可以使一些优良的传统得到继承，但也有可能使不良作风也得以传播，从而不利于组织的创新和管理水平的提高。

一般来说，当组织内部有能够胜任空缺职位的人选时，应先从内部招聘；当空缺的职位不很重要，并且组织已有既定的发展战略时，应当考虑从内部招聘。然而，当组织急缺一个关键性的主管人员，而组织内又无胜任这一重要职位的人选时，就需要从外部招聘，否则将会导致组织处于停顿，甚至后退状态。

(三) 人员招聘的程序与方法

为保证人员招聘工作的有效性和可行性，应当按照一定的程序并通过竞争来组织招聘工作，从求职者中挑选合适的人员。具体步骤如下。

1. 制订并落实招聘计划

当组织中出现需要填补的工作职位时，有必要根据职位的类型、数量、时间等要求制订招聘计划，同时成立相应的招聘工作委员会或小组。招聘工作机构既可以是组织中现有的人事部门，也可以是代表所有者利益的董事会，或由各方利益代表组成的专门或临时机构。招聘工作机构要以相应的方式，通过适当的媒介公布待聘职务的数量、类型及候选人的具体要求等信息，向组织内外公开招聘，鼓励那些符合条件的候选人积极应聘。

2. 对应聘者进行初选

对收集到的有关应聘者的情报资料进行整理、汇总、归类，制成标准格式。将应聘者的情况与工作说明书、工作规范及公司的要求进行比较，初步筛选，把全部应聘者分为可能入选的、勉强合格的和明显不合格的三类。对可能入选的和勉强合格的应聘者再次进行审查，进一步缩小挑选范围，选择初选合格者。这项工作可以由管理人员或人事部门完成。

3. 对初选合格者进行知识与能力的考核

对初选合格者进行笔试、面试及医学、心理学检测，依据考试检测的情况综合考虑应聘者的其他条件，做出试用录用决定。其内容有以下几个方面：

(1) 智力与知识测试。智力测试的目的是通过被试者对某些问题的回答测试他的思维能力、记忆能力、应变能力和观察分析复杂事物的能力等。所谓知识测试是指通过纸笔测验的形式对被试者的智力与知识的广度、深度和知识结构进行了解的一种方法。根据招聘的需要，有时对被试者的知识广度做全面的了解，有时可能对被试者的知识深度做深入的了解，有时又可能对被试者的知识结构做必要的了解，以全面了解被试者掌握知识的水平。

(2) 心理测试。心理测试在国外已被广泛应用，通过心理测试，可以对应聘人员的能力、兴趣、爱好和气质等多方面进行分析，为有效地选拔和录用人员提供参考依据。在我国，越来越多的企业在人才招聘中也开始注重心理测试。

（3）面试。通过面对面的接触进一步了解应聘者各方面情况。面试按提问的技术方法可分为结构化面试、非结构化面试和混合式面试；按参加面试人数的多少可分为个别面试和集体面试。在结构化面试过程中，提问的系列问题及问题序列预先以问题提纲或口头问卷的形式具体设定，循序渐进地进行，由于提问的一致性，因而在比较性评价应聘者时效度较高；非结构化面试主要由应聘者在一定议题范围内自由谈论，主试者随机提问，也可围绕一个中心问题逐步深化，非结构化面试效度较差，但能较深入地了解应聘者在某一方面的知识或个人背景；混合式面试即前两种面试的结合，既预先设定面试的系列问题，又在面试过程中根据需要变换问题，由于这种方式兼有前两种的优点，所以在实际面试中被广泛运用。面试中也常采用竞聘演讲与答辩、案例分析等方式。

（4）情景模拟与系统仿真。情景模拟是指根据应聘者可能担任的职务编制一套与该职务情况相似的测试题目，将应聘者安排在模拟的、逼真的工作环境之中，要求他们处理可能出现的各种问题，用多种方法来测评其思维方式、心理素质和潜在能力的一系列方法；系统仿真是指在计算机上进行经营管理的操作，应聘者可以及时得到反馈信息，以便了解自己的经营成果，最后以企业的经济效益来反映应聘者的心理素质和潜在能力的一种方法。

4. 征询意见

在对应聘者进行完各种测试之后，正式录用之前，为对应聘者有更为深刻的了解，公司还可向公司内外征询有关拟录用对象的意见。征询意见的主要目的就是更进一步认定以前各个步骤所获得的信息的真实性和可靠性。征询意见可采用当面征询、电话征询、书面征询等方式。

5. 选定录用人员

公司征询意见得到满意结论后，需要利用加权的方法算出每个候选人的知识、智力和能力的综合得分，并根据待聘职务的类型和具体要求决定取舍。对于决定录用的人员应考虑由主管再一次亲自面试，并根据工作的实际与应聘者再做一次双向选择，最后决定录用与否。

6. 评价和反馈招聘效果

最后，要对整个招聘工作过程进行全面的检查和评价，并且要对录用人员进行追踪分析，通过对他们的评价检查原有招聘工作的成效，总结招聘过程中的成功与过失，及时反馈到招聘部门以便改进和修正。

三、人员的解聘

如果人员配备中存在冗员，组织面临结构性收缩或者人员存在违反组织政策的行为时，组织应当裁减一定的人员，这种变动叫解聘。解聘的方式有多种，表 5-3 概括了几种主要解聘方式。

表5-3 几种主要的解聘方式

方式	说明
解雇	永久性、非自愿地终止合同
暂时解雇	临时性、非自愿地终止合同，可能持续若干天也可能延续几年，组织需要时可复职
自然裁员	对自愿辞职或退休腾出的职位不予填补
调换岗位	横向或向下调换员工岗位，通常不会降低成本，但可减缓组织内的劳动力供求不平衡
缩短工作时间	让员工每周少工作一段时间或者进行工作分组，或以临时工身份做这些工作
提前退休	年龄大的员工在正常退休前退休

阅读资料三

解聘员工的10条建议

四、员工任用与岗位调整

在组织完成招聘工作后，就要面临员工任用的问题。在员工工作一段时间后，也可能面临岗位调整的问题。

（一）员工任用

员工任用要做到人尽其才，才尽其用，人事相宜，其核心要求是把合适的员工放在合适的职位上。具体来说，员工任用必须遵循如下原则。

1. 能级和岗位对应的原则

组织岗位有层次和种类之分，它们在不同的部门、不同的位置，处于不同的能级水平。每个人也都具有不同水平的能力，在纵向上处于不同的能级位置。岗位人员的配置，应做到能级对应，也就是说每一个人所具有的能级水平与所处的层次和岗位的能级要求相对应。

在员工任用中很多组织存在“大材小用”的倾向，即在招聘、选拔和晋升人员时，过分追求学历条件，但把高素质的人才招进来后，又将其放于低价值的岗位上，尽管这样做会使得企业整体文化素质有所提高，但这样一方面造成“大材小用”的浪费而增加人力成本，另一方面可能扼杀文凭低、能力强的人才的成长机会。

2. 扬长避短的原则

所谓扬长避短，是指根据每个人的长处和短处、专业特长和爱好，去安排不同要求的工作。扬长避短原则具体体现在两个方面：一是指每个人应根据自己的优势和岗位要求，选择最有利于发挥自己优势的岗位；二是指管理者也应将员工安置到最有利于发挥其优势的岗位上。

3. 动态调整的原则

处在动态环境中的组织是不断发展的，工作中人的知识和能力也是不断丰富和提高的，而组织对成员的素质认识也是不断完善的。因此，要以发展的眼光看待人与事的配合关系，不断根据变化的情况，进行适时调整，实现人与工作的动态平衡与最佳匹配。

（二）岗位调整

员工内部岗位调整有三种可能：晋升、降职或者免职、岗位轮换。有些组织还设计有第四种可能——“待岗”，但很显然，“待岗”只是一种过渡性的处理方法。

1. 晋升

要让组织所有成员都努力工作，除了薪酬福利激励机制外，还有必要建立全员双通道或者多通道晋升机制。双通道是指领导类晋升通道和专业类晋升通道。专业类晋升通道可以进一步细分为技术类、操作类、职能管理类等晋升通道，在这种情况下，可以统称为多通道晋升机制。双通道或者多通道晋升机制拓宽了职位发展通道，破除了千军万马走“行政领导通道”独木桥的弊端，减少了人才流失的风险，丰富了人才的激励方式。科学规范的多通道员工职业晋升设计，可以让各类人员看到自己的职业前景，促使员工从某专业领域的初学者成长为该专业领域的专家。

在员工晋升中要特别避免将在某个岗位上表现优秀的普通员工越级直接提拔到其不能胜任的领导岗位。例如，一名优秀的操作工人被提拔为车间主任，一名优秀的司机被提拔为汽车队经理，一名在科学研究上的“杰出青年”被提拔为教育厅厅长，一位院士或者有“长江学者”称号的教授被提拔为大学校长或者学院院长，一名优秀的运动员被提拔为主管体育的官员，等等，结果因为其既无领导才能又毫无领导经验而不能胜任领导职位导致无所作为。对一个组织而言，一旦相当部分人员被推到其不称职的岗位，就会造成组织的人浮于事、效率低下，特别是如果一个这样的人直接被推到组织“一把手”位置，很可能导致组织发展停滞，成为组织的灾难；对被提拔者来说，本来在原专业岗位上游刃有余，结果被提拔到行政领导岗位后，无法发挥其原有才能，不知道如何卓有成效地开展管理工作，无所适从，工作绩效差，奖励变成惩罚，工作成为痛苦，给个人未来的发展带来重大损失，甚至可能因此毁掉其一世英名。

一个人的能力是有限的，即使是逐级提拔，也可能产生“彼得原理”所揭示的现象，即将一个人提拔到其不称职的职位上。不过相对于越级将普通员工直接提拔，逐级提拔出现失误的可能性及由此导致的损失都小得多。

2. 降职或者免职

有晋升通道，自然就有下降通道。在下列情形下，员工有可能被降职或者免职：

（1）工作业绩差，没有完成目标；

（2）工作出现差错给组织造成比较大的损失；

（3）领导或者人力资源管理部门认为其能力达不到岗位要求，在竞争时失败；

（4）个人主动请辞领导职位。

3. 岗位轮换

岗位轮换是指员工在同一级别的岗位上流动。在两种情形下，员工会进行岗位轮换：

（1）自己或者领导认为其能力与岗位不匹配，不适合现有岗位。

（2）组织实行转岗制。岗位轮岗制是企业有计划地按大体确定的期限，让员工轮换担任若干种不同工作，从而达到考察员工的适应性和开发职工多种能力的目的。

岗位轮换制有下列好处：

（1）有利于培养复合型人才，而且成本低、风险小。

（2）有利于培养管理者的综合管理能力。

（3）有利于提高员工的工作兴趣，使其有某种程度的“跳槽”新鲜感，避免一个人一生在一个岗位日复一日、千篇一律、枯燥无味地干相同的工作。

（4）轮岗可以使员工找到适合自己发展的位置，激发潜能，提升价值。

在实施岗位轮换制度时应主要避免过于频繁轮换的问题。员工对一个岗位从适应到熟悉再到能独立地做出贡献，是有一定时间周期的，通常情况下，任职快则半年迟则一年后才能达到贡献期。如果员工在一个岗位上任职不足一年就调岗，则一方面组织付出了培训和效率下降的代价，而员工的贡献没有达到最大；另一方面，容易使员工滋长“这山望着那山高”的浮躁心理，导致员工的短期行为，无论是对组织发展还是对个人成长都不利。因此组织在制定岗位轮换制度时应有明确的同一岗位最短工作时间规定，避免轮换过度的问题。

第六节　组织变革

一、组织变革的内涵

组织变革就是组织根据外部环境和内部条件的变化，对组织的目标结构与组成要素等进行适时而有效的调整和修正，以提高其对环境的适应性，获得生存和发展的应变能力的活动过程。建立组织是为实现组织目标服务的，当组织目标发生变化时，组织也需要通过变革自身来适应这种新的变化要求。即使组织目标没有发生变化，但影响组织的外部环境和内部条件如果发生了变化，那么组织也必须对自身进行变革，这样才能保证组织目标的实现。因此，组织不是僵硬的、一成不变的。组织目标的变化，或者影响组织存在和组织目标实现的各种因素的变化，必然会带来组织模式、组织结构、组织关系等的相应变化，否则就无法实现组织目标。

组织变革的根本目的就是为了提高组织的效能，特别是在动荡不定的环境条件下，要想使组织顺利地成长和发展，就必须自觉地研究组织变革的内容、阻力及其一般规律，研究有效管理变革的具体措施和方法。

二、组织变革的动力及阻力

（一）组织变革的动力

推动组织变革的因素可以分为外部推动力和内部推动力。

1. 外部推动力

组织变革的外部推动力包含政治、经济、文化、技术、市场等方面的各种因素和压力。其中，与变革动力密切相关的有以下几方面：

（1）社会政治经济变化。国家的经济政策、发展战略和创新思路等社会政治因素，对各类组织形成强大的变革推动力。同时，国有企业转制、外资企业竞争、各种宏观管理体制改革、加入WTO和国家支持环保产业发展等，也是组织变革的推动力。

（2）技术发展。机械化、自动化，特别是计算机技术对于组织管理产生了广泛的影响，成为组织变革的推动力。高新技术的采用，计算机数控、计算机辅助设计、计算机集成制造以及网络技术等的广泛应用，对组织的结构、体制、群体管理和社会心理系统等提出了变革的要求。尤其是网络系统的应用显著缩短了管理和经营的时间与距离，电子商务开辟了新的商业机会，也迫使企业领导人重新思考组织的构架和员工的胜任力要求。

（3）市场竞争。经济全球化形成新的伙伴关系、战略联盟和竞争格局，迫使企业改变原有的经营与竞争方式。同时，国内市场竞争也日趋激烈，劳务市场正在发生深刻的变化，使得企业为提高竞争能力而加快重组的步伐，管理人才日益成为竞争的焦点。

2. 内部推动力

组织变革的内部推动力包括组织战略、组织再造、人力资源管理、组织效率和团队工作模式等方面的因素。

（1）组织战略调整的要求。组织机构的设置必须与组织的阶段性战略目标相一致，当组织根据环境的变化进行战略调整时，就要求有新的组织结构和方式为之提供支持。

（2）组织再造的要求。外部动力带来组织的兼并与重组，或者因为战略的调整，要求对组织结构加以改造。这样往往会影响到整个组织管理的程序和工作流程。因此，组织再造工程也成为管理学与其他学科研究的新领域。

（3）人力资源管理的要求。由于劳动人事制度改革的不断深入，干部、员工的来源和技能背景构成更为多样化，组织需要更为有效的人力资源管理。为了保证组织战略的实现，需要对组织的任务做出有效的预测、计划和协调，对组织成员进行多层次的培训，对组织不断进行积极的挖潜和创新等。这些管理活动是组织变革的必要基础和条件。

（4）提高组织效率的要求。组织在运行中可能会出现机能失效的现象，即组织的主要机能不能发挥效率，或不能起到真正的作用。其中的原因可能是由于机构重叠、职责不明，也可能是由于人浮于事、目标冲突，造成信息沟通不良、决策错误或迟缓，这就需要通过及时的组织变革来消除这些导致低效率的因素。

(5) 团队工作模式变化。各类组织日益注重团队建设和目标价值观的更新，形成了组织变革的一种新的推动力。组织成员的士气、动机、态度、行为等的改变，对于整个组织有着重要影响。同时，随着电子商务的迅猛发展，虚拟团队管理对组织变革提出了更新的要求。

（二）组织变革的阻力

组织变革作为战略发展的重要途径，总是伴随着不确定性和风险，并且会遇到各种阻力。常见的组织变革阻力来自组织、群体和个体三个方面。

1. 组织方面的阻力

在组织变革中，组织惰性是形成变革阻力的主要因素。组织惰性是组织在面临变革形势时表现得比较刻板、缺乏灵活性，难以适应环境的要求或者内部的变革需要。造成组织惰性的因素较多，如组织内部体制不顺、决策程序不良和文化陈旧等，都会使组织产生惰性。此外，组织文化和奖励制度等组织因素以及变革的时机也会影响组织变革的进程。

2. 群体方面的阻力

研究表明，对组织变革形成阻力的群体因素主要有群体规范和群体内聚力等。群体规范具有层次性，边缘规范比较容易改变，而核心规范由于包含着群体的认同，难以变化。同样，内聚力很高的群体往往不容易接受组织变革。研究还表明，当推动群体变革的力量和抑制群体变革的力量之间的平衡被打破时，就形成了组织变革。不平衡状况“解冻”了原有模式，群体在新的、与以前不同的平衡水平上重新“冻结”。

3. 个体方面的阻力

人们往往由于担心组织变革的后果而抵制变革。一是职业认同与安全感。在组织变革中，人们需要从熟悉、稳定和具有安全感的工作，转向不确定性较高的变革过程，其“职业认同”受到影响，产生对组织变革的抵制情绪。二是地位与经济上的考虑。人们会感到变革影响他们在组织中的权力和地位，或者担心变革会影响自己的经济收入。三是由于个性特征、职业保障、信任关系、职业习惯等方面的原因，产生对组织变革的抵制。

（三）排除阻力的方法

为了确保组织变革顺利进行并取得预期效果，管理者必须尽可能广泛地动员组织成员积极参与变革活动，化解组织变革的阻力。为此，应采取有效的途径，克服组织变革的阻力。

1. 参与和投入

研究表明，人们对某事的参与程度越大，就越会承担工作责任，支持工作的进程。因此，当有关人员能够参与变革的设计讨论时，他们就愿意参与变革，抵制变革的情况就会明显减少。参与和投入方法在管理人员所得信息不充分或者岗位权力较弱时使用比较有效。但是，这种方法常常比较费时间，在变革计划不充分时，有一定风险。

2. 教育和沟通

加强教育和沟通，是克服组织变革阻力的有效途径。这种方法适用于信息缺乏和对未知环境不熟悉的情况。通过教育和沟通，分享情报资料，不仅带来相同的认识，而且在群体成员中形成一种感觉，即他们在计划变革中起着作用，这样他们就会有一定的责任感。同时，在组织变革中加强培训和信息交流，对于成功实现组织变革是极为重要的。这既有利于及时实施变革的各个步骤，也使得决策者能够及时发现实施中产生的新问题、新情况，获得有效的反馈。这样才能随时排除变革过程中遇到的抵制和障碍。

3. 组织变革的时间和进程

即使不存在对变革的抵制，也需要时间来完成变革。干部、员工需要时间去适应新的制度，排除障碍。如果领导觉得不耐烦，在条件不成熟时加快速度急于变革，对下级会产生一种压迫感，使其产生抵制情绪。同时，若贻误了变革时机，则可能会降低群体士气，导致变革失败。因此，管理部门和领导者需要清楚人际关系影响着变革的速度。

4. 群体促进和支持

许多管理心理学家提出，运用“变革的群体动力学”，可以推动组织变革。这里包括创造强烈的群体归属感，设置群体共同目标，培养群体规范，建立关键成员威信，改变成员态度、价值观和行为等。这种方法在人们由于心理调整不良而产生抵制时使用比较有效。

三、组织变革的实施

（一）组织变革的内容

组织变革是组织根据外部环境和内部情况的变化及时地改变自己的内在结构，以适应客观发展的需要，更好地实现组织目标的活动。组织变革的内容涉及结构变革、技术变革、物理环境变革、人员变革和组织文化变革等方面，如图 5-18 所示。

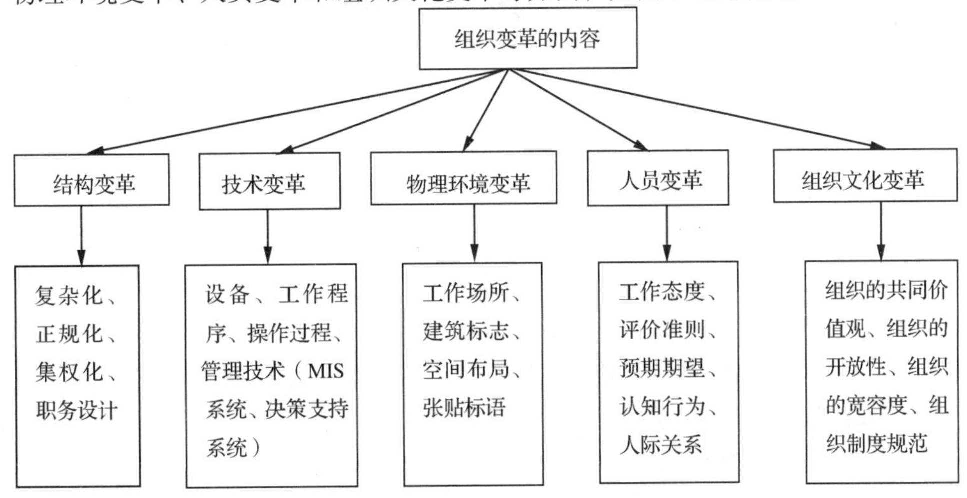

图 5-18 组织变革的内容

（二）组织变革的方式

1. 激进式变革与渐进式变革

激进式变革是指管理者力求在短时间内，对组织进行大幅度的全面调整，以求彻底打破组织现状模式并迅速建立目标状态组织模式。渐进式变革是指通过对组织进行小幅度的局部调整，力求通过一个渐进的过程，实现组织模式从现状向目标状态组织模式的转变。

激进式变革能以较快的速度达到目标状态，因为这种变革模式对组织进行的调整是大幅度的、全面的，所以变革过程就会较快；但与此同时，容易导致组织的平稳性差，严重时会导致组织崩溃。这就是为什么许多企业的组织变革反而加速了企业灭亡的原因。与之相反，渐进式变革依靠持续的、小幅度的变革达到目标状态，但波动次数多，变革持续时间长。渐进式变革是通过局部的修补和调整来实现的，对组织产生的震动较小，而且可以经常地、局部地进行调整，直至达到目标状态，但容易产生路径依赖，导致组织长期不能摆脱旧机制的束缚。

2. 自上而下的变革和自下而上的变革

自上而下的变革是由上级推动的变革，这样一种变革是从组织的管理层开始的，由管理层发起，因此一般来说，变革的进程要迅速一些。因为这样一种变革首先解决了领导层问题。

自下而上的变革是由下级或基层率先开展的变革。例如，我国 1978 年在农村开展的家庭联产承包责任制改革，就是从安徽凤阳县小岗村开始的，后来成为在全国范围开展的农村改革。

（三）组织变革的过程与程序

1. 组织变革的过程

为使组织变革顺利进行，并能达到预期效果，必须先对组织变革的过程有一个全面的认识，然后按照科学的程序组织实施。

组织变革的过程包括解冻—变革—再冻结三个阶段。

（1）解冻阶段。这是变革前的心理准备阶段。一般来讲，成功的变革必须对组织的现状进行解冻，然后通过变革使组织进入一个新阶段，同时对新的变革予以再冻结。组织在解冻期间的中心任务是改变员工原有的观念和态度，组织必须通过积极的引导，激励员工更新观念、接受改革并参与其中。

（2）变革阶段。这是变革过程中的行为转换阶段。进入这一阶段后，组织上下已对变革做好了充分准备，变革措施就此开始。组织要把激发起来的改革热情转化为改革的行为，关键是要运用一些策略和技巧减少对变革的抵制，进一步调动员工参与变革的积极性，使变革成为全体员工的共同事业。

（3）再冻结阶段。这是变革后的行为强化阶段，其目的是通过对变革驱动力和约束力的平衡，使新的组织状态保持相对的稳定。由于人们的传统习惯、价值观念、行为模式、心理特征等都是在长期的社会生活中逐渐形成，并非一次变革所能彻底改变的，因此，改革措施顺利实施后，还应采取种种手段对员工的心理状态、行为规范和行为方式等进行不断的巩固和强化。否则，稍遇挫折，便会反复，无法巩固变革的成果。

2. **组织变革的程序**

组织变革的程序可以分为以下几个步骤：

(1) 通过组织诊断，发现变革征兆。组织变革的第一步就是要对现有的组织进行全面的诊断。这种诊断必须要有针对性，要通过搜集资料，对组织的职能系统、工作流程系统、决策系统及内在关系等进行全面的诊断。组织除了要从外部信息中发现对自己有利或不利的因素之外，更主要的是能够从各种内在征兆中找出导致组织或部门绩效差的具体原因，并确立需要进行整改的具体部门和人员。

(2) 分析变革因素，制订改革方案。组织诊断任务完成之后，就要对组织变革的具体因素进行分析，如职能设置是否合理、决策中的分权程度如何、员工参与改革的积极性怎样、流程中的业务衔接是否紧密、各管理层级间或职能机构间的关系是否易于协调等。在此基础上制订几个可行的改革方案，以供选择。

(3) 选择正确方案，实施变革计划。制订变革方案的任务完成之后，组织需要选择正确的实施方案，然后制订具体的变革计划并贯彻实施。推进变革的方式有多种，组织在选择具体方案时要考虑到变革的难度和影响变革的速度及员工的可接受性和参与程度等，做到有计划、有步骤、有控制地进行。当变革出现某些偏差时，要有备用的纠偏措施及时纠正。

(4) 评价变革效果，及时进行反馈。组织变革是一个包括众多复杂变量的转换过程，再好的改革计划也不能保证完全取得理想的效果。因此，变革结束之后，管理者必须对变革的结果进行总结和评价，及时反馈新的信息。对于没有取得理想效果的变革措施，应当给予必要的分析和评价，然后再做取舍。

本章小结

组织按内部是否有正式分工关系划分，可分为正式组织和非正式组织。二者之间各有不同的特点，管理者要因势利导，善于最大限度地发挥非正式组织的积极作用而克服其消极作用。

组织设计的任务是建立组织结构和明确组织内部的相互关系，提供组织结构图和职务说明书。在进行组织设计时，必须遵循目标统一、分工协作、职责权利相对应、统一指挥、有效管理幅度、集权与分权相结合、精简与高效、稳定性与弹性结构相结合和执行与监督分设的原则。

组织设计必须考虑组织目标任务、组织环境、组织战略、生产技术水平、组织的规模和人员素质等因素。

组织部门化又称部门划分，是指根据组织目标任务的需要，把工作和人员分成若干管理单元并组建相应的机构，形成组织的横向部门结构的过程。

组织部门化的基本原则包括因事设职和因人设职相结合原则、分工与协作相结合原则、精简高效原则、部门制衡原则、弹性原则。

组织部门化的基本形式包括职能部门化、产品或服务部门化、地域部门化、顾客部门化和流程部门化。

管理幅度是指一个上级直接领导与指挥的下属人数；管理层次是指组织内部从最高一级管理组织到最低一级管理组织的职位等级数目。

组织层级化需要解决好管理幅度与管理层次的关系问题。有效的管理幅度的大小受到管理人员和下属的素质与能力、工作的内容和性质、工作条件和组织环境等多种因素的影响。在管理幅度给定的条件下，管理层次与组织规模大小成正比；在组织规模既定的条件下，管理层次与管理幅度成反比。

职权是管理人员在职务范围内所拥有的管理权限，是履行管理职能的前提。一个正式组织的职权有直线职权、参谋职权和职能职权三种。为实现组织的目标，必须建立适宜的组织结构形式，组织结构形式主要有直线型、职能型、直线职能型、矩阵型、事业部型、网络型、控股型、委员会型、团队型等。

集权与分权反映组织的纵向职权关系，是指组织中决策权限的集中与分散程度。集权意味着决策权在很大程度上向处于较高管理层次的职位集中；分权则表示决策权在很大程度上分散到处于较低管理层次的职位上。影响集权与分权的主要因素有组织因素、环境因素、管理者与下级因素。

人员配备就是根据组织结构中所规定的职务的数量和要求，对所需人员进行恰当而有效的选择、任用与岗位调整，以保证组织活动的正常进行，进而实现管理目标。

组织变革是指对组织结构、组织关系、职权层次、指挥和信息系统所进行的调整和改变。组织变革既有推动力（外部推动力和内部推动力），又会遇到各种阻力（来自组织、群体和个体三个方面）。组织必须广泛地动员组织成员积极参与变革活动，化解组织变革的阻力。

第五章同步练习

管理实训

项目一：建立组织结构与公司制度

【实训目的】

培养组织结构的初步设计能力。

【实训内容】

设置公司组织结构。运用所学知识，根据所设定的模拟公司的目标与业务需要，研究设置所需的模拟公司组织机构，并画出组织结构框图：

(1)“公司”建立的组织结构形式；

(2)“公司”设置的机构或部门；

(3)“公司”的基本业务流程。

【实训组织】

1. 小组作业，课上布置，课后完成。

2. 在下一次课上，由小组代表演示，并加以分析。

3. 教师点评并总结。

4. 结束后每组成果以书面形式上交，教师课后批阅，给出成绩并保存。

【实训考核】

教师根据每组的发言情况及书面作业给出小组成绩。

项目二：角色扮演——招聘

【实训目的】

1. 培养人员招聘工作能力。

2. 训练应聘的能力与心理素质。

【实训内容】

角色扮演的情景设定：根据模拟公司的工作计划建立组织结构，各模拟公司组织招聘各部门负责人（班级统一制定编制或职位数）；各模拟公司招聘由总经理主持，公司成员均为招聘组成员；每名学生可向不超过 3 家公司（不含本人所在公司）应聘；各公司根据每个应聘者的表现决定聘任。

【实训组织】

1. 招聘程序按课程讲授的内容进行，同学们先在课后进行精心准备，在课上完成角色扮演。

2. 各公司要制定招聘计划，包括招聘目的、招聘岗位、任用条件、招聘程序，特别是聘用的决定方法。

3. 每个人要写出应聘提纲，或应聘讲演稿。一定要体现应聘竞争优势。

【实训考核】

由教师根据各成员现场角色扮演的情况评定成绩。

第六章

领导职能

学习目标

阅读和学习本章后，你应该能够：

- 了解领导影响力的构成及影响因素
- 掌握领导行为理论和权变理论
- 掌握激励的理论与方法
- 了解沟通的含义、类型
- 掌握沟通的过程及有效沟通的技巧

导入案例

邓小平的领导智慧

1969年邓小平被下放到江西劳动。曾和邓小平在一个车间劳动的工友，回忆起当年邓小平在这里工作、生活的场景，依然对小平的低调、节俭的生活作风印象深刻："那时，小平年纪大，身体不好，但工作很勤奋，经常干得满身大汗"，"他不摆架子，很尊重工人，和工人关系很好，我们也很尊敬他"。邓小平每天坚持上午去工厂，下午在家读《二十四史》和其他书籍，落日之前在院中散步，每天步行40余圈5 000余步，并坚持用冷水擦身、锻炼身体，后来将摔伤致残的大儿子邓朴方接到自己身边，经常为儿子擦澡翻身。

1976年10月"四人帮"被粉碎。1977年7月中共十届三中全会恢复了邓小平原来担任的党政军领导职务。这时候的中国，经济萧条，百业待兴，一千多万知识青年上山下乡在农村接受再教育，大批冤假错案没有平反，极"左"的思想禁锢着人们的头脑，主流媒体在宣传"两个凡是"的方针。在如此困难的情况下，恢复工作的邓小平选择以教育和科技为突破口。先是恢复高考，继而召开全国科学大会，提出知识分子是工人阶级的一部分，将“右派”分子全部摘帽，知识分子再不是臭老九，极大地激发了知识分子的工作热情；然后推动“实践是检验真理的唯一标准”的大讨论，为解放思想，消除“两个凡是”扫清障碍。在1978年12月的中共十一届三中全会上确立了“解放思想，实事求是”的思想路线，批判了“两个凡是”的错误方针，拨乱反正，将全党工作中心由阶级斗争转移到经济建设上来，从此开创了中国发展的新纪元。

在探索发展中国改革开放事业的道路上，邓小平可以说是挥洒自如，充满大智慧。

纠正冤假错案，给老同志平反昭雪是当务之急，但那些迫害过老干部的人怎么办？邓小平提出平反昭雪的同时不扩大打击面，总体上没有报复式的“秋后算账”。

干部队伍稳定后，大家担心，虽然目前不搞政治运动了，谁知道过几年怎么样？这时邓小平提出“团结一致向前看”“改革开放，以经济建设为中心”，为全国人民指明了发展方向。同时指出，“发展才是硬道理”，在发展中解决问题，消化矛盾。

在评价毛泽东的问题上两派争论激烈，邓小平一句“把毛泽东思想和毛泽东晚年错误区分开来”，避免了我们党的分裂，避免了否定中国革命历史的危险。

在学习借鉴西方资本主义先进知识和经验的时候，邓小平提出“中国特色”，避免了中国被人认为换了颜色。

当人们陷入姓资还是姓社、对与错、是与非争论的时候，邓小平一句“不争论”，避免使问题复杂化、白白耗费大量时间和丢失机遇。邓小平不止一次地讲到“不搞争论是我的一个发明”。

中国特色社会主义是前所未有的事业，不可能有现成的答案，只能靠摸索前进。在这个问题上，邓小平的态度毫不含糊：“改革开放胆子要大一些，敢于试验，不能像小脚女人一样。看准了的，就大胆地试，大胆地闯。”

邓小平一生坚持要做事、不要做官的理念，时刻把人民群众放在心上。邓小平曾在接受外国媒体采访时动情地说：“我是中国人民的儿子，我深情地爱着我的祖国和人民。”邓小平是中国改革开放和现代化建设的总设计师，但他一直拒绝担任中国共产党和国家的最高领导职务。在他晚年的时候，带头废除领导职务终身制。

（资料来源：央广网及新华社记者报道）

本案例给我们的启示是：一定意义上，没有成功的领导者就没有成功的事业。相反的实例也反复证明，领导的平庸、无能是断送事业发展前途乃至使事业走向衰退的致命因素。由此也带给我们一系列思考：什么是领导？领导的作用何在？领导者怎样影响下属？什么样的领导方式才是最有效的？……

第一节 领 导

一、领导的实质与作用

（一）领导职能的界定

孔茨认为："领导是一种影响力，它是影响人们心甘情愿地和满怀热情地为实现群体目标努力的艺术或过程。"他还认为："领导是一种影响过程，即领导者和被领导者个人的作用和特定的环境相互作用的动态过程。"

《中国企业管理百科全书》把领导定义为"率领和引导任何组织在一定条件下实现一定目标的行为过程"。

我们认为，从管理学意义上来讲，领导的定义可概括为：领导是指领导者依靠影响力，指挥、带领、引导和鼓励被领导者或追随者，实现组织目标的活动和艺术。其基本含义包括以下几个方面。

1. 领导包含领导者和被领导者两个方面

领导者是指能够影响他人并拥有管理的制度权力、承担领导职责、实施领导过程的人。领导是领导者与被领导者的一种关系，如果没有被领导者，领导者将变成光杆司令，其领导关系也就不复存在。在领导过程中，下属都甘愿或屈从于领导者而接受领导者的指导。

2. 领导是一种活动

领导是引导人们的行为过程，是领导者带领、引导和鼓舞部下去完成工作、实现目标的过程。

3. 领导的基础是领导者的影响力

领导者拥有影响被领导者的能力或力量，这种能力和力量既包括由组织赋予的职位权力，也包括领导者个人所具有的影响力。

一个领导者如果一味地行使职权而忽视社会和情绪因素的作用力，就会使被领导者产生逃避和反抗行为。当一个领导者的职位权威不足以说服下属从事适当的活动时，领导是无效的。

4. 领导的目的是实现组织的目标

不能为了领导而领导，不能为了体现领导的权威而领导。领导的根本目的在于影响下属为实现组织的目标而努力。

（二）领导与管理

领导与管理既相互联系，又相互区别。在组织工作中必须处理好二者的关系。

领导与管理的联系表现在领导职能是管理的职能之一，并贯穿于管理的其他各个职能之中。管理学的研究对象之一是人与人的关系，计划、组织、领导和控制是对组织的人、财、物和其他资源进行的管理活动，而在组织的各种资源中，人的要素和人力资源是第一位的，能够直接或间接地决定组织目标的实现与否。因此，能否正确引导组织成员，有效地实现与组织成员之间的沟通，促进组织成员行动协调，开发人的潜能，调动人的积极性和创造性，就成为管理的核心问题。领导职能就是专门从事处理人与事的工作，处理组织内外的人际关系，因此是管理的核心职能。

长期以来，人们认为领导就是管理，其实领导工作不等于管理工作，领导与管理的区别主要表现在以下几个方面：

（1）从概念的内涵来看，管理包括领导，领导的范围小于管理。

（2）从本质上说，管理与领导的权力基础不同。管理是建立在法定权力、正式职位权力基础上的对下属进行组织、指挥和控制的行为，下属必须服从管理者的指令。领导则既可能建立在职位权力的基础上，也可能建立在个人权力的基础上。

（3）从工作内容来看，管理与领导注重的内容不同，管理注重微观，领导注重宏观。

（4）从人员安排来看，管理者的任用强调专业素质与能力，领导者的选用强调综合素质与能力。

（5）从使用手段来看，管理多用控制和约束手段，领导多用激励和沟通手段。

（6）从功能与作用来看，管理的功能是维持秩序，领导的功能是推动变革和创新。具体来说，管理是为组织活动选择方法、建立秩序、维持运行的行为；领导则是为组织的活动指明方向、创造态势、开拓局面的行为。

（三）领导的影响力

所谓影响力，是指一个人在与他人的交往中，影响和改变他人的心理和行为的能力。领导者对个人和组织的影响力来自两方面：一是职位权力（又称为制度权力）影响力，二是非职位权力（又称为个人权力）影响力。

1. 职位权力影响力

职位权力是指由于领导者在组织结构中所处的位置而由上级或组织制度所赋予的权力，具有很强的职位特性。这种权力与领导者的职位相对应，退位后其相应的权力便会消失，如法定权、强制权、奖赏权都属于职位权力。这种影响力一般仅仅属于社会各层结构中占有管理者角色地位的人，只有在某些特殊情况下，非掌权者才能具有这种影响力。这种权力与特定的个人没有必然的联系，它只同职务相联系。权力是管理者实施领导行为的基本条件，没有这种权力，管理者就难以有效地影响下属，实施真正的领导。

（1）职位权力影响力包括法定权、强制权和奖赏权，它由组织正式授予领导者，并受组织规章的保护。

① 法定权。它是由组织机构正式授予领导者在组织中的职位所引起的、指挥他人并促使他人服从的权力。组织正式授予领导者一定的职位，从而使领导者占据权势地位和支

配地位，使其有权力对下属发号施令。法定权力是领导者职权大小的标志，是领导者的地位或在权力阶层中的角色所赋予的，是其他各种权力运用的基础。

法定权具有四个突出的特点：一是具有层次性。职权的大小是由职位的高低决定的，职位高的权力大，职位低的权力小。二是具有固定性。法定权是由法律或有关政策规章相对固定下来的，有职就有权，失职就失权。三是自主性。当领导者的某一法定权被确定下来后，领导者也就相应地取得了在职权范围内相对独立用权的条件。四是单向性。法定权具有极强的线性约束力，只能指派职权范围内的下属。

② 强制权，又叫惩罚权。这是领导者在具有法定权的基础上，强行要求下级执行的一种现实的用权行为，是和惩罚相联系的迫使他人服从的力量。服从是强制权的前提；法律、纪律、规章是强制权的保障；处分、惩罚是强制权的手段。如果领导者不善于运用这种权力，就会使被领导者的服从意向减弱，从而降低领导效能。在某些情况下，领导是依赖于强制的权力与权威施加影响的，对于一些心怀不满的下属来说，他们不会心悦诚服地服从领导者的指示，这时领导者就要运用惩罚权迫使其服从。这种权力的基础是下属的惧怕。这种权力对那些认识到不服从命令就会受到惩罚或承担其他不良后果的下属的影响力是最大的。

③ 奖赏权。这是一种建立在良好希冀心理之上的权力，在下属完成一定的任务时给予相应的奖励，以鼓励下属的积极性。奖赏属于正刺激，是领导者为了肯定和鼓励某一行为，而借助物质或精神的方式，以达到使被刺激者得到心理、精神以及物质等方面的满足，从而激发出前进性行为的最大动力。依照交换原则，领导者通过提供心理或经济上的奖酬来换取下属的遵从。

（2）影响职位权力影响力的主要因素，包括传统的观念、职位因素和资历因素等。

① 传统的观念。几千年的社会生活，使人们对领导者形成了这样一种心理观念，即认为领导者不同于普通人，他们或者有权，或者有才干，总之比普通人要强，由此产生了对领导者的服从感。由于这种传统观念从小就影响着每一个人的思想，从而增强了领导者言行的影响力。

② 职位因素。由于领导者凭借组织所授予的指挥他人开展具体活动的权力，可以左右被领导者的行为、处境，甚至前途、命运，从而使被领导者对领导者产生敬畏感。领导者的职位越高，权力越大，下属对他的敬畏感越强，领导者的影响力也就越大。

③ 资历因素。一个人的资历与经历是历史性的东西，它反映了一个人过去的情况。一般而言，人们对资历较深的领导者心目中比较尊敬，因此其言行也容易在人们的心里占据一定的位置。

职位权力影响力是通过正式的渠道发挥作用的。当领导者担任管理职务时，由传统心理、职位、资历构成的权力的影响力会随之产生，当领导者失去管理职位时，这种影响力将大大削弱甚至消失。这种权力之所以被大家所接受，是因为大家了解这种权力是实现组织共同目标所必需的。

2. 非职位权力影响力

非职位权力影响力是指由于领导者的个人经历、地位、人格、特殊品质和才能而产生的影响力，它可以使下属心甘情愿地、自觉地跟随领导者。这种权力对下属的影响比职位权力更具有持久性。非职位权力影响力不是外界附加的，它产生于个人的自身因素，与职位没有关系。

（1）非职位权力影响力主要包括专长权和感召权。

① 专长权。这是指领导者具有某种专门的知识和特殊的技能或学识渊博而获得同事及下属的尊重和佩服，从而在各项工作中显示出的一言九鼎的影响力。领导者如果涉猎广泛，博古通今，学识渊博，特别是拥有组织活动所必备的专业技能，必然会使被领导者对其产生一种钦佩感，这构成领导者的专长权。这种影响力的基础通常是狭窄的，仅仅被限定在专长范围之内。

② 感召权。这是指由于领导者优良的领导作风、思想水平、品德修养，而在组织成员中树立的德高望重的影响力。这种影响力是建立在下属对领导者承认的基础之上的，由领导者本身的素质，诸如品格、知识、才能、毅力和气质所决定，它通常与具有超凡魅力或名声卓著的领导者相联系。这种影响力的作用是通过潜移默化而变成被领导者的内驱力来实现的，因赢得了被领导者发自内心的信任、支持和尊重，对被领导者的影响和激励作用不仅很大，而且持续的时间也较长。

（2）构成非职业权力影响力的主要因素，包括品格、才干、知识和感情等。

① 品格。主要包括领导者的道德、品行、人格等。优良的品格会给领导者带来巨大的影响力。因为品格是个人的本质表现，好的品格能使人产生敬爱感，并能吸引人，使人模仿。下属常常希望自己能像领导者一样。

② 才干。领导者的才干是决定其影响力大小的主要因素之一，才干通过实践来体现，主要反映在工作成果上。一个有才干的领导者，会给事业带来成功，从而使人们对他产生敬佩感，吸引人们自觉地接受其影响。

③ 知识。一个人的才干是与知识紧密联系在一起的。知识水平的高低主要表现为对自身和客观世界认识的程度。知识本身就是一种力量。知识丰富的领导者，容易取得人们的信任，并由此产生信赖感和依赖感。

④ 感情。感情是人的一种心理现象，它是人们对客观事物好恶倾向的内在反映。人与人之间建立了良好的感情关系，便能产生亲切感；相互的吸引力越大，彼此的影响力也越大。因此，如果一个领导者平时待人和蔼可亲，关心体贴下属，与群众的关系融洽，那么他的影响力就往往较大。

由品格、才干、知识、感情因素构成的非职位权力影响力，是由领导者自身的素质与行为造就的。在领导者从事管理工作时，它能增强领导者的影响力。在其不担任管理职务时，这些因素仍对人们产生较大的影响。由于这种影响力来源于下属服从的意愿，有时会比职位权力显得更有力量。

3. 领导影响力运用效果的影响因素

领导者在影响力运用过程中，必须认真研究影响力运用的效果，应重点考虑以下几个因素：

（1）领导者职权与个人素质的结合程度。一般情况下，如果领导者个人素质、个人专长与所处职位能有机结合，则权力运用效果最佳；如果领导者个人专长及个人素质与所处职权不能相得益彰，则权力运用效果就不理想。在现实生活中，领导者可以通过个人素质和个人专长来强化职权运用，以获得更好的效果。

（2）组织系统结构优化的程度。组织系统从某种意义上说，就是一定层次领导者的上级或下级。组织系统结构优化程度如何，肯定影响到领导者权力运用的效果。因此，一个精明的、成功的领导者总是十分注意选配下属及不断优化组织系统结构，以确保权力运用的效果。

（3）社会心理。社会心理对领导者权力运用的效果有重要影响，特别是在社会改革和发展中，由于领导者社会地位及其他因素的改变，很容易在社会上形成一定的逆反心理，在某种程度上削弱和损害领导者权力的运用。因此，领导者必须正视社会心理，善于利用社会心理，提高权力运用的效果。

（4）授权、分工和权限。是否有明确的授权、分工与权限，是影响权力运用效果的非常关键的因素。

（四）领导的作用

领导活动直接影响着现代化管理水平和经济效益的好坏，而领导的作用就是引导部下以最大的努力去实现组织的目标。领导者的作用具体表现在以下三个方面。

1. 指挥作用

在人们的集体活动中，需要有头脑清醒、胸怀全局，能高瞻远瞩、运筹帷幄的领导者，帮助成员认清所处的环境和形势，指明组织活动的目标和达到目标的途径。领导者只有站在群众的前面，用自己的行动带领人们为实现组织目标而努力，才能真正起到指挥作用。

2. 协调作用

在组织系统中，即使有了明确的目标，但由于组织成员中个人的才能、理解能力、工作态度、进取精神、性格、作用、地位等不同，加上外部各种因素的干扰，人们在思想认识上发生各种分歧，行动上出现偏离目标的现象是不可避免的。因此，就要求领导者能够协调人们之间的关系和活动，把大家团结起来，朝着共同的目标前进。

3. 激励作用

在现代企业中，大多数员工都具有积极工作的热情和愿望，但未必能自动长久地保持下去。这主要是因为劳动仍然是现阶段谋生的手段，人们需求的满足还受到种种限制。当人们在学习、工作和生活中遇到困难、挫折或不幸，某种物质的、精神的需要得不到满足时，就必然会影响其工作热情。怎样才能使每一个员工都保持旺盛的工作热情，以最大限度地调动他们的工作积极性呢？这就需要有通情达理、关心员工的领导者为他们排忧解难，激发和鼓励他们的斗志，发掘、充实和加强他们积极进取的动力。

（五）领导者的类型

1. 按制度权力的集中与分散程度划分

（1）集权式领导者。集权是指领导者把权力进行集中的行为和过程。因此，集权式领导就是把管理的制度权力相对牢固地进行控制的领导者。管理的制度权力是由多种权力细则构成的，如领导的法定权、奖赏权、惩罚权等，都有正式的规章制度严格地明文规定。这就意味着对被领导者或下属而言，受控制的力度较大。在整个组织内部，资源的流动及其效率主要取决于集权式领导者对管理制度的理解和运用。

显然，这种领导者的优势在于通过完全的行政命令，使管理的组织成本在其他条件不变的情况下，低于在组织边界以外的交易成本。这对于组织在发展初期和组织面临复杂突变的环境时，是有益处的。但是，长期将下属视为某种可控制的工具，则不利于他们职业生涯的良性发展。

（2）民主式领导者。和集权式领导者形成鲜明对比的是民主式领导。这种领导者的特征是向被领导者授权，鼓励下属参与，并且主要依赖于其个人专长权和感召权影响下属。从管理学角度看，意味着这样的领导者通过对管理制度权力的分解，进一步激励下属的需要，去实现组织的目标。不过，这种权力的分散性使得组织内部资源的流动速度减缓，因为权力的分散性一般会导致决策速度降低，进而增大组织内部的资源配置成本。但是，这种领导者为组织带来的好处也十分明显。通过激励下属的需要，能够充分地积累和强化员工的凝聚力和责任感，员工的能力水平也会迅速得到提高。因此，相对于集权式领导者，这种领导者更能为组织培育越来越需要的智力资本。

2. 按领导工作的思维方式划分

（1）事务型领导者。事务型领导者通过明确角色和任务要求，激励下属向着既定的目标行动，并且尽量考虑和满足下属的社会需要，通过协作活动提高下属的生产力水平。这种领导者对组织的管理职能和程序推崇备至，勤奋、谦和而且公正。他们以把事情理顺、工作有条不紊地进行引以为豪。这种领导者重视非人格的绩效内容，如计划、日程和预算，对组织有使命感，并且严格遵守组织的规范和价值观。

（2）战略型领导者。战略型领导者的特征是用战略思维进行决策。战略本质上是一种动态的决策和计划过程，战略追求的是长期目标，行动过程以战略意图为指南，以战略使命为目标基础。因此，战略的基本特征是行动的长期性、整体性和前瞻性。对战略型领导者而言，是将领导的权力与全面调动组织的内外资源相结合，实现组织长远目标。战略型领导者认为组织的资源由有形资源、无形资源和有目的地整合资源的能力构成。他们的焦点经常超越传统的组织边界范围的活动，进入组织之间的相互关联区，并将这种区域视为组织潜在的利润基地。

3. **按领导工作的创新方式划分**

（1）魅力型领导者。魅力型领导者有着鼓励下属超越他们预期绩效水平的能力。他们的影响力来自以下方面：有能力陈述一种下属可以识别的、富有想象力的未来远景；有能力提炼出一种每个人都坚定不移赞同的组织价值观系统；信任下属并获取他们充分信任的回报；提升下属对新结果的意识；激励下属为了部门或组织利益而超越自身的利益。这种领导者不像事务型领导者那样看不到未来光明的远景，而是善于创造一种变革的氛围，热衷于提出新奇的、富有洞察力的想法，把未来描绘成诱人的蓝图，并且还能用这样的想法去刺激、激励和推动其他人勤奋工作。此外，这种领导者对下属有某种情感感召力，有未来眼光，而且能就此与下属沟通并激励下属。

（2）变革型领导者。变革型领导者鼓励下属为了组织的利益而超越自身利益，并能对下属产生深远而不同寻常的影响。这种领导者关心每个下属的日常生活和发展需要，帮助下属用新观念分析老问题，进而改变他们对问题的看法，能够激励、唤醒和鼓舞下属为达到组织或群体目标而付出加倍的努力。

二、领导理论

所谓领导理论，就是关于领导的有效性的理论。人们对领导有效性的研究主要从三个方面进行，相应地，领导理论也分为三大部分：领导特质理论、领导行为理论和领导权变理论，表6-1中所列即为三种领导理论的研究比较。

表6-1　三种领导理论的比较

领导理论	基本观点	研究目的	研究结果
领导特质理论	领导的有效性取决于领导者个人特性	好的领导者应当具备怎样的素质	各种优秀领导者的描述
领导行为理论	领导的有效性取决于领导行为和风格	怎样的领导行为和风格是最好的	各种最佳领导行为和风格描述
领导权变理论	领导的有效性取决于领导者、被领导者和环境的影响	在不同的情况下，哪一种领导方式是最好的	各种领导行为权变模型描述

（一）领导特质理论

领导特质理论重点研究的是领导者的个人特性，其基本假设是：领导者具有一般人不可比拟的特质。只要找到了一个人具备的特质，再考察他在某个组织中是否具备这些特质，就能够判断他能不能成为优秀的领导者。

根据这些品质和特征的来源不同，领导特质理论可分为传统领导特质理论和现代领导特质理论。传统领导特质理论认为领导者的品质是天生的，是由遗传决定的，与后天的培育、训练和实践无关，因而传统的特质理论也称“伟人说”。现在，很少有人赞同这种观点。现代领导特质理论认为领导者的品质和特征是在后天的实践环境中逐步培养、锻炼出来的。

对于那些被公认为领导者的个体，我们能够从他们身上分离出一个或几个非领导者所不具备的特质吗？关于领导特质理论的大部分研究都是采用此类分离特质方法进行的。理论界曾进行了100多种有关领导特性的研究，但遗憾的是众多努力都以失败告终。人们没有找到一些特质因素能对领导者与非领导者进行区分。许多不容置疑的杰出领导者并不具备常人所认为的领导者特质，例如，林肯忧郁而又内向。现代管理学认为，对于一个成功的领导者来说，与生俱来的特殊品质并不是必需的。

但领导特质理论也并非没有用处，一些研究表明，个人品质与领导者有效性之间确实存在某种相互联系。研究者发现，领导者有六项特质不同于非领导者，如表6-2所示。

表6-2 区分领导者与非领导者的六项特质

进取心	领导者勤奋努力、拥有较高的成就渴望。他们进取心强、精力充沛，对自己所从事的活动坚持不懈，并具有高度的主动精神
领导愿望	领导者具有强烈的愿望去影响和领导别人，表现为乐于承担责任
诚实与正直	领导者通过真诚与无欺以及言行高度一致而在他们与下属之间建立相互信赖关系
自信	下属觉得领导者从没缺乏过自信。领导者为了使下属相信他的目标和决策的正确性，必须表现出高度的自信
智慧	领导者需要具备足够的智慧来收集、整理和解释大量信息，并能够确立目标、解决问题和做出正确的决策
业务知识	有效的领导者对于公司、行业和技术事项拥有较高的知识水平，广博的知识能使他们做出富有远见的决策，并能理解这种决策的意义

（二）领导行为理论

在特质理论的研究过程中，人们逐渐认识到“天才论”是错误的，而且领导的有效性也并非取决于领导者的个人品质。于是从20世纪40年代起，有些学者转向研究领导者的个人行为。他们认为，领导的有效性主要取决于领导行为方式、作风。他们注重考察那些成功的领导者做些什么、怎样做，优秀的领导者的行为与较差的领导者的行为有无区别等，以试图获得有效的行为模式。

1. 勒温的三种极端的领导作风

美国心理学家库尔特·勒温（Kurt Lewin，1890—1947）进行了领导行为的研究。根据领导者如何运用职权，把领导者在领导过程中表现出来的极端工作作风分为三种类型，即专制式（或独裁式）、民主式和放任式，如表6-3所示。

表 6-3　三种领导方式

工作特点	领导方式		
	专制式或独裁式	民主式	放任式
决策的制定	一切决策由领导人决定	决策由群体讨论决定，领导人予以鼓励与扶持	群体或个人有完全的决策自由，领导人很少过问
参与程度	技术和活动步骤由管理当局每次批示一点，所以未来的步骤总在很大程度上捉摸不定	在讨论阶段就已预见到活动的前景。粗略拟定了实现群体目标的一般步骤。在需要技术性建议时，领导人提出两种或多种备选方案，供群体选用	领导提供各种资料，并明确表示，只要成员提出要求，就供给情报。领导极少参与讨论
任务分派	通常由领导人指派每一位成员的特定任务和工作伙伴	成员可以自由结合在一起工作，任务的分工留待群体决定	领导人很少参与任务的确定和人员的搭配
激励	领导人“亲自”表扬或批评每位成员的工作；他们除了示范外，还积极参与群体活动	在进行表扬和批评时，领导人是“客观的”或“重视事实的”；他们想在精神上作群体的一名正规成员，可是不做太多的具体工作	除非被问到，否则很少自动地讲评成员们的活动，也不打算评价或规定活动的过程

勒温发现三种不同的领导作风对群体产生的影响是不同的，放任式领导作风工作效率最低，他所领导的群体在工作中只达到了社交的目标，而没有达到工作目标；独裁式的领导，虽然通过严格的管理使群体达到了工作目标，但群体成员的消极态度和对抗情绪也在不断增长；民主式的领导作风工作效率最高，这种领导者所领导的群体不仅达到了工作目标，而且达到了社交目标。

2. 领导行为的四分图理论

领导行为四分图理论是 1945 年美国俄亥俄州立大学的学者提出的，他们将领导行为的内容归纳为两个方面，即“结构维度”和“关怀维度”。

“结构维度”是指领导者更偏重于界定自己和下属的角色，建立旨在达到工作目标的结构。以工作为中心，领导者为了实现工作目标，既规定了他们自己的任务，也规定了下级的任务，包括进行组织设计、制订计划和程序、明确职责和关系、建立信息途径、确立工作目标等。高结构特点的领导者对下属工作业绩和具体工作完成时间、完成情况十分关注。

“关怀维度”是指领导者注重同下属建立良好的关系，以人际关系为中心，包括建立互相信任的气氛、尊重下级的意见、注意下属的感情和问题等。高关怀特点的领导者对下属的健康、生活、情感、地位和满意度等问题十分关心。

研究认为，领导行为是这两种行为的具体组合，领导者的行为可以用两维度空间的“四分图”来表示，如图 6-1 所示。

（1）高结构、低关怀——领导者以工作为重，他最关心的是岗位工作。

（2）低结构、高关怀——领导者不大关心工作进展，只关心员工间的人际关系，他们关心和体恤下属，以鼓励下属完成工作。

（3）低结构、低关怀——领导者既不关心工作也不关心人。

（4）高结构、高关怀——领导者对人对事并重，因此他会建立机制，使下属能参与事务，属于参与式领导风格。

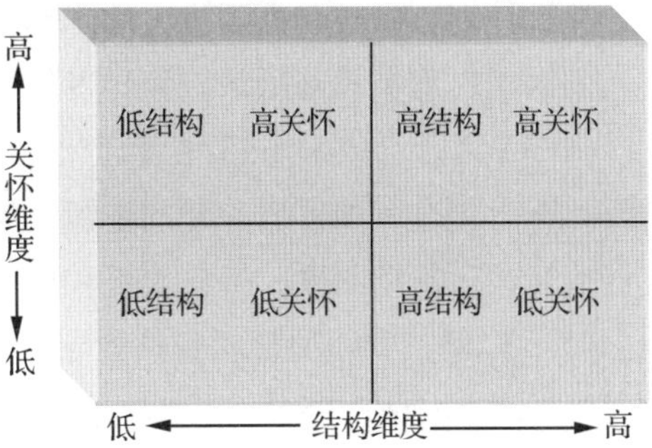

图6-1 四分图理论示意图

3. **管理方格理论**

这是美国行为科学家罗伯特·布莱克（Robert R. Blake）和简·穆顿（Jane Mouton）在1964年出版的《管理方格》一书中提出来的一种理论。他们认为，企业中的领导方式，存在着“对生产的关心”和“对人的关心”两种因素不同的结合。

对生产的关心度和对人的关心度，这两种因素用二维坐标来表示，就构成了管理方格图，如图6-2所示，这是一张九等分的方格图，横坐标表示管理者对生产的关心程度，纵坐标表示管理者对人的关心程度。两条坐标轴各划分为从1到9的九个小格作为标尺。整个方格图共有81个小方格，每个小方格表示“关心生产”和“关心人”这两个基本倾向相结合的一个领导方式，其中五种类型最具代表性。

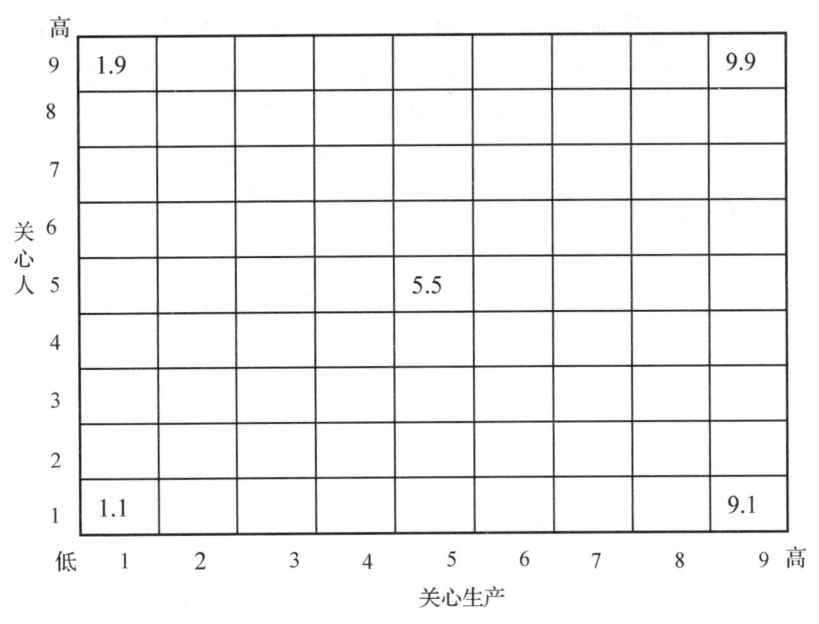

图6-2 管理方格图

（1.1）型：贫乏型管理——领导者对员工和生产几乎都不关心，他只以最小的努力来完成必须做的工作。这种管理方式将导致失败，这是很少见的极端情况。

（9.1）型：任务型管理——领导者基于自身的权威，集中注意对生产和作业效率的要求，注重计划、指导和控制员工的工作活动，以使工作效率达到最佳状态。但领导者不关心人的因素，雇员只能服从。领导者很少注意员工们的发展和士气。

（1.9）型：乡村俱乐部型管理——领导者集中注意对员工的支持和体谅，注重员工的需要，努力创造一种舒适和睦的组织气氛和工作节奏，认为只要员工心情舒畅，生产就一定能搞好，对规章制度、指挥监督和任务效率等很少关心。

（5.5）型：中庸型管理——领导者力图在工作和士气之间寻求一种平衡。一方面比较注意管理者在计划、指挥和控制上的职责，另一方面也比较重视对员工的引导鼓励，设法使他们的士气保持在必需的满意水平上。但是，这种领导方式缺乏创新精神，只追求正常的效率和可以满意的士气。

（9.9）型：团队型管理——领导者对员工、对生产都极为关心，努力使员工个人的需要和组织的目标最有效地结合起来，注意使员工了解组织的目标，关心工作的成果。建立“命运共同体”的关系，利害与共。因此，员工关系协调，士气旺盛，会进行自我控制，生产任务完成得极好。

布莱克和莫顿认为，（9.9）型的领导方式是最有效的领导方式。企业的领导者应该客观分析企业内外的各种情况，分析自己的领导方式，将自己的领导方式转化为（9.9）型，以求得最高的效率。

20 世纪 60 年代，管理者方格理论受到美国工商界的普遍推崇。但在后来，这一理论逐步受到批评，因为它仅仅讨论一种直观且最佳的领导方式，而并未对如何培养管理者提供答案，只是为领导方式的概念化提供了框架。另外，也没有实质性证据支持在所有情况下（9.9）领导方式都是最有效的方式。例如，在不同的社会、经济、文化和政治背景下，管理者管理方式的优劣，并不是简单地通过中性或平衡的（9.9）分布能够陈述的。这说明，领导方式的行为理论并不是某种领导方式的最佳选择，领导方式的研究应是多角度的。

4. 领导行为的连续统一体理论

领导行为的连续统一体理论是美国管理学家罗伯特·坦南鲍姆（Robert Tannenbaum）和沃伦·施密特（Warren Schmidt）提出来的。他们认为领导方式是多种多样的，领导者的行为是连续统一的，两端是独裁式领导和民主式领导，中间则是领导权力同下属权力多种不同的结合方式，如果以职权运用的程度为依据，从左到右，沿着“以领导者为中心”到“以下属为中心”的连续流去观察，则至少可以看到 7 种较为典型的领导方式，具体如图 6-3 所示。这种理论认为很难说哪种领导方式是正确的，哪种领导方式是错误的。领导者能根据环境调整适当的领导风格。例如，如果时间紧迫，或者下属需要很长时间才能学会做出有效的决策，领导者通常采取独裁型领导风格；当下属能很容易地学会决策所需要的技巧和知识时，民主型领导风格则更适合。

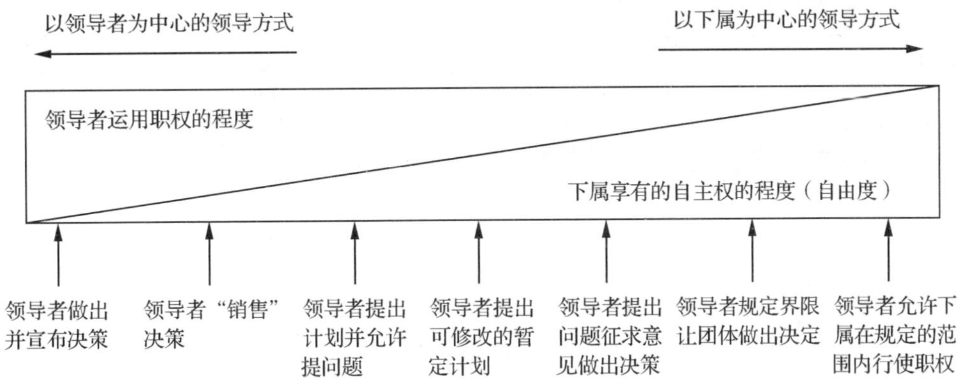

以领导者为中心的领导方式

以下属为中心的领导方式

领导者运用职权的程度

下属享有的自主权的程度（自由度）

领导者做出并宣布决策

领导者“销售”决策

领导者提出计划并允许提问题

领导者提出可修改的暂定计划

领导者提出问题征求意见做出决策

领导者规定界限让团体做出决定

领导者允许下属在规定的范围内行使职权

图 6-3　领导行为的连续统一体理论

（三）领导权变理论

领导权变理论又称情景理论，集中研究的是特定环境中最有效的领导方式和领导行为问题。它认为领导是一种动态的过程，并不存在普遍适用的领导方式，管理者的领导行为的有效性不仅取决于自身品质和才能，也取决于他所处的具体环境，如领导者的特点、被领导者的素质、工作性质以及环境等因素。有效的领导行为应当随着具体的情景和场合的变化而变化。

这里主要介绍三种领导权变理论：菲德勒权变领导模型、领导生命周期理论和路径—目标理论。

1. 菲德勒的权变领导模型

美国著名管理学家弗雷德·菲德勒（Fred Fiedler）提出了著名的权变领导模型。他认为，最有效的领导方式取决于以下两个因素的有效结合：一是情景对领导者的影响程度，二是领导者的风格。他主张领导方式应融合于情景、主管、下属及工作性质等各个条件中，根据条件的变化而采取适当的作风。

菲德勒提出了一种他称为“最不受欢迎的同事”的概念，主要用作衡量领导人员是属于“以任务为中心”或是“以人际关系为中心”。为此，他设计了一种“最难共事者问卷（Least Preferred Coworker Questionnaire，简称 LPC）”来确定领导者的领导风格（表 6-4）。问卷包括 16 组对应的形容词，要求作答者回想一下与自己共事过的所有同事，并找出一个最难共事者，并按 1—8 的等级对 16 组形容词进行评价。菲德勒认为，基于这一 LPC 问卷，可以判断作答者的基本领导风格。如果你用较为积极的词语描述最难共事的同事（LPC 得分高），菲德勒就称你为关系导向型；反之，如果你用相对不积极的词语描述最难共事的同事（LPC 得分低），则你主要感兴趣的是生产，因而是任务导向型。

表 6-4　测测你的 LPC 分数

回想一下你自己最难共事的一个同事（同学），他可以是现在和你共事的，也可以是过去与你共事的。他不一定是你最不喜欢的人，只不过是你在工作中相处最为困难的人。用下面 16 组形容词来描述他，在你认为最准确描述他的等级上打“√”。不要空下任何一组形容词。

快乐 —— 8 7 6 5 4 3 2 1 ——不快乐
友善 —— 8 7 6 5 4 3 2 1 ——不友善
拒绝 —— 1 2 3 4 5 6 7 8 ——接纳
有益 —— 8 7 6 5 4 3 2 1 ——无益
不热情——1 2 3 4 5 6 7 8 ——热情
紧张 —— 1 2 3 4 5 6 7 8 ——轻松
疏远 —— 1 2 3 4 5 6 7 8 ——亲密
冷漠 —— 1 2 3 4 5 6 7 8 ——热心
合作 —— 8 7 6 5 4 3 2 1 ——不合作
助人 —— 8 7 6 5 4 3 2 1 ——敌意
无聊 —— 1 2 3 4 5 6 7 8 ——有趣
好争 —— 1 2 3 4 5 6 7 8 ——融洽
自信 —— 8 7 6 5 4 3 2 1 ——犹豫
高效 —— 8 7 6 5 4 3 2 1 ——低效
郁闷 —— 1 2 3 4 5 6 7 8 ——开朗
开放 —— 8 7 6 5 4 3 2 1 ——防备

你在 LPC 量表上的得分是你的领导风格的反映，讲得更具体些，它表明了你在工作环境下的主要动机和目标。

为了确定你的 LPC 分数，将 16 项中的得分相加（其中每项是 1—8 分中的某个分数）。如果你的得分为 64 分或更高，那么你是一位 LPC 得分很高的关系导向型的领导；如果你的得分是 57 分或者更低，那么你是一位 LPC 得分偏低的人或者是任务导向型的领导；如果你的得分在 58—63 分，那么就需要你自己决定你属于哪种类型了。

根据菲德勒的理论，了解自己的 LPC 得分能够帮助你找到一个合适的匹配，因此，有助于你成为更有效的领导。

菲德勒认为，对领导效果起重大影响作用的环境因素有三条：

第一，上下级关系。即领导者同组织成员的相互关系。这是指下属对其领导人的信任、喜爱、忠诚、愿意追随的程度，以及领导者对下属的吸引力。若对上述几方面都是正面看法，即表示关系良好，反之则关系不佳。

第二，任务结构。指工作任务的明确程度。任务结构的明确程度越高，则领导者的影响力就越大。例如，如果实行目标管理，对下级的工作有明确的要求和规定，则领导者的影响力就大。

第三，职位权力。这是指与领导者职位相关联的正式职权及领导者从上级和整个组织各个方面所取得的支持程度。这一职位权力是由领导者对下属的实有权力所决定的，假如一位车间主任有权聘用或开除本车间的员工，则他在这个车间就比经理的职位权力还要大。

由于上述三种情境都有“有利”和“不利”两种状态，所以，共可组成 8 种情境因素，如表 6-5 所示。

表 6-5　菲德勒归纳的 8 种情境因素

情境	1	2	3	4	5	6	7	8
领导者与被领导者的关系	好	好	好	好	差	差	差	差
工作任务结构	明确		不明确		明确		不明确	
领导者所处职位的固有权力	强	弱	强	弱	强	弱	强	弱

情境 1 的三个条件齐备，是最有利的情境；适合采用“以任务为中心”的领导方式。

情境 2、情景 3 的三个条件基本齐备，也属于有利情境；适合采用“以任务为中心”的领导方式。

情境 8 的三个条件都不具备，是最不利的情境；适合采用“以任务为中心”的领导方式。

其余 4 种属于中间状态，适合采用“以人为中心”的领导方式。

菲德勒模型表明，不存在单一的最佳领导方式，而是在一定的情境下某种领导方式可能起到最好的效果。同时，也不能只根据领导者以前的领导工作成绩来预测他现在能否领导得好，还应了解他以前的工作类型同现在的工作类型是否相同。

2. 领导生命周期理论

领导生命周期理论是由美国管理学者保罗·赫塞（Paul Hersey）和肯尼斯·布兰查德（Kenneth Blanchard）提出的。他们认为下属的“成熟度”对领导者的领导方式起重要作用，对不同成熟度的员工应采取不同的领导方式，有效的领导方式应当适应下属的成熟度。

赫塞和布兰查德把成熟度定义为：个体对自己的直接行为负责任的能力和意愿。它包括工作成熟度和心理成熟度。

工作成熟度是下属完成任务时具有的相关技能和技术知识水平，是相对于一个人的知识和技能而言的，若一个人具有无需别人指点就能完成其工作的知识、能力和经验，那么他的工作成熟度就高，反之则低。

心理成熟度是下属的自信心和自尊心。它与做事的愿望或动机有关，如果一个人能自觉地去做，而无须外部激励，就认为他有较高的心理成熟度，反之则低。

下属的成熟度可分为四个等级（如图 6-4 所示，M 表示成熟度）：

M1（不成熟）：下属既不能胜任又缺乏自信。

M2（初步成熟）：下属有积极性，但没有完成任务所需的技能。

M3（比较成熟）：下属有完成任务的能力，但没有足够的动机。

M4（成熟）：下属能够且愿意去做领导要他们做的事。

领导生命周期理论提出任务行为和关系行为两种领导维度，并且对每种维度进行了细化，从而组合成以下四种具体的领导方式：

（1）指导型领导（高任务—低关系）。领导者定义角色，告诉下属应该做什么、怎样做以及何时何地去做。

（2）推销型领导（高任务—高关系）。领导者同时提供指导行为与支持行为。

（3）参与型领导（低任务—高关系）。领导者与下属共同决策，领导者的主要角色是提供便利条件和沟通。

（4）授权型领导（低任务—低关系）。领导者提供不多的指导或支持。

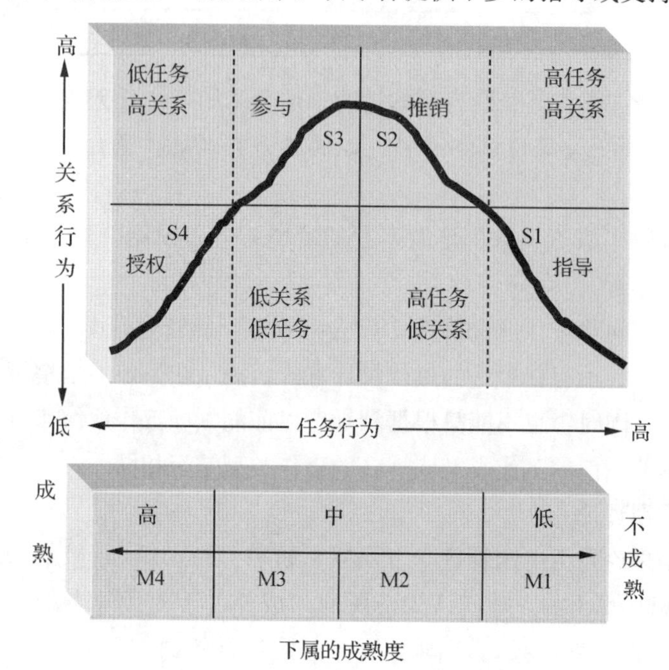

图6-4　领导生命周期理论示意图

图6-4中，S代表四种领导方式，分别是授权、参与、推销和指导，它们依赖于下属的成熟度M，M1表示低成熟度，M4代表高成熟度。

这样一来，赫塞和布兰查德就把领导方式和员工的行为关系通过成熟度联系起来，形成一种周期性的领导方式。当下属的成熟度水平不断提高时，领导者不但可以减少对活动的控制，而且还可以不断减少关系行为。例如，指导型领导方式S1，是对低成熟度的下属而言的，表示下属需要得到明确而具体的指导。S2方式表示领导者需要高任务—高关系行为。高任务行为能够弥补下属能力的欠缺，高关系行为则试图使下属在心理上领悟领导者的意图。S3表示可以运用支持性、非指导性的参与风格有效激励下属。S4是对高成熟度的下属而言的，表示下属既有意愿又有能力完成任务。

和菲德勒的权变理论相比，领导方式生命周期理论更容易理解和直观。但它只针对了下属的特征，而没有包括领导行为的其他情景特征。因此，这种领导方式的情景理论算不上完善，但它对于深化领导者和下属之间的研究，具有重要的基础性作用。

3. 路径—目标理论

加拿大多伦多大学教授罗伯特·豪斯（Robert House）把激发动机的期望理论和领导行为理论结合起来，提出了路径—目标理论。该理论认为，领导者的工作是帮助下属达到他们的目标，并提供必要的指导和支持，以确保各自的目标与组织的总体目标保持一致。

同时，最有效的领导方式不一定是高工作取向和高关系取向的组合，还必须考虑到环境的因素。当工作目标和方法模糊不清、员工无所适从时，他们希望有高工作取向的领导做出明确的工作规划和安排，明确工作方法，指明达到目标的道路，为完成任务扫清障碍；当工作目标和方法都很明确，或工作是例行性工作时，员工希望有高关系取向的领导关心他们的需要，使员工得到更多的满足，激励员工尽快达到目标。

领导者必须采用不同的领导行为，以适应环境的客观需要。其假定领导者具有变通性，能根据不同的情况表现出不同的领导行为。一般来说，有四种领导方式可供同一个领导者在不同的环境下选择使用：

（1）指导型领导。领导者下达指示，明确组织成员的工作目标和方法，决策完全由领导做出，没有下级参与。

（2）支持型领导。领导者亲切友善，关心下属的要求，从各方面给予支持。

（3）参与型领导。领导者在做决策时注意征求下属的意见和建议，并能认真对待，考虑接受和采纳，尽量让下属参与管理。

（4）成就导向型领导。领导者向组织成员提出具有挑战性的目标，鼓励下属树立信心、发挥潜能，并相信他们能够实现目标。

领导者选择哪种领导方式，主要考虑下级的特点和组织环境特点两个因素。

（1）下级的个人特点。下级的个人特点决定了其是否接受领导行为以及对领导行为的满意程度。影响领导行为效果的个人特点的主要内容有：

第一，下属的能力与经验。当组织成员感到自己的能力比较低、缺乏经验时，通常喜欢指导型领导，这样可以减少探索时间造成的浪费，提高执行工作的效率，大大降低失败的可能性。反之，当组织成员感到自己的能力很强或经验比较丰富时，指导型领导反而会对员工的积极性和满足感造成负面影响。

第二，内外控制中心。内在控制中心的员工往往认为自己才是命运的主宰，敢于对自己的行为后果负责，具有内在的行为是非标准。反之，外在控制中心的员工认为外界力量决定着事物的发展，他们不大可能对自己的行为后果负责，更可能依赖外部力量。一般而言，内控型员工喜欢参与型领导，而外控型员工更愿意接受指导型领导。

第三，需要与动机。组织成员的需求与动机，会直接影响到他们对不同类型行为接受与否以及满足程度。例如，具有合作需求的员工，往往喜欢支持型与参与型领导；而对具有强烈成就动机的员工而言，成就型领导可能更合适、有效。

（2）组织环境特点。组织的环境特点决定着哪种领导行为最有效。影响组织环境的三个重要因素是：

第一，工作性质。当组织成员对工作的目标与方法不够明确时，他们需要指导型的领导对工作做出明确、具体的安排。相反，如果工作任务不很明确，或工作是例行性的、常规性的，而领导者仍然频繁地发布指示和规定，反而会降低组织的绩效，这时更需要支持型的领导方式。

第二，权力结构。当组织内部职权分工明确，权力系统控制严密有力时，领导者不宜过多地直接干预，更应该采取反馈、检查与监督手段。

第三，工作群体。当工作群体的组织程度比较高，工作进展井然有序时，领导者也不应直接干预，而应该提供更多的支持与帮助。

与菲德勒的权变观点不同，豪斯认为领导者是灵活的，领导者应该根据不同的环境因素来调整自己的领导方式。如果强行以某一种领导方式在所有环境条件下实施领导行为，必然导致领导活动的失败。在现实中究竟采用哪种领导方式，要根据下属的特性和环境变量而定。

如果下属是教条的或是崇尚权力的，并且任务不明确，组织的规章和程序不清晰，那么，指导型领导方式最适合。对于结构层次清晰而令人不满意或者是令人感到灰心的工作，领导者应采用支持型领导方式。当下属从事机械重复性的和没有挑战性的工作时，支持型领导方式能够为下属提供工作本身所缺少的“营养”。

当任务不明确时，采用参与型领导方式效果最佳。这是因为参与活动可以澄清达到目标的路径，帮助下属理解通过什么路径和实现什么目标。此外，如果下属具有独立性、强烈的控制欲，那么参与型领导方式也具有积极影响，因为下属喜欢参与决策和建构工作。

如果组织要求下属执行模棱两可的任务，成就导向型领导方式的效果最好。在这种情境中，激发挑战性和设置高标准的领导者，能够提高下属对自己有能力达到目标的自信心。事实上，成就导向型领导可以帮助下属体会到其努力将带来有效的成果。

路径—目标理论框架如图 6-5 所示。

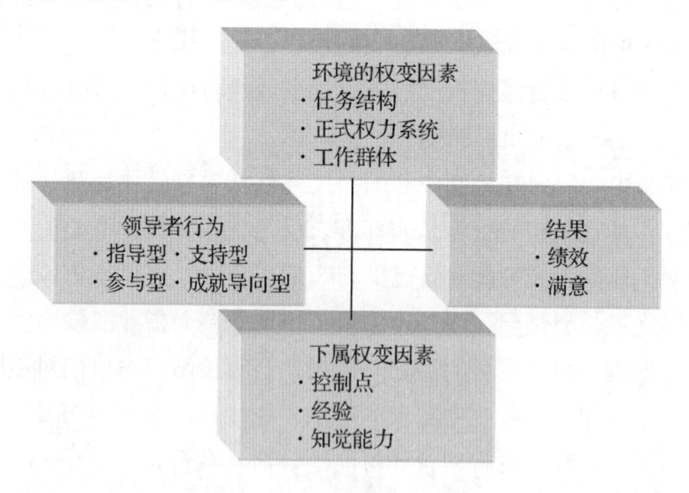

图 6-5　路径—目标理论框架

三、领导者素质及领导集体构成

（一）领导者个人素质

为了有效地实现领导的作用，领导者必须具有一定的素质。虽然由于不同层次的领导者的作用不同，对不同阶层的领导者的素质要求也不同，但是个人品质或特征是决定领导效果的关键因素。

一般认为，作为一个领导者，在政治素质、业务素质和身体素质上必须符合以下基本条件。

1. 政治素质

政治素质主要包括思想观念、价值体系、政策水平、职业道德、工作作风等方面的要求。其具体表现在以下几个方面：

（1）正确的世界观、价值观与人生观。

（2）现代化的管理思想。

（3）强烈的事业心、高度的责任感、正直的品质和民主的作风。

（4）实事求是，勇于创新。

2. 业务素质

（1）较强的分析、判断和概括能力。高层领导要能在纷繁复杂的事务中，透过现象看清本质，抓住主要矛盾，运用逻辑思维，进行有效的归纳、概括、判断，找出解决问题的办法。

（2）决策能力。决策是领导者的首要职能，是领导者综合能力的表现。任何正确的决策，都来源于周密细致的调查和准确、有预见性的分析判断，来源于丰富的科学知识和实践经验，来源于集体的智慧和领导者勇于负责精神的恰当结合。决策正确可以使组织转危为安，走向兴旺和发达；决策失误则可能使组织的生存受到威胁。

（3）组织、指挥和控制的能力。组织中高层领导者应懂得组织设计的原则，如因事设职、因职用人、职权一致、统一指挥、管理幅度等。应熟悉并善于运用各种组织形式，善于运用组织的力量，协调人力、物力和财力，以期达到综合平衡，获得最佳效果。控制能力要求在实现组织目标过程中，监控实施过程，找出薄弱环节，制定相应措施，从而保证目标的顺利实现。

（4）沟通、协调企业内外各种关系的能力。市场经济条件下，企业与企业之间既是竞争对手，又是合作伙伴。领导者要能正确处理与其他企业的关系，在市场竞争中，树立企业的形象，同时，领导者要协调好内部各种关系，充分调动员工的积极性。

（5）不断探索和创新的能力。领导者要在管理工作中不断探索，对新生事物要敏感，富有想象力，思路广阔，勇于提出新的设想、新的方案，制定具有激励性和挑战性的组织目标，鼓舞下属去完成任务。

（6）知人善任的能力。领导者要重视人才的发现、培养、提拔和使用，知其所长，委以适当工作；重视教育、提高部属的业务能力，大胆提拔，勇于启用新人；用好关键人才，建设组织持续发展的人才梯队。

3. 身体素质

组织的高层领导，作为组织系统的指挥者，担负着组织、指挥组织活动的重任，因此必须有强健的身体、充沛的精力。

（二）领导集体的构成

组织中的领导者并非一个人，而是由一群人组成的。现代企业的生产经营活动异常复杂，单靠一个人的聪明才智是很难有效组织和指挥企业生产经营活动的。只有把具有各种专业才能的一群人组织在一起，才能构成全才的领导集体。一个具有合理结构的领导班子，不仅能使每个成员人尽其才，做好自己的工作，而且能通过有效的组合，发挥巨大的集体力量。领导班子的结构一般包括：年龄结构、知识结构、能力结构、专业结构等。

1. 年龄结构

不同年龄的人具有不同的智力、不同的经验，因此，寻求领导班子成员的最佳年龄结构是非常重要的。领导班子应该是老、中、青三结合，向年轻化的趋势发展。现代社会处于高度发展之中，知识更新的速度越来越快。尽管随着年龄的增长，也会增加知识的积累，但吸收新知识的优势无疑属于中青年人。现代生理科学和心理科学研究表明，一个人的年龄与智力有一定的定量关系，如表 6-6 所示。

表 6-6　年龄结构与智力关系

智力	年龄				
	10 ~ 17	18 ~ 29	30 ~ 49	50 ~ 69	70 ~ 89
知觉	100	95	93	76	46
记忆	95	100	92	83	55
比较和判断力	72	100	100	87	67
动作和反应速度	88	100	97	92	71

从表 6-6 可知，在智力诸因素中，中青年占有明显的优势。人的经验与年龄一般呈正向关系，年老的人经验往往比较丰富。因此，领导班子中老、中、青结合，有利于发挥各自的优势。

领导班子的年轻化，是现代社会的客观要求，是组织现代化大生产的需要。但年轻化绝不是青年化，不是说领导班子中成员的年龄越小越好，而是指一个领导集体中应有一个合理的老、中、青比例，有一个与管理层次相适应的平均年龄界限。在不同管理阶层，对年龄和年轻化的程度，应有不同要求。

2. 知识结构

知识结构是指领导班子中不同成员的知识水平的构成。

领导班子成员都应具有较高的知识水平。没有较高的文化知识素养，就胜任不了管理现代化企业的要求。在现代企业中，采用大量的先进科学技术，且经营环境复杂多变，为了使企业获得生存，求得发展，企业领导人员必须具备广博的知识。随着我国社会经济的发展，员工的文化水准在不断提高，各类组织的各级领导都在向知识型领导转变。

3. 能力结构

领导的效能不仅与领导者的知识有关，而且与其运用知识的能力有密切的关系。这种运用知识的能力对于管理好一个企业是非常重要的。能力是一个内容十分广泛的概念，它包括决策能力、判断能力、分析能力、指挥能力、组织能力、协调能力等。每个人的能力是不同的，有的人善于思考、分析问题，提出好的建议与意见，但不善于组织工作；有的人善于组织工作，但分析问题的能力较差。因此，企业领导班子中应包括不同能力类型的人物，既要有思想家，又要有组织家，还要有实干家，这样才能形成最优的能力结构，在企业管理中充分发挥作用。

4. 专业结构

专业结构是指在领导班子中各位成员的配备应由各种专门的人才组成，形成一个合理的专业结构，从总体上强化这个班子的专业力量。在现代企业里，科学技术是提高生产经营成果的主要手段。因此，领导干部的专业化是现代企业经营管理的客观要求。

以上所述的领导班子的结构仅是其主要方面，此外，还有其他一些结构，如性格结构等也是需要注意的。按照这些要求形成的领导集体将是一个结构优化、富有效率的集体。

四、领导艺术

（一）决策的艺术

人们通常所说的决策，是指对事情拍板定案，而管理科学中的决策是指管理者为了达到一定的经营宗旨，实现一定的经营目标，从两个或两个以上的方案中选择一个最佳方案的过程。管理的关键在于经营，经营的核心在于决策。一旦决策失误，则全盘皆输。

目前，由于计算机等现代技术手段的应用，决策较之人们过去依据纯粹的直观决策有较大改进。但是，领导者的主观判断能力仍是决策的基础，因为决策所遇到的各种因素的复杂性日益增加。领导者要提高决策的正确性和科学性，面对大量的、突发的、不易把握、难以控制的随机性事件，随机决断，必须有较高的科学决策能力。

（二）合理用人的艺术

员工是组织的主体，激发员工的积极性和创造性，充分发掘他们的潜在能力，是增强组织活力的源泉。通常组织在人的管理上，比较重视员工现实能力的激发，而疏于员工潜在能力的挖掘，影响组织人才优势的发挥。因此，能否激发和挖掘员工的潜在能力，是组织管理艺术的重要内容之一。它主要体现在如何用人、激励人和治理人的艺术方面。

1. 科学用人的艺术

领导者要科学用人，需要先识人，即发现人所具有的潜在能力。欲要善任，先要知人。科学用人的艺术，主要表现在以下几个方面：

（1）知人善任的艺术。也就是用人用其德才，不受名望、年龄、资历、关系亲疏的局限。对于组织领导者来说，就是能容忍和使用反对过自己的人，有勇气选择名望和才学与自己相同甚至超过自己的人。同时要用人所长，避人所短。日本有名的企业家松下幸之助曾说：“绝不允许利用私人的感情或利害用人。”他主张，领导者“最好用七分的功夫去看人的长处，用三分功夫去看人的短处”。在提拔干部时，对方只要够60分就可以提拔，若要等到90分或100分时才提拔就会错过时机。他还主张重用那些能力强于自己的人。只有这样，才能打破组织内部干部与工人的界限，不求全责备，把有真才实学的员工及时提拔到适当的岗位上，以发挥他们的潜在才能。

（2）量才适用的艺术。要帮助员工找到自己最佳的工作位置。如果把不精通产品技术的人安排去搞新产品开发，让未掌握营销技巧、不善于从事公共关系的员工去做推销人员，这种岗位角色的错位，不仅对工作不利，也浪费了人才。

（3）用人不疑的艺术。中国有句古语：疑人不用，用人不疑。对委以重任的员工，应当放手使用，合理授权，使其能够全面担负起责任。当他们有困难，甚至遇到各种流言蜚语的时候，领导者要做到不偏听、不偏信，明辨真伪，给他们以必要的支持和帮助。

2. 有效激励人的艺术

激励是组织管理的一项重要职能，激励理论是现代管理的基础理论之一。行为科学家根据人的需要、动机和行为之间的关系，对激励的艺术和方法提出了许多见仁见智的主张。诸如，有的学者提出，一个人的工作业绩、能力和动机激发程度三者之间的关系是：

$$工作成绩 = 能力 \times 动机激发程度$$

该公式说明，一个人工作成绩的大小，取决于他的能力和动机（与自身需要相关）的激发程度。能力越强，动机激发程度越高，工作成绩也就越大。

激励具有时限性，但何时进行激励却是一项艺术。领导者应善于把握激励时机：当下属感到工作单调乏味时，当下属缺乏自信时，当下属很想了解领导对自己工作的评价时，当下属工作受挫感到沮丧时，当下属犯错误有悔改之意时，当下属对某种需求有强烈愿望时，都应当把握时机进行适当的激励。

3. 适度治人的艺术

治人的艺术，从某种意义上说，也应当包括科学用人和有效激励人。除此之外，还包括批评人、指责人，帮助人克服错误行为。

表扬奖励员工是治人、管理人的艺术，而批评或指责人，也需要有良好的技巧。

（1）要弄清需要批评的原因。即掌握事情的真实情况，确保批评的准确性。

（2）要选择合适的批评时机。即批评一般应当及时，以免不良行为继续发展。有时先给予必要的提示，然后再视其改正情况正式进行批评，可能效果更好。

（3）要注意批评的场合。要尽量避免当众批评，特别注意不要在被批评者的下级面前进行批评，以免影响他的威信及对下属的管理。

（4）要讲究批评的态度。即批评者对人要真诚，要帮助被批评者认识发生过失的主客观原因，并指出改正的方向。

（5）要正确运用批评的方式。例如，把点名批评与不点名批评相结合，把批评与奖励相结合等，都是十分重要的。

美国著名管理学家李·艾柯卡认为，企业的管理人员既是决策者，又是人的发动者。

他说：“讲到使一个企业运转起来，发动人就是一切，你可能能干两个人的工作，但你不能变成两个人。与此相反的是，你要鼓励你下一级的人去干，由他再去鼓动其他的人去干。”

（三）正确处理人际关系的艺术

人际关系是人们在生产、工作和生活中所发生的各种相互交往和联系。组织的人际关系，主要表现在本组织内部员工与员工之间、员工与领导之间，以及管理部门群体之间、群体与个体之间的关系。

凡是有人进行生产和生活的地方，都存在着复杂的人际关系。组织实际上是由众多员工组成的集合体，必然会发生各种各样的人际关系。组织人际关系的好坏，直接关系到组织凝聚力的强弱和活力的大小。因此，讲究调适人际关系的艺术，是强化管理和激发员工积极性的一项必不可少的内容。经营成功是建立在员工相互信任和人际关系融洽和谐基础之上的。

1. 影响组织人际关系的因素

国内外许多心理学家对影响人际关系的因素做过不少调查研究，结合我国组织情况分析，影响人际关系亲疏程度的主要因素有四个方面：

（1）员工空间距离的远近。人与人在工作的地理空间位置上越接近，彼此之间就越容易发生往来和相互了解，能知其所长，察其所短，相互补充。

（2）员工彼此交往的频率。所谓交往频率，是指员工相互接触次数的多少。交往的频率越高，越容易相互了解，关系就越容易密切。

（3）员工观念态度的相似性。观念态度是指员工判断事物曲直、善恶、美丑的价值标准。如果员工观念态度基本趋同，具有共同的理念、价值观、思想感情，就容易相互理解，感情融洽，做到倾吐心声，交流思想，形成较为密切的关系。

（4）员工彼此需要的互补性。这是由于每个员工的需要不同，动机各异，性格有别所致。例如，有些性格内向的人，有时也愿意同性格外向的人合作共事，以补自己寡言少语和不善交往的不足。有些组织主张，在高层领导人员素质结构中既要有多谋善断的，又要有刻苦实干的；既要有开拓创新的，又要有沉稳老练、能把握阵脚的。这种不同知识层次、性格有别的人结合在一起，就可以相互取长补短，提高领导层的整体素质。当然，这种需要的互补性，并不是在任何情况下都能够实现的，有时也可能影响人际关系的协调。因此，这种互补作用的发挥，还同每个人的理想、态度、追求，以及员工之间工作性质、距离远近、交往频率等因素密切相关。

上述四个方面是影响组织一般人际关系亲密程度的普遍原因。除此之外，还有几个值得注意的方面：

（1）员工的权责是否对等。例如，企业改革是员工职责权限的再调整，彼此的权责范围会发生互相转换，也可能原来的领导者要被人所领导，从而发生心理上的不平衡，影响与他人的关系。也有的企业在机构、制度的重建中，发生了责权畸重畸轻、有权无责、责大权小以及滥用权力或越权指挥等现象，正常的管理秩序一时被打乱，使人际关系受到影响。因此，分析把握企业改革过程中可能产生的影响人际关系的因素，对于改变管理的薄弱状况十分重要。

（2）员工收入分配是否公平。员工收入分配是否公平与其权责是否对等密切联系。在我国少数曾经实行承包经营责任制的企业里，由于未能处理好承包者与员工之间的收入分配关系，使一些员工认为自己由企业的主人翁变成了雇佣者，现在是为厂长干活。这无形中拉开了领导同员工之间的距离，甚至还出现了关系较为紧张的情况。当然，收入方面的公平不是平均，是效率优先，兼顾公平。

（3）员工素质结构是否良好。企业的任何一个产品都是经过不同操作者共同完成的。上游车间要为下游车间、上道工序要为下道工序提供半成品或零部件，如果操作者素质欠佳，操作不按规定，经常出现废品、次品，就会因为生产中的问题直接影响到员工之间的关系。

（4）员工的性格、品德、气质各异，这也是影响人际关系的重要方面。有的员工谦虚、随和、果断、有思想，就会受到其他员工尊敬，易于与人搞好关系；有的员工自负、狂妄、多疑、嫉妒、容易冲动，对工作不负责任，其他员工就会避而远之，与其保持距离，人际关系肯定较为紧张。因此，个人的偏见、庸俗、贪权等意识和行为，是损害人际关系的腐蚀剂；而理解、宽容、关心、信任等是优化人际关系的润滑剂。

2. 调适人际关系的艺术应当多样化

基于人际关系的复杂性和微妙性，其调适的方法也应当是多种多样的，没有一套能适用于不同素质的员工和不同环境的通用方法，应当随机制宜，随人而异。

从组织管理的角度分析，调适人际关系的艺术主要有五个方面：

（1）经营目标调适法。每个员工都是为了实现具体的目标而来到组织的，如何用组织发展的总目标把所有的员工组织起来，是一种很重要的技巧。目标既是员工共同奋斗的方向，也是有效协调人际关系的出发点。

（2）制度规则调适法。中国有句古话，没有规矩不成方圆。建立、健全组织内部各种技术标准、流程和经营管理制度，使领导和员工、员工和员工之间都能依照规章制度进行自我约束、自我调整，就可以减少员工之间的摩擦和冲突。

（3）心理冲突调适法。尽管目标、制度对调适员工之间的关系有重要作用，但员工之间的心理冲突对人际关系的影响往往是看不见、摸不着的，潜在性强，又不易很快消除，因此，必须注意员工心理的调适艺术。

（4）正确利用隐性组织的润滑作用。在组织中，员工因为理念、爱好、情趣、态度等的趋同，或者因为是老上级、老下级、老同学、老乡亲、老朋友，往往容易形成某些没有明确组织目标的隐性组织，管理当中称它们为非正式组织。在这些隐性组织中，员工之间倾吐衷肠，交流看法，不受约束，具有一定的吸引力和凝聚力。尤其是在正式组织目标不集中、机构庞大、人心涣散、效益不好的局面下，隐性组织往往会成为员工聚集的场所。

隐性组织在疏通人际关系、贯彻组织目标等方面，有可利用之处。

（5）随机处事技巧法。有人说，作为一个组织管理者，要有随机处事的技巧。处理事情既积极又稳妥，有利于正确调适领导者与员工、管理者与员工之间的关系。

① 转移法。当领导者面对一个非处理不可的事情时，不去直接处理，而是先搁一搁，去处理其他问题。从表面看，这种方法似乎有悖常情，不可思议，其实这并非真的不管，而是通过处理其他事情去寻找撞击力，使问题得以解决。

② 不为法。不为法与转移法不同。转移法可以说是“明不管暗管”，而不为法则是真正的不管，世上有许多事，不去管它，它会自生自灭；反之，越去管它，反而会变得越麻烦。比如日常工作和生活中，常会有一些捕风捉影的流言，你若介意，则麻烦缠身；若以“身正不怕影子斜”的坦然心理去面对，时间和事实就会证明一切。

③ 换位法。凡正面难以处理的问题，领导者不妨灵活适时地运用“逆向思维”来个“换位”思考，换个角度看问题，也许就能找到一条解决问题的捷径。在处理一些事情时，领导者应设身处地考虑是否理解了别人，尊重了别人，否则，有时事情就处理不好，甚至处理不了。

④ 缓冲法。缓冲法也称弹性法。领导者要像铁匠打铁一样，善于掌握火候，当铁没有烧到一定程度时，是不能锻打的。许多事情急切地去处理会适得其反，收不到好的效果。因此，领导者应学会以柔克刚，以静制动，先“降温”，然后再去疏导处理，效果会更好。

⑤ 糊涂法。领导者在处理事情时，有时表现得糊涂一点，也是必要的。“大事精明，小事糊涂”，实际上是领导者意志坚定和原则性的深层体现。

⑥ 模糊法。现实生活中，许多问题的界限是不清晰甚至很模糊，你越精明，处理就越难，而模糊一点，反而易于处理，甚至会产生意想不到的效果。

（四）科学利用时间的艺术

中国有句名言：“一寸光阴一寸金，寸金难买寸光阴。”很多企业家也说：“质量就是生命，时间就是效率。”国外有的管理学家在谈到21世纪经营管理新观念时，提出企业必须树立时间就是资源的观念。

如果组织不重视时间成本，不健全会议制度，忽略时间成本的计算和评估，势必影响其竞争能力。时间是一种特殊的资源，时间是效率的分母，在任何一项管理活动中都包含着时间管理的内容。

把时间管理当作组织管理的一项非常重要的内容，特别是在市场经济条件下，讲究充分利用时间的艺术，对于提高生产效率，促进经济发展，显得更加重要。

所谓有效地利用时间的艺术，包括两个方面：

1. 科学分配时间的艺术

对于领导者来说，科学分配时间的艺术，就是要根据组织经营的总任务，按制度时间的规定，科学合理地给各个单位分配定额，并要求他们在执行中严格按计划进行，做到按期、按质、按量完成。企业的综合经营计划、生产作业计划，从某种意义上说，就是在既定的经营任务情况下，如何科学分配时间的问题。科学地制定各种工时定额，都属此列。有人亦将这种做法称为标准化时间法，即企业要将所有反复进行的生产作业或管理行为，包括工艺操作、设备陈设、工序结构、进度安排、管理流程等都力求做到标准化，并严格按照标准执行。

科学分配时间的方法主要有以下几种：

（1）采取重点管理法。组织领导者每天要完成与处理的事务很多，但不能不分主次和轻重缓急，遇到什么抓什么，必须从众多的任务中抓住重要的事情，集中时间和精力把它做好，把有限的时间分配给最重要的工作。

（2）采取最佳时间法。任务是靠人去完成的，而人由于受生物钟和习惯的影响，一日之内不同时间段的精神状态不同。作为管理者，应该把最重要的工作安排在一天中效率最高的时间段去完成，而把零碎事务或次要工作放在精力较差的时间段去做。

（3）采取可控措施法。这主要是对组织领导者说的，因为他们工作多，任务杂，与组织内外人员联系广泛，其时间有的可控，有的不可控，如何把自己不可控的时间转化为可控时间，提高管理效率，十分重要。例如，联邦德国奈夫传动技术公司总经理米斯特鲁奇先生曾风趣地说，一周七天，五天属于企业，两天属于个人和家庭。一个要求生活得较好和有所作为的经理，则必须竭尽全力，谋求企业和本人的发展。他每天的工作日程就像自己定的法，既是自己行动的指南，又是工作的记录与时间控制法。

2. 合理节约时间的艺术

合理节约时间的艺术，是指如何节约时间及如何把节约的时间更好地利用起来。很多管理者在这方面都有自己的经验和方法。主要的方法有以下几种：

（1）时间记录分析法。因为有不少组织领导成天忙忙碌碌，事必躬亲，而其他管理人员则出现工作负荷不均衡，甚至无所事事的现象，严重影响管理效率。从管理艺术来看，一个领导者为了获得时间使用效用的反馈，详细记录自己每周、每月或每季一个区段时间的使用情况，再加以分析综合，作出判断，从而了解哪些时间内的工作是必要的、有用的，哪些是不必要的、无用的、浪费的，及时改进，就可以提高时间的管理和使用效率。例如，把自己每一个时间区段做了什么事、完成了什么任务，做几次重复不断的记录统计后，再结合相关问题进行分析评估。其相关问题是：① 哪些工作是自己根本不必要做的，结果浪费了多少时间；② 哪些工作应当由其他领导者或管理人员去做，或者由他们去做更合适，而由于自己未能授权浪费了多少时间；③ 哪些工作由于安排不合适，而浪费了其他领导者和管理者多少时间；④ 哪些工作在过去的记录中就有浪费时间的现象，而这次又出现，浪费了多少时间。

另外，要将组织内外人事、公共关系及工作会议占用的时间作详细记录，并采取措施对浪费时间的事务及时予以调整改进，以达到节约时间的目的。

（2）科学召开会议法。在现代组织管理中，会议已成为人们互通信息、安排工作、综合协调、进行决策的重要方式。可是在不少组织中，没完没了的会议和学习，各种形式的评比、检查，浪费了大量的时间。因此，必须科学地召开会议，计算会议成本，提高会议效率。为此，可从以下方面入手：一是可开可不开的会，一般不要开；二是每次会议主题和要解决的问题必须明确，并事前通知与会者做好充分准备；三是要控制会议的规模和人数，可参加可不参加的人员，一般不要参加；四是会议时间不要太长，不开议而不决、坐而论道的会议；五是明确会后责任，切实组织实施，力避议而不决或决而不行。

例如，日本太阳工业公司为避免无准备开会，以及议而不决、决而不行等问题，实行了会议成本分析制度。即每次开会时，总是把一个醒目的会议成本分析表贴在黑板上，会议成本的算法是：

$$会议成本 = 每小时平均工资 \times 3 \times 2 \times 开会人数 \times 开会时间（小时）$$

公式中，平均工资之所以乘以 3，是因为劳动价值高于平均工资；乘以 2 是因为参加会议要中断经常性工作，损失要以 2 倍来计算。因此，参加会议的人越多，成本就越高。有了成本分析制度，该公司开会极为慎重，会议效果也比较好。

马克思曾经说过，一切节约归根到底是时间的节约。科学地分配、利用和节约时间，是组织改变管理落后状况、提高经济效益的一种重要技术。

综上所述，讲求领导艺术，尤其是对组织的高层领导者来说，是十分重要的。不懂得领导艺术，就不能有效地实施领导和管理，甚至还可能做出事与愿违的事。因此，所有组织领导都要十分注意分析和总结自己的领导和管理艺术，以提高领导效能。

第二节　激　励

一、激励概述

（一）激励的概念和功能

所谓激励，是指采取各种有效的方法激发人的内在需要或动机，从而引导、强化或改变人的行为，使之朝着组织或领导者所期望的目标前进的过程。简言之，激励就是激发人的需求、引导人的行为、调动人的积极性的过程。无论是从帮助个人发展的角度，还是从实现组织目标的角度来看，激励都是领导者不可忽视的一项工作。激励在组织管理中具有多方面的重要功能，大量的管理实践已经证实了这一点。具体来讲，激励具有以下功能。

1. 有助于激发和调动员工的工作积极性

积极性是员工在完成工作任务时一种能动的自觉的心理和行为状态。这种状态可以促进员工智力和体力能量的充分释放，并导致一系列积极的行为后果，如提高劳动效率、超额完成任务、精湛的工作技能、良好的服务态度等。美国哈佛大学教授威廉·詹姆士研究发现，在缺乏科学有效激励的情况下，人的潜能只能发挥出20%～30%，科学有效的激励机制能够让员工把另外70%～80%的潜能也发挥出来。企业组织的发展需要每一个成员长期的协同努力，一些管理者把缺乏激励的员工看作懒惰者，这样的标签意味着一个人始终是懒惰的或缺乏动机的，激励理论告诉我们这是不正确的。

2. 有助于将员工的个人目标导向实现组织目标的轨道

个人目标及个人利益是员工行动的基本动力。它们与组织目标和总体利益之间既有一致性，又存在着诸多差异。当二者发生背离时，个人目标往往会干扰组织目标的实现。激励的功能就在于以个人利益和需要的满足为基本作用力，诱导员工把个人目标统一于组织的整体目标，推动员工为完成工作任务做出贡献，从而促进个人目标与组织目标的共同实现。

3. 有助于增强组织的凝聚力，促进内部各组成部分的协调统一

组织是由若干员工个体、工作群体及各种非正式群体组成的有机结构。为保证组织整体像一部机器一样协调运转，除用严密的组织结构和严格的规章制度加以规范外，还需要运用激励的方法，满足员工在尊重、社交等多方面的心理需要，鼓舞员工士气，协调人际关系，进而增强组织的凝聚力和向心力，促进各个部门、群体、人员之间的密切协作。

（二）激励的过程模式

激励过程由需要、动机和行为构成。所谓需要，指的是人们对某种事物或目标的渴求和欲望，是产生行为的原动力。动机是推动人们产生某种行为的心理动力，它是构成激励的核心要素。需要是激励的出发点，也是动机产生的基础，人的需要只有转化为追求一定目标的动机，才能产生具体的实践行为。激励就是要把需要、动机与行为三个相互影响、相互依存的要素连接起来，构成激发动机的过程，从而最终影响人的行为。所以，管理者要想通过激励影响人们的行为，就必须对激励的过程模式有所了解。激励的过程模式如图6-6所示。

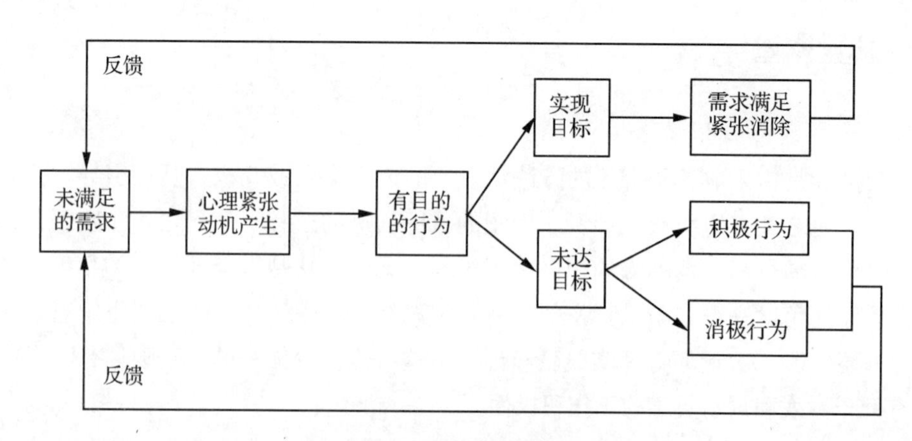

图6-6　激励的过程模式

从激励的过程模式来看，未满足的需要是产生激励的起点。当人们感到有某种东西缺失时，就会产生相应的需要，并引起心理的紧张与不安，这种紧张与不安就成为一种内在的驱动力，促使人们采取某种有目的的行为。例如，人会因为饥饿而去寻找食物，会因为空虚而去寻找心灵的寄托等。人的任何动机和行为都是建立在需要的基础上的，没有需要，就没有动机和行为。但有了需要，则不一定就会产生行为，只有当这种需要具有某种特定的目标时，才会产生动机，动机是引起人们行为的最直接原因。当然，也不是每个动机都必然会引起行为，在诸多动机下，只有优先动机才会引发行为。人们满足自身需要的欲望越是迫切，动机就越强烈，从事某种行为的热忱就会越高。

行为的结果一般存在两种情况：一是实现目标，需要得到满足，紧张消除，这会产生一个反馈，告诉此人原有的需要已经满足，于是在新的刺激下，又会产生新的需要，形成新一轮的激励过程。二是未达目标，产生了挫折感，这时又可能发生两种行为：一种是采取积极行为，继续去实现目标；另一种是采取消极行为，放弃原有目标，之后同样也会在受到新需要的刺激下产生新一轮的激励过程。

激励的过程就是这样一个循环往复的过程。该过程模式告诉我们，在管理实践中要实现有效的激励，必须做好以下两方面的工作：一是要正确识别组织中员工的需要与期望；二是要正确识别员工行为的动机。如果我们能够满足员工的需要，并使他们看到满足需要的可能性，那么就可以激励并引导他们的行为。当然，在现实中，激励是一个非常复杂的问题，它会受到诸多因素的影响。个体的需要会随着时间、情境的变化而不断变化，满足其需要的行为方式也会不断变化，所以，激励是非常个性化和情境化的管理问题，但万变不离其宗，激励的实质就是要通过采取系列措施对组织成员的需要和动机施加影响，以强化、引导或改变他们的行为，从而实现组织目标。

二、激励理论

在管理学领域，自从行为科学形成以后，人们在应用心理学和社会学方面的知识去探索如何预测和激发人的动机、满足人的需要、调动人的积极性方面，做了大量的工作，产生了许多新的理论。许多管理学家、心理学家和社会学家从不同的角度研究了如何激励人的问题，并提出了相应的激励理论。通常我们把各种激励理论归纳为三大类，即内容型激励理论、过程型激励理论和行为改造型激励理论。

（一）内容型激励理论

内容型激励理论从心理学的角度着重研究人类行为的动机，关注个体内部的激发、定向、保持和停止等行为因素，试图通过分析人的内在需求和动机是如何推动行为的，从而确定能够激励个体的特定需要。其主要包括需要层次理论、双因素理论、成就需要理论及X 理论和 Y 理论等。

1. 需要层次理论

关于人类需要的讨论至今众说纷纭，其中最被广泛引用和讨论的激励理论当属美国心理学家亚伯拉罕·马斯洛（Abraham Maslow）的需要层次理论。

马斯洛认为，人类有五种基本需要，即生理需要、安全需要、社交需要、尊重需要和自我实现需要。这五种需要按照先后次序由低到高排列，如图6-7所示。

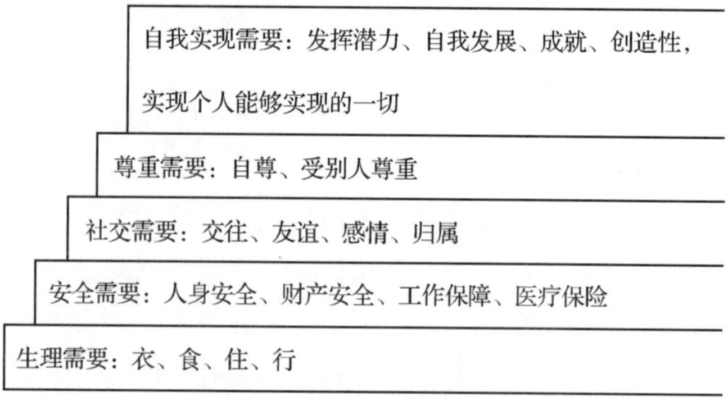

自我实现需要：发挥潜力、自我发展、成就、创造性，实现个人能够实现的一切
尊重需要：自尊、受别人尊重
社交需要：交往、友谊、感情、归属
安全需要：人身安全、财产安全、工作保障、医疗保险
生理需要：衣、食、住、行

图6-7　马斯洛的需要层次

（1）生理需要。它指的是维持人们生存最基本的物质需要，如衣、食、住、行等。马斯洛曾说过："一个人如果同时缺少食物、安全、爱情及价值观等时，则其最强烈的渴求，当推对食物的需要。"

（2）安全需要。它指的是人们对保护自己身体和情感免受伤害的需要，包括对现在的安全需要，如人身安全、工作安全、经济安全等，也包括对未来的安全需要，如生病或养老有所保障等。

（3）社交需要。它指的是人们在情感、归属、接纳及友谊等方面的需要。马斯洛认为，人是一种社会动物，人们的生活和工作都不是孤立进行的。在组织环境中，人们希望与同事和睦相处、得到组织的关爱等。

（4）尊重需要。它指的是人们需要树立良好的自我形象，并赢得他人的关注、认同和欣赏，包括内部尊重需要和外部尊重需要。内部尊重需要包括对自尊、自主的需要；外部尊重需要包括对地位、认可和他人尊重的需要。

（5）自我实现需要。它指的是人们希望能最大限度地发挥潜能，实现自我价值和理想抱负。这是最高层次的需要，这种需要往往通过工作的胜任感和成就感来得到满足。

马斯洛认为，一般的人都是按照这个层次从低级到高级，一层一层地去追求并使自己的需要得到满足的。不同层次的需要不可能在同一层次内同时发挥激励作用，在某一特定的时期内，总有某一层次的需要在起着主导的激励作用。人类首先是追求最基本的生理上的吃、穿、住等方面的需要。处于这一级需要的人们，基本的吃、穿、住就成为激励他们的最主要因素。一旦这一层次的需要得到满足，那么这一层次的需要就不再是人们工作的主要动力和激励因素，人们会追求更高一层次的需要。这时，如果管理者能够根据人们各自的需要层次，善于抓住有利时机，用人们正在追求的那一级层次的需要来激励他们的话，将会取得极好的激励效果。

2. 双因素理论

这种激励理论也叫"保健—激励理论"，是美国心理学家弗雷德里克·赫茨伯格（Frederick Herzberg）于20世纪50年代后期提出的。20世纪50年代，赫茨伯格对美国匹兹堡地区200多名工程技术人员和会计人员进行了访问调查，他在调查中发现，使员工感到满意的因素与使员工感到不满意的因素是大不相同的。使员工感到不满意的因素往往是由外界环境或工作关系方面的东西引起的，使员工感到满意的因素通常是由工作本身产生的。

赫茨伯格发现，造成员工非常不满的因素有：公司政策、行为管理和监督方式、工作条件、人际关系、地位、安全和生活条件。而这些因素的改善，只能消除员工的不满、怠工与对抗，并不能激发他们工作的积极性，促使生产增效。赫茨伯格把这一类因素称为保健因素，即就像卫生保健对身体的作用一样，只能防止疾病、治疗创伤，但不能提高体质。所以保健因素可以使满足保持在合理的水平上。

而使员工感到满意的因素有：工作富有成就感、工作成绩能得到认可、工作本身具有挑战性、负有较大的责任、在职业上能得到发展等。这类因素的改善，能够激励员工的工作热情，从而提高生产率。他把这类因素称为激励因素。

同时，赫茨伯格认为，传统的满意与不满意的观点是不正确的。满意的对立面应当是没有满意，不满意的对立面应该是没有不满意。当保健因素低于员工可以接受的限度时，就会引起员工的不满，当改善时，员工的不满情绪就会消除，但不会导致积极的后果，即不满意的对立面是没有不满意，而不是满意。只有激励因素才能产生使员工满意的积极效果，即起到激励的作用。而如果这些因素没有处理好，只是起不到激励的作用，即不会产生使员工满意的效果，而不是不满意。

另外一个重要发现是，当雇员受到很大的激励时，他们对外部因素引起的不满足感有很大的耐性，然而，反之则是不可能的。因此，他认为，作为管理者，首先必须保证员工在保健因素方面得到满足。要给员工提供适当的工资和安全，要改善他们的各种环境和条件；对员工的监督要能为他们所接受，否则就会引起员工的不满。但是即使满足了上述条件，并不能产生激励的效果，因此，管理者必须充分利用激励因素，为员工创造做出贡献与成绩的工作条件和机会，丰富工作内容，加强员工的责任心，使其不断地在工作中取得成就，得到上级和同事的赏识，这样才能使其不断进步和发展。

3. 成就需要理论

美国心理学家戴维·麦克莱兰（David McClelland）和其他人在观察和分析了人们在工作中的表现后，提出了一项与管理工作联系更加紧密的成就需要理论。该理论认为，在人的生存需要基本得到满足的前提下，人在工作中有三种主要的需要：

（1）成就需要，是指人们挑战困难、追求卓越、争取成功的欲望和需求，类似于马斯洛所说的自我实现需要。

（2）权力需要，是指人们影响和控制他人或对他人行使权力的欲望。

（3）归属需要，是指建立友好和亲密的人际关系的渴望，类似于马斯洛所说的社交需要。

麦克莱兰认为，上述需要并不是与生俱来的，而是人们后天习得的，即个人的生活经历特别是早期的生活经历，决定了人们是否产生这些需要。例如，如果一个人在孩提时代就被鼓励自己动手做力所能及的事情，那他就会习得成就需要；倘若他建立和谐人际关系的努力得到强化，则会发展归属需要；假使他自小就从控制他人的体验中获得满足感，就会习得权力需要。

在二十多年的时间里，麦克莱兰研究了人类的需要及其管理的意义。那些成就需要水平较高的人往往是企业家，渴望超越竞争对手且不惧怕冒高风险。有强烈归属需要的人大多是交际家或社会活动家，是成功的人际关系协调者，对组织内部或组织之间和谐关系的建立往往起着重大的作用。而权力欲强的人总是与组织中的高位联系在一起的，因为权力需要的满足只有通过爬到高位、得到支配他人的权力才能实现。

该理论还告诉我们，驱动人们努力工作的因素不是只有通常人们所认为的“钱”和“权”，除了这两个方面，成就、归属的需要也是驱动人们努力工作的重要因素。

4. X 理论和 Y 理论

美国心理学家、行为科学家道格拉斯·麦格雷戈（Douglas M. McGregor）在 1960 年出版的《企业的人性方面》中归纳了两种人性假设：一种基本上是消极的，称为 X 理论；另一种基本上是积极的，称为 Y 理论。通过观察管理者对待员工的方式，麦格雷戈得出结论：一个管理者关于人性的观点是建立在一组特定的假设之上的，他倾向于根据这些假设塑造自己对待下级的行为。

（1）X 理论。麦格雷戈认为，自泰勒以来的管理理论对人性作了错误的假设，可把它叫做 X 理论。根据 X 理论，领导者持有以下 4 种假设：

① 员工天生讨厌工作，尽可能地逃避工作；

② 由于员工讨厌工作，必须对其进行强制、控制或惩罚，迫使他们实现目标；

③ 员工逃避责任，并且尽可能地寻求正式的指导；

④ 大多数员工认为安全感在工作相关因素中最为重要，并且没有什么进取心。

麦格雷戈认为，传统的管理理论以 X 理论为基础，或以严格、强硬的管理办法，或以松弛、温和的管理办法，均不能调动员工的积极性。

（2）Y 理论。与人性的消极假设相反，麦格雷戈还提出了 4 个积极假设，他称之为 Y 理论：

① 员工会把工作看成与休息或游戏一样自然的事情；

② 如果员工对工作作出承诺，他能自我引导和自我控制；

③ 普通人能学会接受甚至寻求责任；

④ 人们普遍具有创造性决策能力，而不只是管理层次的核心人物具有这种能力。

麦格雷戈认为，只有改变对人的本性的认识，才能对人进行有效的管理。麦格雷戈还提出了一些促进员工工作动机的方法，如让员工从过于严厉的控制和监督中解脱出来，给予一定的权利，让其承担一定的责任，采取参与制，鼓励员工为实现组织目标而进行创造性的劳动，满足员工自我实现的需要。

两者的差异在于每个管理人员对其下属人员需求的不同看法上。如果根据X理论来看待工人的需求，那么管理就会采取紧密的控制，使用恫吓去迫使工人更有效地工作；若根据Y理论来看待工人，管理者就会努力创造一个能多方面满足工人需求的环境。

（二）过程型激励理论

过程型激励理论侧重于从行为科学的角度研究人的行为受到哪些因素的影响，如何引导与改变人的行为方向等问题，注重动机与行为之间的心理过程。其主要包括期望理论、公平理论和波特-劳勒综合激励模型等。

1. 期望理论

该理论立足于提高员工实现行为目标的动机水平。认为在较高的动机水平下，员工能够自动产生高强度的行为动力，进而形成强大的激励力。而提高动机水平的主要途径在于提高适宜的目标诱因，使员工能够选择更符合自身需要并更具有成功可能性的目标，以便为实现该目标采取相应的行动。这一理论的基础源于美国心理学家V. 弗鲁姆（Victor Vroom）提出的期望理论。

期望理论认为：激励是评价选择的过程，人们采取某项行动的动力或激励取决于他对行动结果的价值评价和预期实现目标可能性的估计。换言之，激励力的大小取决于效价与期望值的乘积。用公式表述如下：

$$M = V \times E$$

式中：M表示激励力，V表示效价，E表示期望值。

所谓效价（V），是指一个人对某项工作及其结果（可实现的目标）能够给自己带来满足程度的评价，即对工作目标有用性（价值）的评价，效价反映个人对某一成果或奖酬的重视与渴望程度。在现实生活中，对同一个目标，由于各人感受到的需要不同，所处的环境有异，从而对其有用性的评价也往往不一样。比如，有人希望通过努力工作得到职务晋升的机会，其升迁欲望高，于是晋升的可能性就会对他具有很高的效价；如果一个人对职务晋升毫不关心，没有升迁的要求，那么“担任更高的职务”对他没有任何吸引力，晋升的效价很低，甚至为零；而另一些人可能不仅不希望职务提升，甚至害怕提升，担心因此而担负更多的工作和责任，失去更多的家庭生活时间，因而晋升的效价甚至是负值。

所谓期望值（E），是指人们对自己能够顺利完成这项工作可能性的估计，即对工作目标能够实现概率的估计，亦称期望概率。在日常生活中，人们往往根据过去的经验来判断一定行为能够导致某种结果或满足某种需要的概率。如果行为主体估计目标实现的可能性极大，这时期望概率接近于1；反之，如果考虑到主观能力的制约和客观竞争程度的激烈，估计目标实现的可能性极小，则期望概率趋近于零。

激励力（M）则是直接推动或使人们采取某一行动的内驱力。

效价和期望值的不同结合，会产生不同的激发力量，一般存在以下几种情况：

① E高×V高=M高；

② E中×V中=M中；

③ E低×V低=M低；

④ E高×V低=M低；

⑤ E低×V高=M低。

上述分析表明，要收到预期的激励效果，不仅要使激励手段的效价（能给激励对象带来的满足）足够高，而且要使激励对象有足够的信心去获得这种满足。只要效价和期望概率中有一项的值较低，就难以使激励对象在工作中表现出足够的积极性。为了说明此结论，我们用一个案例来加以说明。

某公司为了激励推销员更好地完成营销指标，营销主管发布了这样一项奖励措施：年终销售业绩排在最靠前的两位员工可得到一次公司出资到张家界旅游的奖励。这项措施在A、B、C三人身上产生了不同的反应：

A是一位先生，这位先生从来没有去过张家界，听到这项措施以后非常高兴，心想一定要努力工作。A先生的效价如果用满分为1来计算，凭A先生的能力，在三个人当中成功的可能性是50%，那么A先生的积极性M=1×0.5=0.5。

B也是一位先生，B先生去过张家界，遗憾的是他的夫人没去过。他的夫人不知道从什么渠道得知营销主管有这项政策，开始给B先生鼓劲："老公，你好好努力，也把我带去玩玩吧。"夫人的命令作用很大，因此B先生去的效价虽然不是1，但也很高，为0.9，凭B先生的能力，在三个人中成功的可能性是70%，那么B先生的积极性M=0.9×0.7=0.63。

C是一位小姐，是三位中最出色的一名推销员，凭C小姐的能力，在三个人当中成功的可能性是100%。但她也去过张家界，2021年冬天她结婚时到张家界度蜜月，此刻去张家界对她已经失去了价值，因此对于C小姐而言奖励张家界旅游的效价是0，那么C小姐的积极性M=0×1=0。

由此可见，同一项政策在不同的员工身上产生的作用是不同的，为了达到最佳的激励效果，营销主管应在权力允许的范围内因人而异地制订一些奖励措施，以调动全体员工的积极性。

期望理论可用如图6-8所示的模型来表示。

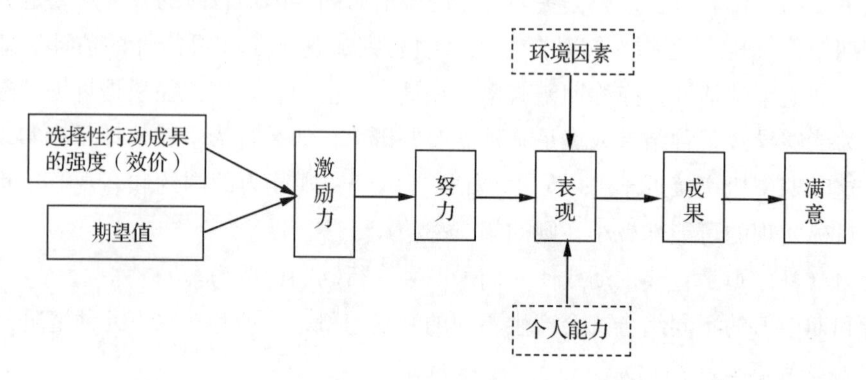

图6-8　期望理论模型

从上面模型可以看出：效价和期望值两者结合才产生激励力；如果其中之一为零，激励力就等于零。所以，某些目标即使非常有吸引力，但如果没有实现的可能就会无人问津。同样，目标虽然容易实现，但个人如果对实现目标后所得报酬兴趣不大，则这类目标对个人仍不能形成真正的激励。激励力驱使行为主体产生行动，为目标的实现做出努力；而其努力在环境和个人能力影响下就会决定他在工作中的真正行为表现；他不同的行为表现就导致各种不同的成果；不同的成果带来不同方面的满足和不同的满足程度。

因此，为了能真正达到激励员工的目的，管理者不但要使员工有行动成果的强度（效价），或加大其强度，即促进其采取行动的积极性，同时又要带动员工实现期望，即提高期望概率。只有这样，才能真正起到激励作用。

这个模型实际提出了在进行激励时要处理好三方面的关系，这些也是调动人们工作积极性的三个条件。

第一，努力与绩效的关系。人总是希望通过一定的努力能够达到预期的目标，如果个人主观认为通过自己的努力达到预期目标的概率较高，就会有信心，就可能激发出很强的工作力量。但是如果他认为目标太高，通过努力也不会有很好的绩效时，就失去了内在的动力，导致工作消极。

第二，绩效与奖励的关系。人总是希望取得成绩后能够得到奖励。如果他认为取得绩效后能够获得合理的奖励，就有可能产生工作热情，否则就可能没有积极性。

第三，奖励与满足个人需要的关系。人总是希望自己所获得的奖励能满足自己某方面的需要。然而由于人们在年龄、性别、资历、社会地位和经济条件等方面都存在着差异，故他们对各种需要得到满足的程度就不同。因而对于不同的人，采用同一种办法给予奖励能满足的需要程度不同，激发出来的工作动力也就不同。

2. 公平理论

公平理论又称社会比较理论，它是美国行为科学家亚当斯（J. S. Adams）在《工人关于工资不公平的内心冲突同其生产率的关系》（1962，与罗森合写）、《工资不公平对工作质量的影响》（1964，与雅各布森合写）、《社会交换中的不公平》（1965）等著作中提出来的一种激励理论。该理论侧重于研究工资报酬分配的合理性、公平性及其对员工生产积极性的影响。

公平理论的基本观点是：当一个人做出了成绩并取得了报酬以后，他会把他的付出（包括所作努力、用于工作的时间和精力、教育程度、经验、资历、地位）、获得（薪水、福利、赞美、肯定、升迁、被提升的地位等）与相应的参照对象进行比较，从而判断自己所获报酬的公平性，并进一步做出相应的反应。

该理论把工作情景的公平性比较过程描述为以下方式，见表6-7。

表 6-7　公平理论

觉察到的比较结果	评价结果
$Q_I/P_I < Q_X/P_X$	不公平（报酬偏低）
$Q_I/P_I = Q_X/P_X$	公平
$Q_I/P_I > Q_X/P_X$	不公平（报酬偏高）

在表 6-7 中，Q 为收入，P 为付出，I 代表本人，x 代表参照对象。在公平理论中，参照对象 x 是个重要的变量，一般将其划分为三种类型："他人"、"自我" 和 "规则"。

"他人" 包括同事、朋友、邻居、同行等，人们大多选择那些与自己年龄、能力、受教育水平相近的人来比较。

"自我" 是指自己过去的情况，也就是将自己目前的收入与付出同过去的收入及工作相比较。

"规则" 是指组织中的付酬制度及虽未明文规定，却在实际中执行的利益分配惯例，人们会分析规则本身的公平性并将自己的状况与之比较。

人们是通过将自己所获得的收入与相应付出的比率同相关参照对象进行比较来作出判断的。当二者相等时，则为公平状态；如果二者的比率不同，就会产生不公平感。当他们认为自己的收入偏低或偏高时，便会调整自己的行为来保持公平感。

如果比较的结果是 $Q_I/P_I > Q_X/P_X$，员工会感到自己的付出有高于一般比率的回报，多半会更加努力工作，珍惜自己的岗位。但其积极性不一定会持久，他可能会因重新过高估计自己的投入而获得公平感，对高报酬心安理得，于是其产出又会恢复到原先的水平。

如果比较的结果是 $Q_I/P_I < Q_X/P_X$，员工会感到不公平，从而要求增加报酬，或者自动地减少投入以便达到心理上的平衡，对工作采取消极态度乃至去寻找其他的就业机会。

公平理论对管理人员具有以下几点启示：

（1）影响激励效果的不仅有报酬的绝对值，还有报酬的相对值。

（2）激励时应力求公正，使等式在客观上成立，尽管有主观判断的误差，也不致造成严重的不公平感。

（3）在激励过程中应注意对被激励者公平心理的疏导，引导其树立正确的公平观：使员工认识到绝对的公平是没有的；不要盲目攀比，多听听别人的看法，也许会客观一些。

（4）不要按酬付劳，按酬付劳是在公平问题上造成恶性循环的主要原因。

公平理论的主要贡献在于提出了人们对于公平与否的感受并不只是取决于绝对收入的多少，而是取决于自己的收入与付出的比率同参照对象比较的结果。就一个组织内部来说，不考虑贡献大小，简单化地普遍增加薪金报酬，其激励作用是很有限的。

3. 波特-劳勒综合激励模型

美国管理学家波特（Lyman W. Porter）和劳勒（Edward E. Lawler）建立了他们的激励模型，其特点是将激励看成是一个循环的完整过程，从内容看这实际上是前述多种激励理论研究成果的综合，如图 6-9 所示。

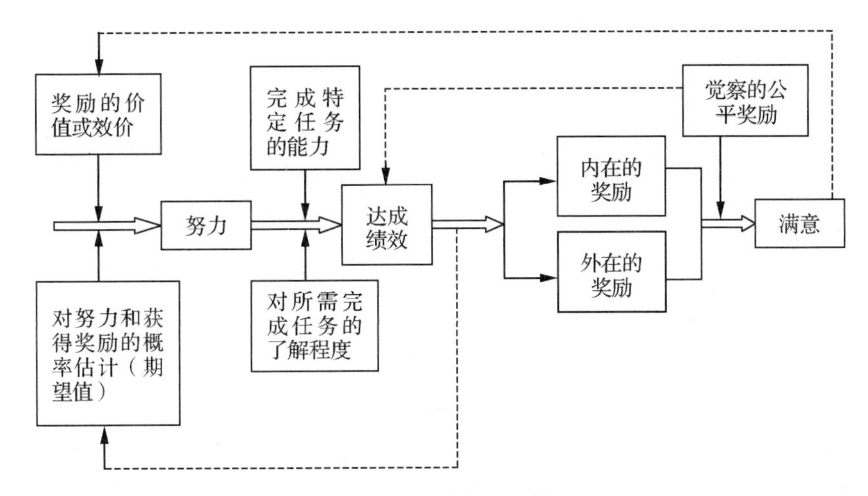

图 6-9　波特-劳勒激励模型

该激励模型认为：

（1）个人是否努力以及努力的程度不仅取决于奖励的价值，而且还受到对个人觉察出来的努力（指认为需要或应付出的努力）和奖励期望值（指其对于付出努力之后得到奖励的可能性的期望值）的认知的影响。很显然，过去的经验、实际绩效及奖励的价值将对此产生影响。如果个人有较确切的把握完成任务或曾经完成过并获得相当价值的奖励的话，那么他将乐意付出相当的或更高程度的努力。

（2）个人实际能达到的绩效不仅取决于其努力的程度，而且还受到个人能力的大小以及对任务了解和理解程度深浅的影响。特别是对于比较复杂的任务，如高难技术工作或管理工作，个人能力以及对此项任务的理解比其实际付出的对努力所能达到绩效的影响更大。

（3）个人所应得到的奖励应当以其实际达到的工作绩效为价值标准，尽量剔除主观评估因素。要使个人看到：只有当完成了组织的任务或达到目标时，才会受到精神和物质上的奖励。不应先有奖励，后有努力和成果，而应当先有努力的结果，再给予相应的奖励。这样，奖励才能成为激励个人努力达到组织目标的有效刺激物。

（4）个人对于所受到的奖励是否满意以及满意的程度如何，取决于受激励者对所获报酬公平性的感觉。如果受激励者感到不公平，则会导致不满意。

（5）个人是否满意以及满意的程度将会反馈到其完成下一个任务的过程中。满意会导致进一步的努力，而不满意则会导致努力程度的降低，甚至导致个人离开工作岗位。

综上所述，波特-劳勒激励模型是对激励系统比较全面和恰当的描述，它告诉我们，激励和绩效之间并不是简单的因果关系。要使激励能产生预期的效果，就必须考虑奖励内容、奖励制度、组织分工、目标设置、公平考核等一系列综合性因素，并注意个人满意程度在努力中的反馈。

（三）行为改造型激励理论

行为改造型激励理论是从分析外部环境入手来研究如何改造并转化人的行为，使其朝向组织所希望的方向发展，故又称为结果反馈型激励理论。这类理论包括强化理论、归因理论等。

1. 强化理论

强化理论是由美国行为科学家斯金纳（B. F. Skinner）提出来的。该理论认为，人的行为是对其所获刺激的函数。如果这种刺激对他有利，则这种行为就会重复出现；若对他不利，则这种行为就会减弱直至消失。因此管理者要善于采取各种强化方式，以使人们的行为符合组织目标。根据强化的性质和目的，强化可以分为正强化、负强化、自然消退和惩罚四种类型。

（1）正强化。正强化就是奖励那些符合组织目标或为达到组织目标做出贡献的行为，以便使这些行为得到进一步加强。正强化的刺激物不仅包括奖金等物质奖励，而且还包括表扬、提升、改善工作关系等精神奖励。为了使强化能达到预期的效果，还必须注意实施不同的强化方式。有的正强化是连续的、固定的，譬如对每一次符合组织目标的行为都给予强化，或每隔一固定的时间给予一定数量的强化。尽管这种强化有及时刺激、立竿见影的效果，但久而久之，人们就会对这种正强化有越来越高的期望，或者认为这种正强化是理所应当的。管理者要不断加强这种正强化，否则其作用会减弱，甚至不再起到刺激行为的作用。另一种正强化的方式是间断的，时间和数量都不固定，即管理者根据组织的需要和个人行为在工作中的反映，不定期、不定量实施强化，使每一次强化都能产生较大的效果。实践证明，后一种正强化更有利于组织目标的实现。

（2）负强化。负强化也称规避，指人们为了避免不合意或不希望的结果出现而努力克服某种行为的情况。负强化是事前的规避，在组织中预先告知某种不符合要求的行为或不良绩效可能引起的后果，允许组织成员按所要求的方式行事来回避不愉快结果的出现，这通常表现为组织的规定对员工所形成的约束力。例如，员工守则预先告诉员工迟到早退会受到批评，甚至被扣工资，于是员工为了避免此种不期望的结果，而努力做到上班不迟到、不早退。

（3）自然消退。即对行为不施以任何刺激，任其反应频率逐渐降低，以至自然消退。消退也是一种强化方式。时间证明，某种行为长期得不到肯定或否定的反应，行为者就会轻视该行为的意义，以致丧失继续行为的兴趣。

（4）惩罚。惩罚是指对不希望出现的行为采取惩罚措施，使之不再出现，如批评、处分、降职、解雇等。惩罚与负强化之间有一定的区别，惩罚是落实对组织不利行为的惩罚措施，而负强化只是包含了惩罚的威胁，在员工表现满意时并不付诸行动。如“杀鸡儆猴”中的“杀鸡”就是惩罚，而“儆猴”则是负强化。

依据强化理论，一旦人们做出了预期的行为就应当给予强化。正强化是为了加强某种期望行为的出现；负强化、自然消退、惩罚则是为了减少或消除不希望出现的行为。在实际应用中，要重点把握强化机制的协调运转，以形成相互联系、相互补充的强化体系，提升激励的整体效应。具体来说，在管理实践中应用强化理论应注意以下几点：

（1）应以正强化为主，负强化（尤其是惩罚）的使用应慎重。在强化手段的应用上，正强化比负强化带来的效果更积极。负强化尤其是惩罚应用不当时会带来一些消极影响，如员工的不满和敌意等，这些情绪有可能使员工产生对抗性消极行为。所以对于不期望的行为，在运用负强化时，要讲究方式方法，应尽量消除其副作用，有时采取自然消退的做法比惩罚更有效。

（2）注意强化的时效性。在塑造组织行为的过程中，采取强化的时间对于强化的效果有较大的影响。要取得较好的激励效果，就应该在行为发生以后尽快采取适当的强化方法，一般来说，及时的强化可提高员工的强化反应程度，有效调整员工的行为。

（3）因人制宜，采取不同的强化方式。受到人的个性特征、需求层次和外部环境等因素的影响，不同的人对强化方式的反应不尽相同。有的人重视物质奖励，有的人重视精神奖励，所以强化方式的使用就要随着对象和环境的变化而进行相应的调整。

2. 归因理论

归因理论是由美国心理学家海德（F. Heider）、韦纳（B. Weiner）等人提出的。归因是指根据行为或事件的结果，对他人或自己的行为进行分析，确认其性质或推论其原因的过程。归因就其字面含义来说，是指“原因归属”，即将行为或事件的结果归属于某种原因。通俗地讲，归因就是寻找导致结果的原因。归因理论是探讨人们行为的原因与分析其因果关系的各种理论和方法的总称。

归因理论认为，人们对自己的成功和失败主要归结于四个方面的因素：努力、能力、任务难度和机遇。这四个方面的因素又可按内外因、稳定性和可控制性进一步分类。从内外因方面来看，努力和能力属于内因，而任务难度和机遇则属于外因；从稳定性来看，能力和任务难度属于稳定因素，努力与机遇则属于不稳定因素；从可控制性来看，努力是可以控制的因素，而任务难度和机遇则超出个人控制的范围。人们对成功与失败的归因，对其以后的工作积极性有很大影响。

如果一个人把失败归因于天生能力低、脑袋反应慢这样的自己难以控制的内因，他在几次失败后就不会再从事同样的行为，因为他知道能力低是难以改变的，再努力也是徒劳。如果一个人把失败归因于不够努力这样的可以由自己主动控制的内因，他失败后可能会加倍努力，从事同类行为，直至获得成功。

如果一个人把失败归之于偶然的不可控制的外因，例如，他认为没有完成任务是天公不作美，他失败后一般能坚持同样行为，争取在下次获得成功，因为“天公不作美”因素不可能每次都出现。如果一个人把失败归之于必然的不可控制的外因，例如，认为领导总是和自己作对，阻碍自己，他失败后就会减少可能引起失败的行为。因为他认为领导不下台或不离开这个单位，自己就难逃失败的命运。

另外，如果一个人把成功归因于内部原因，会使人感到满意和自豪；归因于外部原因，会使人感到幸运和感激。

总之，如果一个人把自己的失败看成必然的，自己无能为力的，就会降低自己以后从事同样行为的动机；反之，如果将失败看成偶然的或自己可以主动控制的，就可能保持甚至是增强同类行为的动机，努力去争取成功。

归因理论给管理者很好的启示，即当下属在工作中遭受失败后，如何帮助他寻找原因（归因），引导他继续保持努力行为，争取下一次行为的成功。在管理工作中，管理者应尽量帮助组织成员做出后一种归因，即将成败归之于自己的努力，这对增强人们的积极性、取得成就具有一定的作用，特别是对科研人员的作用更明显。

三、激励的原则与方法

（一）激励原则

激励是一门学问，科学地运用激励理论，可以有效地激发员工的潜力，使组织目标和个人目标达到统一，进而提高组织的经营效率。正确的激励应遵循以下原则。

1. 组织目标与个人目标相结合的原则

在激励中设置目标是一个关键环节。目标设置必须以体现组织目标为要求，否则激励将偏离组织目标的实现方向。目标设置还必须能满足员工个人的需要，否则无法提高员工的目标效价，达不到满意的激励强度。只有将组织目标与个人目标结合好，才能收到良好的激励效果。

2. 物质激励与精神激励相结合的原则

员工存在物质需要和精神需要，相应地，激励方式也应该是物质与精神激励相结合。随着生产力水平和人员素质的提高，应该把重心转移到满足较高层次需要，即社交、自尊、自我实现需要的精神激励上去，但也要兼顾好物质激励。物质激励是基础，精神激励是根本，在两者结合的基础上，逐步过渡到以精神激励为主。

3. 外在激励与内在激励相结合的原则

外在激励主要是指来自工作本身以外的激励，如收入增加、工作环境改善等；内在激励主要是指来自工作本身的激励，如提供晋升和发展的机会，增加工作的自主性等。实践中，管理者往往重视外在激励相关因素的改善和提高，而容易忽视对员工的内在激励。实际上，相对于外在激励而言，内在激励对员工更有激励性，如工作适合员工的兴趣、工作具有挑战性和新鲜感、工作本身具有重大意义、工作能够发挥员工的个人潜力、工作能实现自我价值等。这些因素都能够激励员工努力工作，提高其工作积极性。因此，管理者应重视内在激励的重要作用。

4. 正强化与负强化相结合的原则

在管理中，正强化与负强化都是必要而有效的。通过树立正面的榜样和反面的典型，扶正祛邪，形成一种良好的风气，产生无形的压力，使整个群体和组织行为更积极、更富有生气。但鉴于负强化具有一定的消极作用，容易产生挫折心理和挫折行为，因此，管理人员在激励时应把正强化和负强化巧妙地结合起来，以正强化为主，负强化为辅。

5. 按需激励的原则

激励的起点是满足员工的需要，但员工的需要存在着个体的差异性和动态性，因人而异，因时而异，并且只有满足最迫切需要的措施，其效价才高，激励强度才大。因此，对员工进行激励时不能过分依赖经验及惯例。激励不存在一劳永逸的解决方法，必须用动态的眼光看问题，深入调查研究，不断了解员工变化了的需要，有针对性地采取激励措施。

6. 客观公正的原则

在激励中，如果出现奖不当奖、罚不当罚的现象，就不可能收到真正意义上的激励效果，反而会产生消极作用，造成不良的后果。因此，在进行激励时，一定要认真、客观、科学地对员工进行业绩考核，做到奖罚分明，不论亲疏，一视同仁，使受奖者心安理得，受罚者心服口服。

（二）激励方法

1. 物质利益激励法

物质利益激励法就是以物质利益（如工资、奖金、福利、晋级和各种实物等）为诱因对员工进行激励的方法。最常见的物质利益激励有奖励激励和惩罚激励两种方法。奖励激励是指组织以奖励作为诱因，驱使员工采取最有效、最合理的行为。物质奖励激励通常是从正面对员工进行引导。组织首先根据组织工作的需要，规定员工的行为，如果符合一定的行为规范，员工可以获得一定的奖励。员工对奖励追求的欲望，促使他的行为必须符合行为规范，同时给组织带来有益的活动成果。物质惩罚激励，是指组织利用惩罚手段，诱导员工采取符合组织需要的行动的一种激励。在惩罚激励中，组织要制定一系列的员工行为规范，并规定逾越了行为规范的不同惩罚标准。物质惩罚手段包括扣发工资、扣发奖金、罚款、赔偿等。人们避免惩罚的需求和愿望促使其行为符合特定的规范。

实施物质激励要注意保持组织成员的公平感，充分体现“多劳多得，少劳少得”的分配原则。虽然这种激励是直接满足组织成员的低级需要的，但也能间接地满足组织成员的高级需要，因为物质利益可以看作是自己受到尊重，或自己的成就为组织所赏识的标志。

2. 目标激励方法

管理中常说的目标管理，不仅是一种管理活动，也是一种有效的目标激励方法。所谓目标激励方法，就是给员工确定一定的目标，以目标为诱因驱使员工去努力工作，以实现自己的目标。任何组织的发展都需要有自己的目标，任何个人在自己需要的驱使下也会具有个人目标。目标激励必须以组织的目标为基础，要求把组织的目标与员工的个人目标结合起来，使组织目标和员工目标相一致。

目标管理通过广泛的参与来制定组织目标，并将其系统地分解为每一个人的具体目标，然后用这些目标来引导和评价每个人的工作。在目标管理中，目标是最重要的，组织目标是组织前进的目的地，个人目标则是个人奋斗所实现的愿望。目标管理的特点之一是把组织的目标分解为各个行动者的目标，而分解过程又充分吸收了行动者参与。按照这一特点，只要使个人的目标及奖酬与个人的需要一致起来，就提高了目标的效价。而实现目标信心的增加也就是实现目标的期望值的提高。目标管理可充分发挥每个人的最大能力，实行自我控制，更容易发挥每个人的潜能和创造力，增加激励力量。

3. 榜样激励法

榜样激励法是指通过组织树立的榜样使组织的目标形象化，号召组织内成员向榜样学习，从而提高激励力量和绩效的方法。

运用榜样激励法，首先，要树立榜样，榜样不能人为地拔高培养，要自然形成，但不排除必要的引导。选择榜样时要注意榜样确实是组织中的佼佼者，这样才能使人信服。其次，要对榜样的事迹广为宣传，使组织成员都能知晓，使组织成员知道通过什么样的行为才能成为榜样，使学习的目标明确。还有非常重要的一环就是给榜样以明显的使人羡慕的奖酬，这些奖酬中当然包括物质奖励，但更重要的是无形的受人尊敬的奖励和待遇，这样才能提高榜样的效价，增加组织成员学习榜样的动力。

使用榜样激励方法时，还需要注意两点，一是要纠正打击榜样的歪风，否则不但没有多少人愿当榜样，也没有多少人敢于向榜样学习。二是不要搞榜样终身制，因为榜样的终身制会压制其他想成为榜样的人，并且使榜样的行为过于单调，有些事迹多次重复之后可能不再具有激励作用，而原榜样又没有新的更能激励他人的事迹，就应该物色新的榜样。

4. 内在激励法

日本著名企业家道山嘉宽在回答“工作的报酬是什么”时指出：“工作的报酬就是工作本身!”这句话深刻地指出了内在激励的重要性。尤其在今天，当企业解决了员工基本的温饱问题之后，员工就更加关注工作本身是否具有乐趣和吸引力，在工作中是否会感受到生活的意义；工作是否具有挑战性和创新性；工作内容是否丰富多彩，引人入胜；在工作中能否取得成就、获得自尊、实现价值；等等。要满足员工的这些深层次需要，就必须加强内在激励。

5. 形象与荣誉激励法

一个人通过视觉感受到的信息，占全部信息量的80%，因此，充分利用视觉形象的作用，激发员工的荣誉感、成就感、自豪感，也是一种行之有效的激励方法。常用的方法是照片、资料张榜公布，借以表彰企业的标兵、模范。在有条件的企业，还可以通过闭路电视系统传播企业的经营信息，宣传企业内部涌现的新人、新事、优秀员工、劳动模范、技术能手、爱厂标兵、模范家庭等。

6. 信任关怀激励法

信任关怀激励法是指组织的管理者充分信任员工的能力和忠诚，放手、放权，并在下属遇到困难时，给予帮助、关怀的一种激励方法。这种激励方法没有什么固定的程序，总的思路是为下属创造一个宽松的工作环境，给员工以充分的信任，使其充分发挥自己的聪明才智；时时关心员工疾苦，了解员工的具体困难，并帮助其解决，使其产生很强的归属感。这种激励法是通过在工作中满足组织成员的信任感、责任感等需要达到激励作用的。

7. 兴趣激励法

兴趣对人的工作态度、钻研程度、创新精神的影响是巨大的，往往与求知、求美、自我实现密切联系。在管理中只要能够重视员工的兴趣因素，就能实现预期的精神激励效果。国内外都有一些企业允许甚至鼓励员工在企业内部双向选择，合理流动，帮助员工找到自己最感兴趣的工作。兴趣可以导致专注，甚至于入迷，而这正是员工获得突出成就的重要动力。

业余文化活动是员工兴趣得以施展的另一个舞台。许多组织形成了摄影、戏曲、舞蹈、书画、体育等兴趣小组，使员工的业余爱好得到满足，增进了员工之间的感情交流，使其感受到组织的温暖和生活的丰富多彩，大大增强了员工的归属感，满足了社交的需要，有效地提高了组织的凝聚力。

第三节　沟　通

一、沟通及其过程

（一）沟通的实质和功能

1. 沟通的实质

所谓沟通，亦称为联络式交流，是指人与人之间传达信息和思想的过程。沟通一般有两种类型：人际沟通和管理沟通。所谓人际沟通是人与人之间的沟通。所谓管理沟通，是指一定组织中的人为达成组织目标而进行的管理信息交流的行为和过程。组织不能生存于没有沟通的状态之中。计划、组织、领导、控制和创新等管理职能，都必须以有效的沟通作为前提。本节着重讲述管理沟通的相关内容。

2. 沟通的功能

在群体或组织中，沟通有四种主要功能：控制、激励、情绪表达和传递信息。

（1）控制。沟通可以通过多种方式来控制员工的行为。员工必须遵守组织中的权力等级和正式指导方针，比如，他们首先要与直接上级主管交流有关工作方面的不满和抱怨，要按照工作说明书工作，要遵守公司的政策、规章制度等，通过沟通可以实现这种控制功能。

（2）激励。良好的沟通，可以起到振奋员工士气、提高工作效率的作用。通过沟通可以使组织成员明确形势，告诉他们应该做什么，怎么做，为什么要做，没有做好或达不到标准应该怎样改进。目标设置和实现目标过程中信息的持续反馈和沟通对员工具有很强的激励作用。在沟通过程中，信息的接收者收到并理解了发送者的思想之后，一般都会做出相应的反应，使自己的行为与发送者的要求相一致，这时沟通的激励作用就表现出来了。

（3）情绪表达。对很多员工来说，工作群体是主要的社交场所，员工通过群体内的沟通来表达自己的挫折感和满足感。因此，沟通提供了一种释放情绪的表达机制，并满足了员工的社交需要。

(4) 传递信息。沟通的最后一个功能与决策角色有关，它为个体和群体提供决策所需要的信息，使决策者能够确定并评估各种备选方案。

这四种功能无轻重之分。要使群体或组织运转良好，就需要在一定程度上控制员工，激励员工，提供情绪表达的手段，并做出决策。在群体或组织中几乎每一次沟通都能实现这四种功能之中的一种或几种。

(二) 沟通的过程

沟通过程是一个发送者把信息通过沟通渠道传递给另一个接收者的过程。因此，沟通必须具备三个基本要素：发送者、接收者和信息。沟通的过程如图 6-10 所示。

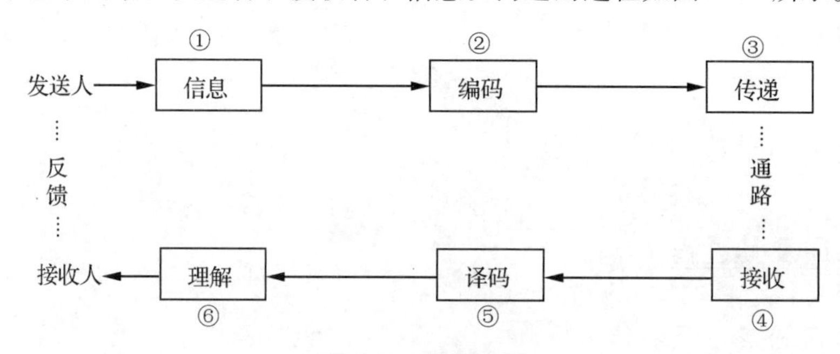

图 6-10 沟通过程

沟通是一个传递信息的过程，可分为六个步骤：

(1) 发送人获得某种观点、想法或事实，并且有发送出去的意向。这一环节很重要，必须谨慎行事，一个不正确的观点或未经证实的事情，若被轻率传送出去，可能会产生严重的后果。

(2) 发送人将这些信息编译成易于理解的符号，如语言、文字、图表或手势等，力求表达准确完整，避免信息失真，这需要一定的知识和技能。

(3) 发送人选择适当的信息通路（书信、文件、电话、讲演等）将上述符号传递给接收人。

(4) 接收人由通路接受这些符号。

(5) 接收人将这些符号译为具有特定含义的信息。

(6) 接收人对信息作出自己的理解并据此采取相应的行动。接收人的理解取决于接收人的知识、技能、态度，必要时接收人可作出信息反馈，表述自己的理解和意见。

二、沟通的类型

在管理系统中进行的沟通，根据不同的划分标准，有不同的类型。

(一) 按沟通渠道产生方式分类

根据沟通渠道产生方式的不同，可以将沟通分为正式沟通和非正式沟通。

1. 正式沟通

正式沟通是通过组织正式结构或层级系统运行，由组织内部明确的规章制度所规定的渠道进行的信息传递与交流。例如，组织与组织之间的信函来往，组织内部的文件传达、召开会议、上下级之间的定期情报交换以及组织正式颁布的法令、规章、公告等。正式沟通包括上行沟通、下行沟通、横向沟通和斜向沟通，如图 6-11 所示。

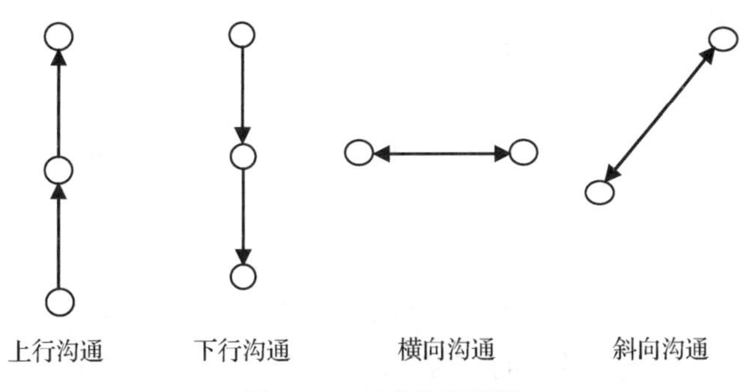

图 6-11 正式沟通渠道

（1）上行沟通。这种沟通是一种自下而上的沟通。它是指信息从组织内部较低级别、层次开始，按照组织的上下隶属关系和等级序列，向较高的组织级别层次传递的沟通过程。它通常表现为下级对上级信息的反馈和下层情况的反映。这种沟通往往带有非命令性、民主性、主动性和积极性，在下情上达、培养感情、确认信息等方面有着重要作用，是上级掌握基层动态和下级反映个人愿望的必要手段。但是由于各种原因，大多数组织较重视自上而下的沟通，而忽视自下而上的沟通，使自下而上的沟通效率低下。

（2）下行沟通。这种沟通是一种自上而下的沟通。它是指信息在组织内部从较高的组织级别层次，按照组织的上下隶属关系和等级层次，向较低的组织级别、层次传递的沟通过程。这种沟通往往带有指令性、法定性、权威性和强迫性，容易引起重视，并被严肃对待。沟通的主要目的是使组织成员了解组织的目标，改变组织成员的态度以形成与组织目标一致的观点并加以协调，从而消除组织成员的疑虑和不稳定心理。下行沟通在发布命令、明确任务、协调行动等方面起着重要作用，因而被广泛采用。但是这种沟通存在诸如传递路线过长，浪费时间，信息在传递过程中易发生遗漏和被曲解，上层的信息传到底层，因和底层情况不合而造成失误等问题。

（3）横向沟通。这种沟通是指发生在组织内部同级层次成员之间的相互信息沟通，以谋求相互之间的了解和工作上的协作配合。这种沟通往往带有非命令性、协商性和双向性。

（4）斜向沟通。这种沟通是指发生在组织内部既不属于同一隶属序列，又不属于同一等级层次之间的信息沟通，这样做有时也是为了加快信息的交流，谋求相互之间必要的通报、合作和支持。这种沟通往往更带有协商性和主动性。

2. 非正式沟通

非正式沟通是指通过正式组织途径以外的信息流通程序进行的信息传递与交流。例如，同事之间任意交谈，甚至家人之间的传闻等，都算是非正式沟通。非正式沟通以组织中良好的人际关系为基础，具有不拘形式、直接明了、速度快、容易及时了解正式沟通难以提供的“内幕新闻”等优点；但同时具有难以控制、传递的信息不确切、容易失真，以及可能导致小集团、小圈子的产生，影响组织的凝聚力和人心稳定等缺点。

（二）按信息是否反馈分类

根据信息是否反馈，可把沟通分为单向沟通和双向沟通。

1. 单向沟通

信息沟通时，一方发出信息，另一方只接受信息，不反馈意见，这就是单向沟通。例如上级发文件、作报告、组织向外单位发信函等，即属此类。单向沟通一般比较适合下列情况：

（1）沟通的内容简单，并要求迅速传递信息；

（2）下属易于接受和理解解决问题的方案；

（3）下属没有了解问题的足够信息，反馈不仅无助于澄清事实反而容易出现沟通障碍；

（4）情况紧急而又必须坚决执行的工作和任务。

2. 双向沟通

信息沟通时，接收人接到信息后，再把自己的意见反馈给发送人，这就是双向沟通。双向沟通是发送者和接收者相互之间进行信息交流的过程，例如，讨论会、面谈等。双向沟通较之于单向沟通，对促进人际关系和加强双方紧密合作方面有更重要的作用，能更加准确地传递消息，有助于提高接收者的理解能力，提高信息沟通的质量。双向沟通比较适合下列情况：

（1）沟通时间充裕，沟通的内容复杂；

（2）下属对解决问题的方案的接受程度非常重要；

（3）上级希望下属能对管理中的问题提供有价值的信息和建议；

（4）除了前述的一些原因外，领导者个人的素质对单向沟通和双向沟通的选择也有影响。例如，比较擅长于双向沟通，并能够有建设性地处理负面反馈意见的上级，可能在管理工作中会较多选择双向沟通；而缺乏处理下属负面反馈意见的能力，并容易感情用事的上级，可能在管理工作中会较多选择单向沟通。

（三）按传递信息的方式分类

根据传递信息的方式不同，沟通可分为口头沟通、书面沟通、非语言沟通。

1. 口头沟通

口头沟通是采用口头语言进行信息传递的沟通，也是最常见的交流方式，如会谈、会议、演说、电话等。口头沟通胜过书面沟通之处在于：它是一种比较快速传递和快速反馈且较灵活的方法，很少受时间、地点和场合的限制，信息可以在最短的时间里被传送，并在最短时间内得到对方的回复。当沟通双方对信息有疑问时，迅速反馈可使发送者及时检查其中不够明确的地方并进行改正。口头沟通不适宜于需要经过多人传送的信息，在信息传递过程中，信息传递经过的人越多，信息失真的潜在可能性就越大。因此，组织中的重要决策如果通过口头方式在权力金字塔中上下传送，则信息失真的可能性相当大。

2. 书面沟通

书面沟通是指采用书面文字的形式进行沟通，如备忘录、报告、信函、文件、通知、电子邮件等。书面沟通传达的信息准确性高，沟通比较正式，信息权威性强，并可以长时间保存，接收者可以反复阅读。书面沟通的好处就来自其过程本身。除个别情况外（如一个正式演说），书面语言比口头语言显得更全面，把东西写下来促使人们对自己要表达的东西进行更认真的思考。因此，书面沟通显得更为周密、逻辑性强、条理清楚。但书面沟通也存在不足之处：一是沟通周期比较长，缺乏亲近感；二是沟通双方的应变性比较差，难以得到即时反馈。有的心理学家曾对口头沟通和书面沟通的效果进行比较研究发现：口头与书面混合方式的沟通效果最好，口头沟通方式次之，书面沟通方式效果最差。

3. 非语言沟通

非语言沟通是指不通过口头或语言文字发送许多有意义的信息的传递方式。非语言沟通通过身体动作、说话的语调或重音、面部表情以及发送者和接收者之间的身体距离等来传递信息。我们必须认识到，身体动作是沟通研究中十分重要的一部分，但对于它的结论应十分慎重。比如，通常我们会这样认为：抬起眉毛表示不相信，揉揉鼻子表示有疑问，双手抱肩以隔离自己或保护自己，耸耸肩膀表示无所谓，眨眨眼睛表示亲密感，敲击指头表示不耐烦，拍拍脑门表示忘了做某事。也许你并不同意这些动作的具体含义，但身体语言是语言沟通的补充，并常常使语言沟通复杂化。某种身体姿态或动作本身并不具有明确固定的含义，但当它和语言结合起来时，就使得发送者的信息更为全面了。对接收者来说，留意沟通中的非语言信息十分重要。在倾听信息发送者发出的语言意义的同时，还应该注意非语言线索，尤其要注意二者之间的矛盾之处。无论一个人怎么说，如果他不停地看表就意味着他希望结束交谈。如果我们通过语言表达一种信任的情感，而非语言中却传递了相互矛盾的信息，则无疑会使人产生误解。这些矛盾信息意味着“行动比语言更响亮”。

值得注意的是，任何口头沟通都包含有非语言信息。研究者曾发现，在口头交流中，信息的55%来自面部表情和身体姿态，38%来自语调，而仅有7%来自真正的词汇。

三、沟通网络

沟通网络是指信息流动的通道。在组织中，员工与员工之间、员工与管理者之间、管理者与管理者之间由于种种原因，都要建立并保持联系。也就是说，每个人在企业中都会参与沟通网络。管理者在管理沟通网络中起重要的作用，同时网络也会给管理者的管理带来许多影响。管理沟通网络有助于管理者获得许多信息，也有助于管理者和员工改善人际关系。与沟通渠道相类似，沟通网络也可以分成两大类型：正式沟通网络和非正式沟通网络。

（一）正式沟通网络

正式沟通网络是通过正式沟通渠道建立起来的网络，它反映了一个组织的内部结构，通常同组织的职权系统和指挥系统相一致。组织内部正式沟通网络常有以下几种类型，如图 6-12 所示。

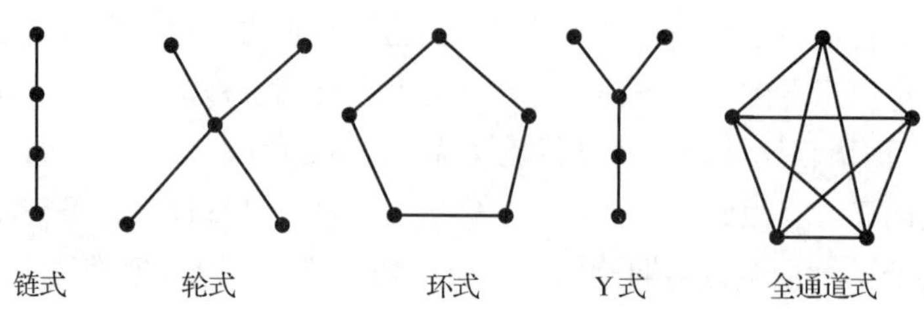

图 6-12　正式沟通网络的类型

1. 链式沟通网络

链式沟通网络是信息在组织成员间进行单线、顺序传递的如链条状的沟通网络形态。在这种单线串联的沟通网络中，居于两端的成员只能与其内侧的人联系，居中的成员则可分别与两侧的人联系。成员之间联系面很窄，平均满意度较低。信息经层层传递、筛选，容易失真，最末环节所收到的信息往往与初始环节发送的信息差距很大。在现实组织中，严格按直线职权关系和指挥链系统而在各级主管人员间逐级进行的信息传递就是链式沟通网络应用的实例。

2. 轮式沟通网络

这种网络中的信息是经由中心人物向周围多线传递的。此网络中只有领导人是各种信息的汇集点与传递点，其他成员之间没有相互交流的关系，所有信息都通过他们的共同领导人进行交流，因此，信息沟通的准确度很高，解决问题速度快，主管人员控制力强，但其他成员满意度低。轮式沟通网络是着眼于加强组织控制而采取的一种沟通结构形式，但此网络中的领导者在成为信息交流和控制中心的同时，可能面临着信息超载的负担。一般而言，轮式沟通网络适用于组织接受紧急任务，又需要进行严密控制，同时要争取时间和速度的情形。

3. 环式沟通网络

环式沟通网络可以看做是将链式沟通网络形态下两头沟通环节相连接而形成的一种封闭式结构，它表示组织所有成员间都不分彼此地依次联络和传递信息。环式沟通网络中的每个人都可同时与两侧的人沟通信息，因此大家地位平等，不存在信息沟通中的领导或中心人物。采用环式沟通网络的组织，集中化程度比较低，组织成员具有较高的满意度。但由于沟通渠道窄、环节多，信息沟通的速度和准确性都难以保证。如果组织需要创造一种能激发高昂士气的氛围来实现组织目标，环式沟通网络是一种行之有效的方式。

4. Y 式沟通网络

Y 式沟通网络是轮式沟通网络与链式沟通网络相结合的纵向沟通网络。与轮式沟通网络一样，Y 式沟通网络中也有一个成员位于沟通网络的中心，成为网络中因拥有信息而具有权威感和满足感的人。此网络中组织成员的士气比较低，同时，与轮式沟通网络相比较，由于增加了中间的过滤和中转环节，容易导致信息被曲解或失真，因此沟通的准确性也受到影响。现实中经常看到的是倒 Y 式沟通网络形态。如主管、秘书和几位下属构成的倒 Y 式沟通网络，就是秘书处于沟通网络中心地位的一个实例。组织中的直线职能系统，也是一种变形的 Y 式沟通网络，它大致相当于主管领导从几位参谋人员处收集信息和建议，形成决定后再向下级人员传达命令这样一种信息联系方式。通常当主管人员的工作任务十分繁重，需要有人协助筛选信息和提供决策依据，并要对组织实行有效控制时，适合采用这种 Y 式沟通网络。

5. 全通道式沟通网络

这是一个全方位开放式的沟通网络系统，所有成员之间的信息沟通与联系都能不受限制。采取这种沟通网络的组织，集中化程度低，成员地位差异小，所以有利于提高成员士气和培养合作精神。同时，这种网络具有宽阔的信息沟通渠道，成员可以直接、自由而充分地表达意见，有利于集思广益，提高沟通的准确性。但由于这种沟通网络的渠道太多，容易造成混乱，沟通过程通常费时，从而影响工作效率。委员会方式就是全通道式沟通网络的应用实例。

上述五种沟通形态和网络，各有其优缺点。作为一名管理者，在管理实践中，要进行有效的沟通，就需要发挥其优点，避免其不足，使组织的管理工作水平不断提高。表 6-8 对五种沟通网络形态进行了比较。

表 6-8　五种沟通网络的效能比较表

评价标准	形态				
	链式	轮式	环式	Y 式	全通道式
集中性	适中	高	低	较高	很低
速度	适中	1. 快（简单任务） 2. 慢（复杂任务）	慢	快	快
正确性	高	1. 高（简单任务） 2. 低（复杂任务）	低	较高	适中
领导能力	适中	很高	低	高	很低
全体成员满意度	适中	低	高	较低	很高
示例	命令链	主管对四个部属	工作任务小组	领导任务繁重	非正式沟通（秘密消息）

（二）非正式沟通网络

非正式沟通网络是指通过非正式沟通渠道联系的沟通网络。这种非正式沟通网络的效力有时远远超过正式的沟通网络。非正式沟通网络通常被称作蜿蜒小道，正如其名称一样，就像蜿蜒的小道在整个组织内盘绕着，其分支伸向各个方向，因而缩短了正式的垂直和横向沟通的路线。其特点主要有以下几点：① 蜿蜒小道是一种非常快的沟通方式；② 传递的信息时常被严重歪曲；③ 破坏正式渠道的信息传递效力。

管理者为达到目标，应像利用非正式组织那样利用非正式沟通网络，必须正视它的存在，并加以正确的利用，积极扬其所长，避其所短，为达到组织目标服务。

四、有效沟通的技巧

图6-10向我们展示了一个完整的信息沟通过程。在非常理想的状态下，发送者和接收者之间是可以实现完全信息沟通的。但遗憾的是，沟通过程中的大部分因素都有着造成信息失真的潜在可能性，并因此使完美精确的沟通目标受到冲击。

（一）信息沟通的障碍及其排除

1. 信息沟通的障碍

信息沟通过程常易受到各种因素的干扰，使沟通受阻、失效。这些障碍因素大致可归纳为以下五个方面：

（1）语言文字障碍。发送人表达能力欠佳，用词不当，文字不通，层次不清，逻辑混乱，乃至标点符号错误等，都会使接收人产生理解困难、理解错误，甚至无法理解。

（2）知识背景差异。每个人的教育程度、生活环境、工作经历都不尽相同，对同一信息的理解常常发生差异，所谓“仁者见仁、智者见智”即与此有关。发送人按自己的意思对信息进行编码，接收人按自己的理解进行解读，难免产生差异。双方知识背景差别越大，则理解的差异就越大。

（3）信息“过滤”。信息“过滤”来自发送者和接收者两个方面。发送者在发送信息时会有意操纵信息，以使信息显得对接收者更为有利。通用电气公司的前任总裁曾说过：由于通用电气公司每个层级都对信息进行过滤，使得高层领导者不可能获得客观信息，因为“低层的管理者们以这种方式提供信息，他们就能获得自己想要的答案。这一点我很清楚，我曾经也在基层工作过，也曾使用过这种手段”。过滤的主要决定因素是组织结构中的层级数目。组织纵向上的层级越多，过滤的机会就越多。接收者在接受信息时，有时也会按照自己的需要对信息进行过滤，对有利于自己的信息大加渲染，对不利于自己的信息则轻描淡写。如果组织结构庞大，层次过多，信息层层传递，容易使信息漏损、被歪曲。

（4）心理障碍。当人们对信息发送人怀有不信任感或敌意时，往往会拒绝信息或歪曲信息。例如，一个经常贪污腐败的人作廉政报告，大家只觉得可笑，不会认真听他讲些什么。同样的信息，由不同的人传达，效果大不一样，有时人们对“谁讲的”比“讲什么”更关心。当人们过于紧张或恐惧时，往往只关心与己有关的信息，遗漏掉其他的信息，并对信息作出极端的理解。

（5）信息过量。文件堆积如山，电话铃声不断，会议接踵而至，凡此种种信息过量，令人应接不暇，无所适从，反而会遗漏掉有用的关键信息。“文山会海”并非沟通良策。

2. 信息沟通障碍的排除

为达到信息沟通的目的，提高沟通效果，必须排除沟通障碍，下面是一些切实有效的方法：

（1）正确运用语言文字。要措辞得当，意义明确，切忌模棱两可；要通俗易懂，不要使用生词、偏词；在非专业场合，少使用专业术语；要简单明了，切忌冗长累赘；要使用中性言词，避免使用评论性言词，让对方在感情上易于接受。

（2）充分考虑对方的知识背景。要让对方接受、正确理解传递的信息，应充分考虑对方的知识背景，针对对方的情况，精心选择沟通方式、措辞、时机和场合，这样才能取得良好的沟通效果。

（3）言行一致。上级言行一致，"言必信、行必果"，才能博得下级的信任，说话才有人听，沟通才有效果。若上级"说一套做一套"，下级也会"你说你的，我做我的"，使沟通达不到目的，失去意义。

（4）缩短信息传递链。信息传递链过长，将降低信息传递速度，造成信息失真、漏损、扭曲，影响沟通效果。应通过组织结构改革，精简机构，减少层次，改善沟通效果。

（5）提倡双向沟通。如前所述，双向沟通传递信息准确，有利于增进双方感情，应大加提倡。上下级之间的双向沟通尤为重要。为实现上下级的双向沟通，一是要消除心理差异，下级若持有"上级位高言重，下级位卑言轻"的心态，势必顾虑重重，难以畅所欲言；上级则应礼贤下士，平易近人，创造一种平等和谐的气氛，鼓励下属坦诚进言。二是上级要有宽容气度，听得进逆耳忠言和不同意见，要多倾听，少评论，这是领导人的一项基本素养。

（6）实行例外原则和须知原则。这是防止信息过量的方法。所谓"例外原则"，是指只有例外的信息才予以上报，例行信息则不必上报，使上级只接受最必要的信息。所谓"须知原则"，是指只有下级需要知晓的信息才予以下达，不需知晓的信息则不必下达，使下属只接受最必要的信息。

（二）作为信息发送者的管理者的沟通技巧

管理者作为一个沟通者时，应该具有高超的传递信息的技能，可以从以下几方面来提高传递信息的技能。

1. 认清自己和他人"需要了解什么"

沟通最基本的原则是认识到组织中其他人需要了解什么，并对此做出反应。所有其他原则都是次要的。人们之所以常常破坏这条原则，是由于以自我为中心，再加上时间紧迫，以及不了解别人的需要等原因。另外，要认清自己需要什么，并在周围环境中寻找机会获取自己需要的信息。

2. 有效地发布信息

在信息沟通时，管理者要根据情况来发布信息，有时需要发布较多的信息，有时需要发布较少的信息，有时则需要把更完整的信息传递给对方。

3. **适当使用符号**

适当使用符号可以从以下几方面考虑：以另一种方法来说或写，重复说或写，使用接收者易懂的语言和术语，在传递信息时明确所用的符号。

4. **提高信任度**

管理人员是否值得所属人员信任以及信任程度如何，对于改善沟通有重要的作用。一个有效的管理者，不仅要取得下属对他的信任，而且必须保持这种信任，提高这种信任程度。管理者在下属人员面前丧失了信任，那他的命令再正确也不会有人去执行，其任何沟通都会失灵。作为管理者要特别注意以行动加强言词，即口头上说明意图，不过是沟通过程的开始，只有在管理方面建立以行动支持语言的信誉之后，所阐述的政策和将要采取的行动才能取信于人。坚持按书面或口头所表达的信息采取相应的行动可以缩短“信任差距”，并有助于建立相互信任的气氛。

5. **利用反馈**

反馈对于有效的沟通来说是必要的，当发出信息时，管理者要在信息中建立一个反馈机制。沟通只有在发出信息的人收到对方表明信息已收到的反馈信号之后才算完成。管理者既可以在信息中提出反馈的要求，也可以表明何时或通过何种方式知道信息已收到或被理解。当管理者通过写信、写便条或发传真沟通时，可以要求接收者通过信件、便条或传真的方式回复，也可以电话回复。通过在信息中包含这些反馈机制，管理者才能确保自己的信息被听到和被理解。

6. **将信息编译成接收者易于理解的传输符号**

管理者对信息进行编码时，必须使用接收者能够理解的符号或语言，这一点要引起管理者的重视。例如，当用英语给母语非英语的接收者发送信息时，尽量用常见的词汇，避免用一些冷僻词汇，以免在翻译时不知所云，有时甚至可能显得滑稽可笑或者具有侮辱性。行话，是同一职业、群体或组织的成员方便沟通的特殊语言，不能用来与非同一职业、群体、组织的成员进行沟通。

发出的信息能否被接收信息的人所理解，在很大程度上取决于发出信息的人所用的语言是否通俗易懂。鉴于接收信息的人各不相同，所以发出信息的人所使用的语言也应因人而异。一句话，必须使用接收信息的人最易懂的语言才是正确的，最好采取面对面的直接沟通交换意见，这样双方可畅所欲言，避免语言上的含糊误解。

7. **选择接收者能监控的媒介**

在选择媒介时，管理者要考虑的另一个因素是，这个媒介是否受到接收者的关注。许多管理者发送信息时，往往选择他们常用或最方便的媒介，但这样做常常会导致无效的沟通。一些不喜欢电话交谈和面对面沟通的管理者也许喜欢用电子邮件，他们每天发出许多电子邮件，每隔几个小时检查一下信箱。喜欢与人个别沟通或通过电话沟通的管理者，他们也许有电子邮件地址，但是很少用电子邮件，常常忘记检查电子邮件。因此，无论管理者多么喜欢电子邮件，如果将信息通过电子邮件的方式送给从不检查邮件者则是无用的。

知道哪个管理者喜欢书面沟通，哪个喜欢面对面沟通，然后选择合适的媒介，有助于接收者真正收到并注意这些信息。

另一点要考虑的是，接收者是否在某些方面有残疾，是否会限制他对一些信息的解码能力。例如，对于一个盲人来说，是无法阅读书面信息的。管理者应该确保与残疾员工有效沟通的渠道。

有时也可以选用多重媒介，必要时改变媒介，增加媒介的量（如加大声音）。

8. 避免信息被过滤和曲解

当信息发送者错误地认为接收者不需该信息或不想接收该信息时，发送者会保留部分信息，这样就导致了信息过滤。信息过滤会发生在组织的每个层次，以及垂直和水平沟通中。

当信息经过一系列的发送者和接收者后，产生了意思的改变，即信息曲解。由于错误地编码和解码或缺乏反馈，一些信息扭曲是偶然的；而一些信息扭曲是故意的，发送者可能会选择一些信息，使他们自己或他们所在的群体看起来很好，以便得到特殊的对待。

管理者自身应该避免信息过滤和信息扭曲。但是怎样才能消除组织中的过滤障碍以达到有效沟通呢？应该在组织中建立信任：信任下属的管理者不会保留信息，会向下属提供清楚、完整的信息。信任管理者的下属相信自己不会因做了超出自己控制能力的事受到责备，而会受到公平的对待。

9. 掌握说的技巧

（1）换位思考：既要表达自己的思想，又要从对方的角度出发，顾及对方的需求，保护对方的自我意识。

（2）从积极的角度入手：避免用消极和否定的语气、字眼，实在要说也要将负面信息与对方的某个受益面结合起来讲。

（3）使用礼貌友善的语言：专业而不僵硬，友善而不虚伪，自信而不骄傲。真诚地赞美对方，处处表示对其尊重。

（4）回避忌讳的话题：保守别人的秘密，不揭别人隐私和伤疤，特别不可涉及国家、民族、宗教等负面的禁忌。

（5）善于运用肢体语言：眼神、表情、手势、动作等。

（6）运用幽默：可消除隔阂，排除尴尬，活跃气氛，拉近心理距离。

（7）语言要清晰、简明：话不宜多，调不宜高，节奏要合适，巧用停顿。

（三）作为信息接收者的管理者的沟通技巧

管理者作为一个信息接收者时，应该具有高超的接受信息的技能。可以从以下几方面来提高接收信息的技能。

1. 集中注意力

因为充当多种角色和承担多种任务，管理者经常超负荷和被迫同时思考多个事情，所以有时对接收到的信息没有足够注意，从而造成严重的沟通障碍。

要进行有效管理，管理者无论多忙，都要对收到的信息有足够的注意，即集中自己的注意力。当和下属讨论方案时，管理者的注意力应该放在方案上，而不是放在马上要与自己上司召开的会议上。同样，当管理者阅读书面材料时，应该集中注意力理解所读的东西，而不是分神考虑其他的事情。

2. 成为好的倾听者

要成为好的聆听者，管理者需要做以下几件事情：

第一，管理者不要随便打断别人说话，这样讲话者不会被打乱思路，管理者也不会因为信息的不完全得出错误结论。

第二，管理者要与讲话者保持眼睛接触，并适时地运用体态和表情，使讲话者知道他在认真地听，这样做也有助于管理者关注所听的事情。

第三，在接收信息以后，管理者对模糊不清的或混淆的地方要提出疑问。

第四，管理者应该用自己的语言解释、重复信息内容，指出讲话者认为重要的、复杂的或者可以换一种解释的地方，这些反馈要素对成功的沟通是关键的。

管理者像其他人一样，喜欢听自己讲，而不是听别人讲。然而，成为良好沟通者的一个方面是要成为好的聆听者，这也是作为信息接收的管理者在面对面和电话沟通中的基本技巧。

3. 移情

试图从信息发送者的感觉和描述中理解信息，而不是只从自己的观点理解信息时，接收者便做到了移情。

越来越多的医生认识到，在与病人沟通的过程中，应该投入更多的感情。

此外，在使用符号、惯例、专业术语、俗语等方面，在沟通之前要清楚其真正的含义；需要时应通过提问，要求沟通者重复来确定双方理解的一致。

本章小结

领导是拥有权力的个人或集团向他人施加影响，使之为实现预定目标而努力的过程。领导工作由如下几方面的内容构成：权力或影响力的形成和运用、激励、沟通。领导的主要功能首先在于能够给下属以有效的激励；领导的又一重要功能表现为不同凡响的鼓舞能力；领导的功能还在于设计和维持一个良好的工作环境，促进和提高组织的运转水平。

领导者的权力来源于五个方面：强制权、奖赏权、法定权、专长权和感召权。领导者要想树立威信，首先应该正确认识自己身上的任务和责任，其次应该树立正确的权威观。

领导特质理论研究领导者应具备哪些基本特质，以便选拔和培养领导者；领导行为理论着重于研究和分析领导者在工作过程中的行为表现及其对下属行为和绩效的影响，以确定最佳的领导行为，包括极端领导行为理论、领导行为四分图理论、管理方格理论和领导连续统一体理论；权变领导理论认为，领导是在一定环境条件下通过与被领导者的交叉作用去实现某一特定目标的一种动态过程，领导的有效行为应随着被领导者的特点和环境的变化而变化，权变领导理论包括费德勒的情境理论、领导生命周期理论、路径—目标理论。

激励即调动人们积极性的过程。激励有助于激发和调动员工的工作积极性，有助于将员工的个人目标导向实现组织目标的轨道，有助于增强组织的凝聚力，促进内部各组成部分的协调统一。

由需要引发动机，动机驱动行为并指向预定的目标，是人类行为的一般过程，也是激励赖以发生作用的心理机制和基础。

内容型激励理论从心理学的角度着重研究人类行为动机的原因，试图通过分析人的内在需求和动机是如何推动行为的，从而确定能够激励个体的特定需要。内容型激励理论主要有：需要层次理论、X 理论和 Y 理论、双因素理论、成就需要理论等。

过程型激励理论侧重于从行为科学的角度研究人的行为受到哪些因素的影响，注重动机与行为之间的心理过程。过程型激励理论包括期望理论、公平理论和波特-劳勒综合激励模型。

行为改造型理论是从分析外部环境入手来研究如何改造并转化人的行为，包括强化理论、归因理论等。

信息沟通指人与人之间传达信息和思想的过程。在群体或组织中，沟通有四种主要功能：控制、激励、情绪表达和传递信息。

沟通过程是一个发送者把信息通过沟通渠道传递给另一个接收者的过程。沟通必须具备三个基本要素（发送者、接收者、信息），并经过六个阶段。

按渠道产生方式的不同，沟通可以分为正式沟通和非正式沟通；按传递信息的方向不同，沟通分为上行沟通、下行沟通、横向沟通和斜向沟通；按信息是否反馈，沟通可分为单向沟通和双向沟通；根据传递信息的方式不同，沟通可分为口头沟通、书面沟通、非语言沟通。

信息沟通的网络可以分成两大类型：正式沟通网络和非正式沟通网络。正式沟通网络又包括链式、轮式、环式、Y 式和全通道式五种类型。

信息沟通的障碍主要来自语言文字障碍、知识背景差异、信息“过滤”、心理障碍、信息过量等。作为信息发送者和接收者的管理者要努力提高沟通技巧，克服信息沟通障碍。

同步练习

第六章同步练习

管理实训

项目一：激励方案设计

【实训目的】

培养初步应用激励理论、方法和艺术的能力。

【实训内容】

学校目前的激励制度如何？这套制度鼓励什么？哪些不良行为没有得到抑制？哪些良好行为没有得到提倡？请你根据自己的分析情况设计一套更适合学生身心健康发展、知识技能全面提高的激励制度方案，形成书面报告并进行解释。

【实训组织】

1. 在本课程的前一堂课上布置，课后完成。

2. 任课教师根据本次学生提交的作业资料评定成绩。

【实训考核】

由教师根据学生书面报告及分析情况评估打分。

项目二：实地交际与沟通

【实训目的】

1. 培养与陌生人交际的能力。

2. 培养说服别人的能力。

【实训内容】

1. 主动同一位相关专业的陌生人士交往，交流某个专业问题。

2. 同一位认识的人，通过沟通解决一个难题。

3. 运用交际与沟通理论，讨论交际与沟通的艺术。

【实训组织】

本部分内容讲授后，专门安排实训时间进行实训。

【实训考核】

1. 每名同学都要完成表6-9相关内容的填写。

2. 班级组织一次交流，与相关企业各类人员进行现场交流与沟通。

3. 由教师对学生进行评估与打分。

表6-9　沟通实录卡

沟通主体		沟通对象		单位及职务	
沟通目标		时　间		地　点	
沟通前计划					
沟通过程实录					
沟通后体会					
教师评估					

第七章

控制职能

学习目标

阅读和学习本章后，你应该能够：

- 掌握控制的含义及其类型
- 了解控制与计划、组织、领导的关系
- 理解并掌握控制的基本过程
- 熟悉有效控制的基本原则
- 掌握控制的方法

导入案例

亚细亚商场的辉煌与陨落

亚细亚商场是河南省建设银行租赁公司和中原不动产公司共同出资200万元设立的股份制公司，1989年5月在郑州市正式开业，王某出任总经理。

1989年以前，郑州市商业市场基本上是郑州市百货大楼和紫荆山百货大楼两家平分秋色，但随着亚细亚商场的开业，郑州商界不再平静，一场以“二七广场”为中心，以“瓜分”市场、争夺顾客为焦点的商业大战就此爆发。亚细亚商场一举打破传统商场环境恶劣的状态，在全国第一个设立迎宾小姐、电梯小姐，第一个设立琴台，第一个创立自己的仪仗队，第一个在中央电视台做广告。

亚细亚商场成立7个月后，销售额一跃位列全国大型商场第35位，是上升最快的一匹黑马，王某堪称中国零售业的一位英雄。一时间，全国掀起一股亚细亚冲击波，各地争学亚细亚。

但是亚细亚从一开始，辉煌的表面下就隐藏着可怕的危机。首先，董事会形同虚设，凡事由总经理王某一人拍板。其次，缺乏内部监督，董事会中没有设立任何监督机构，自开业以来没有进行过一次全面、彻底的审计。另外，1993 年起，亚细亚大举发展连锁霸业，触角伸向了全国各地的省会城市，平均每 4 个月开业一家大型连锁店。很快，在河南省内与全国（如北京、上海、广州、成都、西安等城市）共建立和购买连锁网点 15 家，以资本金 4 000 万元扩张为近 20 亿的资产投资。正如许多急剧快速扩张的连锁企业一样，亚细亚也未能幸免经营管理不善与巨额债务导致的资金链断裂。

亚细亚的辉煌之路最终没能走下去，在全国各地的分店一家接一家地关门、倒闭，1998 年 5 月，亚细亚五彩购物广场停业；2000 年 9 月，在多家债权人的起诉下，郑州市中院依法裁定其破产还债。到 2005 年，亚细亚大本营也宣告失守。

（资料来源：李培林，杜智勇，李益民. 管理学［M］. 北京：北京大学出版社，2017：337－338.）

亚细亚商场的例子说明了在一个组织机构中，如果没有控制将发生什么。一件事情，无论计划做得多么完善，如果没有令人满意的控制系统，在实施过程中仍然会出问题。因此，对于有效管理，必须考虑设计良好的控制系统所带来的好处。

第一节　控制概述

一、控制的概念

（一）控制的概念

从最传统的意义上说，所谓控制，就是按照计划标准来衡量所取得的成果，并纠正所发生的偏差，以确保计划内目标的实现。

控制与我们日常的工作、学习和生活息息相关，无论是在家庭、单位，还是在其他地方，每个人都会受到各种控制的影响。在大海中航行的船舰，需要舵手的“控制”将偏离航线的船只驶回到正常的航线上来，高速公路上飞奔的汽车，由司机通过方向盘控制它的方向，交通警察指挥交通、看电视时你手中的遥控器的功能等，都是控制功能在发挥作用。可以说，离开了控制，计划和预想的结果都会落空；离开了控制，我们的工作和生活将无法正常进行。

从管理的角度上说，控制就是按既定计划、标准和方法对工作进行对照检查，发现偏差，分析原因，进行纠正，以确保组织目标实现的过程。

这一定义可以从下面几层含义进行理解：

（1）控制是管理过程的一个阶段，它将组织的活动维持在允许的限度内，它的标准来自人们的期望，这些期望可以通过目标、指标、计划、程序或规章制度的形式表达。控制职能是使系统以一种比较可靠的、可信的、经济的方式进行运转。从实质上讲，控制必须同检查、核对或验证联系起来，这样才有可能使控制根据由计划过程事先确定的标准来衡量实际的工作。

（2）控制是一个发现问题、分析问题、解决问题的全过程。组织开展业务活动，由于受外部环境、内部条件变化和人认识问题、解决问题能力的限制，实际执行结果与预定目标完全一致的情况是不多的。因此，对管理者来讲，重要的不是工作有无偏差，而是能否及时发现偏差，或通过对进行中的工作深入了解，预测到潜在的偏差。发现偏差，才能进而找出造成偏差的原因、环节和责任者，采取针对性措施，纠正偏差。

（3）控制职能的完成需要一个科学的程序。实现控制需要三个基本步骤，即建立控制的标准，将实际绩效同标准进行比较，纠正偏差。没有标准就不可能有衡量实际绩效的根据；没有比较就无法知道绩效的好坏；不规定纠正偏差的措施，整个控制过程就会成为毫无意义的活动。

（4）控制要有成效，必须具备以下要素：第一，控制系统必须具有可衡量性和可控制性，人们可以据此来了解标准；第二，有衡量这种特性的方法；第三，有用来比较实际结果和计划结果并评价两者之间差别的方法；第四，有一种调控系统，以保证必要时调整已知标准的方法。

（5）控制的根本目的，在于保证组织活动过程和实际结果与计划目标及计划内容相一致，最终保证组织目标的实现。

（二）控制与计划、组织、领导的关系

控制工作存在于管理活动的全过程，与其他管理职能紧密地结合在一起，它不仅可以维持其他职能的正常活动，而且在必要时，还可以通过采取纠正偏差的方法来改变其他管理职能的活动，使管理过程形成一个相对封闭的闭路系统。

1. 控制与计划的关系

控制是对管理系统的计划实施过程进行监测，将监测结果与计划目标相比较，找出偏差，分析其产生的原因并加以处理的过程。由此可见，控制与计划息息相关，要准确理解控制的含义，必须把它放在与计划工作的联系中加以说明。如果说管理的计划工作是谋求一致、完整而又彼此衔接的计划方案，那么管理控制工作则是使一切管理活动都按计划进行。

计划和控制是一个问题的两个方面。计划是产生控制的标准，是控制的前提，而控制是计划目标能够实现的保证。计划一旦付诸实施，控制工作就必须跟随、穿插其中，衡量计划的执行进度，揭示计划执行中的偏差以及指明纠正措施，以保证对工作发展态势的控制。计划越明确、全面和完整，控制的效果也就越好；而控制越是完善，管理者实现组织计划的目标就越容易。两者的关系具体表现如下：

（1）一切有效的控制方法首先就是计划方法，如预算、政策、程序和规则，这些控制方法同时也是计划方法或计划本身。

(2) 之所以需要控制，是因为要实现目标和计划，控制到什么程度、怎么控制都取决于计划的要求。

(3) 控制职能使管理工作成为一个闭路系统，成为一个连续的过程。在一般情况下，控制工作既是一个管理过程的终结，又是一个新的管理过程的开始。控制工作不仅限于衡量计划执行中出现的偏差，更在于通过采取纠偏措施，把那些不符合计划要求的管理活动引回到正确的轨道上来，使组织系统稳步地实现预定目标。纠偏措施有可能很简单，但更多的情况下，纠偏措施可能涉及需要重新拟定目标、修订计划、改变组织结构、调整人员配备，并对领导方式做出重大的改变，等等。这实际上又是一个新的管理过程的开始。从这个意义上来说，控制工作不仅是实现计划的保证，而且可以积极地影响计划工作。

2. 控制与组织的关系

要进行有效的控制，必须有组织的保证，同时控制还必须反映组织结构的类型。组织职能是通过建立一种组织结构框架，为组织成员提供一种适合默契配合的工作环境。因此，组织职能的发挥不但为组织计划的贯彻执行提供了合适的组织结构框架，为控制职能的发挥提供了人员配备和组织机构，而且组织结构的确定实际上也就规定了组织中信息联系的渠道，为组织的控制提供了信息系统。如果目标的偏差产生于组织上的问题，则控制的措施就要涉及组织机构的调整、组织中的权责关系和工作关系的重新确定等方面。在控制执行过程中，必须知道组织在计划实施中发生偏差情况以及采取纠偏行动的职责应归属于谁。如果各级组织机构职责不明确，那么承担偏差产生责任的部门和采取纠偏措施的部门就无法确定。因此，组织机构越明确、全面和完整，所设计的控制系统就越符合组织机构中的职责和职务的要求，控制工作也越有效果。

3. 控制与领导的关系

控制要有效进行，还必须配备合适的人员，必须给予正确的领导，必须调动广大参与者的积极性。领导职能是通过领导者的影响力来引导组织成员为实现组织的目标而做出积极的努力。这意味着领导职能的发挥影响到组织控制系统的建立和控制工作的质量。反过来，控制职能的发挥又有利于改进领导者的领导工作，提高领导者的工作效率。

一个有效控制系统的形成，还必须依赖于管理者的充分授权。在处理人际关系时，许多管理者认为授权是一件非常困难的事，其主要原因是由于管理者对下属的决策负有最终的责任，他害怕下属犯了错误而由他来承担责任，从而使许多管理者试图靠自己做事来避免授权给他人。但是，如果通过建立反馈机制，形成一种有效的控制系统，能积极、有效地提供授予了权力的下属工作绩效的信息和反馈，可以大大减轻这种不愿授权的思想负担。

二、控制的基本前提

组织内任何形式的控制，都有一定的前提条件，这些前提条件是否充分，对于控制过程能否顺利进行有很大的影响。一般来说，控制的前提条件包括以下几个方面。

1. 科学的、切实可行的计划

控制的目的是保证组织目标与计划的顺利实现。控制目标体系是以预先制定的目标和计划为依据的，控制工作的好坏与计划工作紧密相连。组织在行动之前制订出一个科学的、符合实际的行动计划，是控制工作取得成效的前提。相反，如果一个组织没有一个好的计划，或者有一个会导致组织走向失败的计划，那么控制工作做得越好，就越会加速组织走向失败的进程。

2. 健全的组织结构、完善的责任制度

控制工作主要是根据各种信息，纠正计划执行中出现的偏差，以确保目标的实现。要做到这一点，就要有专司监督职责的机构或岗位，建立、健全与控制工作有关的规章制度，明确由何部门、何人来负责何种控制工作。如果对控制中各层次的责任以及在计划执行过程中各层次的任务和职责没有一个事先的、清楚的规定，高层管理者就不可能知道哪个部门应承担偏差的责任和应由谁来采取纠偏措施。因此组织机构与责任制度越健全、越明确、越完善，控制工作就越能取得预期效果。

3. 通畅的信息反馈渠道

控制工作中的一个重要步骤就是将计划执行后的信息反馈给管理者，以便管理者对预期目标与已达到的目标水平进行比较。这种信息反馈的速度、准确性如何，直接影响到控制指令的正确性和纠正措施的准确性。因此，为了获得准确的信息反馈，防止监督机构与被监督机构串通一气、谎报信息，管理者在制订好计划，明确了各部门、各岗位的控制职责以后，还必须设计和维护畅通的信息反馈渠道，充分发挥社会舆论的监督作用。信息反馈渠道的设计主要应抓住三点：一是确定与控制有关的人员在信息传递中的任务与责任；二是事先制定信息的传递程序、收集方法和时间要求等事项；三是做好领导工作，调动各方面人员主动提供信息的积极性。

三、控制的基本类型

（一）按控制过程分为前馈控制、现场控制和反馈控制

1. 前馈控制

前馈控制又称事前控制，是指通过观察情况、收集整理信息、掌握规律、预测趋势，正确预计未来可能出现的问题，将可能发生的偏差消除在萌芽状态，为避免在未来不同发展阶段可能出现的问题而事先采取的措施。前馈控制的目的是防止问题的发生而不是当问题出现时再补救。其核心问题是在工作开始前应做哪些必要的事情。

前馈控制需要及时和准确的信息并进行仔细的反复预测，把预测和预期目标相比较，并促进计划的修订，控制的内容包括检查资源的筹备情况和预测其利用效果两个方面。

前馈控制是控制的最高境界。通常意义上的控制都是指在管理活动中不断收集、整理、分析各种信息，再根据信息处理结果提出解决问题的措施。由于信息的获得和处理、有效措施的出台等都需要时间，因此，控制在信息反馈和采取纠正措施中经常发生时间延

迟现象，从而丧失了纠正失误的时机，所以管理人员更需要能够在事故发生之前就采取有效的预防措施，“防患于未然”，显然，这是一种努力促使整个管理过程不发生任何偏差的控制方法。不断地对未来做出预测，并根据预测的结果对未来的行为提出调整意见是前馈控制的关键。

2. 现场控制

现场控制又称同步控制、同期控制或过程控制，是指通过对系统运行过程中的情况进行监督和调整来实现的控制。该控制是一种管理者与被管理者面对面进行的控制活动，其目的主要在于及时纠正工作中出现的各种偏差，控制的效果与领导者的工作作风、领导方式等密切相关。

同步控制集中表现在基层管理活动中，其主要内容包括：

（1）管理者直接向下属指示适当的工作方法和工作过程。

（2）在现场监督下属的工作，以确保计划目标的顺利实现。

（3）发现偏差，立即采取措施予以纠正。

（4）发现以前未曾出现过的新问题，采取果断措施予以纠正，或者及时向其他部门和人员上报情况。

3. 反馈控制

反馈控制又称为事后控制或成果控制，管理人员分析以前工作的执行结果，并与控制标准相比较，发现偏差所在并找出原因，拟定纠正措施以防止偏差发展或继续存在。

反馈控制可以说是用历史指导未来，属于事后控制。反馈控制的优点主要体现在于以下几个方面：

（1）可以及时地总结成功的经验，并加以推广，使成功的方法及时产生相应的效益。

（2）可以对前馈控制和现场控制工作中没有控制住的一些问题及时进行处理，以便吸取教训，避免再犯类似错误。

（3）可以通过根据工作结果的评定而进行奖惩，调动工作人员的积极性。

反馈控制的最大缺点在于它是一种事后控制，控制时整个活动已经结束，活动中出现的偏差不能及时（当场）纠正，往往对组织造成较大的损失。所以，反馈控制是“亡羊补牢”式的控制。

反馈控制并不是最好的控制，但它目前仍被广泛地使用着，这是因为有许多工作现在还没有有效的预测方法，而且受主、客观条件的限制，人们往往会在执行计划过程中出现失误。

阅读资料一

扁鹊三兄弟治病

（二）按采取的控制方式分为集中控制、分层控制和分散控制

1. 集中控制

集中控制是指在组织中建立一个相对稳定的控制中心，由控制中心对组织内外的各种信息进行统一的加工处理，发现问题并提出问题的解决方案。

2. 分层控制

分层控制是指将管理组织分为不同的层级，各个层级在服从整体目标的基础上，相对独立地开展控制活动。在分层控制中，各个层级都具有相对独立的控制能力和控制条件，能对层级内部子系统实施控制。整个组织区分为若干层次，层次内部实施直接的控制，上一个层级对下一个层级实施指导性的间接控制。

3. 分散控制

分散控制是指将组织管理系统分为若干相对独立的子系统，每一个子系统独立地实施内部直接控制。分散控制对整个组织集中处理信息的要求相对较小，容易实现。由于反馈环节少，因此，整个组织系统反应快、时间短、控制效率高。在分散控制中，由于各个子系统各自独立控制，即使个别子系统出现严重失误，也不会导致整个系统出现混乱。分散控制的问题是各个子系统独立地进行控制，不同系统之间的协调较差，难以保证子系统目标和整个系统整体目标的一致，有可能影响到整个系统的优化，甚至导致系统整体失控。

（三）按控制主体可以分为直接控制和间接控制

1. 直接控制

直接控制是对执行计划的组织或人员采用一定的控制方法和手段，使其能有效地执行计划，从而保证计划完成的控制形式。直接控制着眼于提高管理者的能力和素质，主管及下属的素质越高，偏差产生的可能性就越小，这是一种对偏差产生源头的控制。其优点一是通过提高人的素质，让人去分析判断计划执行中可能发生的偏差，使失误减少到最小；二是在出现偏差后，能马上采取措施予以纠正；三是潜在地节约了间接控制的成本，直接控制中培养人的素质和能力所花的费用与间接控制的损失相比，前者是潜在收益巨大的投资支出，而后者是纯损失；四是符合以人为本的管理思想，它把将被动执行计划变成主动执行计划，充分调动了人的积极性。

2. 间接控制

间接控制是根据计划执行的情况，发现计划执行中的偏差，分析产生偏差的原因，找出责任人，并追究当事人责任，使之改进下一步工作的控制活动。其有效性取决于一系列的前提条件，如工作绩效是可以计量的，人们对工作有责任感，可以及时发现偏差，能有效查明偏差的原因，会采取纠正的措施，等等。实际中工作绩效很多是不可衡量的，人常常没有工作责任感，查明偏差的真正原因既费时又费力，偏差发现时已造成无法挽回的损失等。而且，人们对偏差产生的原因进行深入分析发现，控制标准不正确会引起偏差的产生，控制标准正确，偏差也经常发生。发生偏差的原因大多是影响计划执行情况的不确定因素，这些因素有组织内部的，如某一骨干突然辞职；也有外部的，如组织的生产技术被

新技术淘汰等。无法估计的不确定事件往往使计划失败。主管在控制时，需要对各种变化的不确定情况进行判断，判断失误就会产生偏差。判断力是靠知识和经验长期积累形成的，主管缺乏知识、经验或判断力通常是偏差最终产生的主要原因。因此，人是控制中最主要的因素。

(四) 按控制力量的来源分为外在控制与内在控制

1. **外在控制**

外在控制是指一单位或个人的工作目标和标准由其他的单位或个人来制定和监督，自己只负责检测、发现问题和报告偏差的控制。例如，上级主管的行政命令监督、组织程序规则的制约等，都是外在强加的控制。

2. **内在控制**

内在控制不是来自“他人”的控制（它既不是来自上级主管的“人治”，也不是来自程序规则的“法治”），而是一种自动控制或自我控制（称为自治）。自我控制的单位或个人，不仅能自己检测、发现问题，还能自己制定标准并采取纠正措施。例如，目标控制就是一种让低层管理人员和工人参加工作目标的制定（上下协商确定目标），并在工作中实行自主安排、自我控制（自己检查评价工作结果并主动采取处理措施）的一种管理制度和方法。目标管理通过变“要我做”为“我要做”，使人们更加热情、努力地去实现自己参与制定的工作目标。当然，目标管理只有在个人目标与组织目标差异较小、员工素质普遍较高时采用才容易奏效。而在目标差异较大、员工素质较低时，则需要较多的外在强加控制。

四、有效控制的原则

控制的目的是保证组织活动符合计划的要求，以有效地实现预定目标，但并不是所有的控制活动都能达到预期的目的。为此，有效的控制必须具备一定的条件，遵循科学的控制原则。

(一) 重点原则

控制不仅要注意偏差，而且要注意出现偏差的项目。我们不可能控制工作中所有的项目，而只能针对关键的项目，且仅当这些项目的偏差超过了一定限度，足以影响目标的实现时才予以控制纠正。事实证明，要想完全控制工作或活动的全过程几乎是不可能的，因此应抓住活动过程中的关键和重点进行局部的和重点的控制，这就是所谓的重点原则。

由于组织和部门职能的多样化、被控制对象的多样性以及政策和计划的多变性，几乎不存在选择关键和重点的普遍原则。但也有一定的规律可循，一般来说，在任何组织中，目标、重要影响因素、薄弱环节和例外是管理控制的重点。

良好的控制必须要有明确的目的，不能为控制而控制。在一个组织中，无论什么性质的工作都可能包含多重目标，但总有一两个是最关键的，管理者要在众多的目标中，选择关键的、反映工作本质、有控制要求的目标加以控制，这也是目标原则的思想。

为了提高效率，管理者应重点针对事先预料而实际发生了的例外情况进行控制。管理者越是把注意力集中于例外的情况，控制工作就越有效。但单纯地注意例外情况是不够的，某些例外影响不大，因此管理者所关心的应当是那些需要特别注意的、出现概率大或者后果严重的例外事件，而把某些微小的偏离交给下属处理。

（二）及时性原则

高效率的控制系统，能迅速发现问题并及时采取纠偏措施。组织经营活动中产生的偏差只有及时采取措施加以纠正，才能避免偏差的扩大，或防止偏差对组织不利影响的扩散。及时性原则要求管理人员及时掌握能够反映偏差产生及其严重程度的信息。如果等到偏差已经非常明显，且对组织造成了不可挽回的影响后，反映偏差的信息才姗姗来迟，那么，即使这种信息是非常系统、绝对客观、完全正确的，也不可能对纠正偏差带来任何指导作用。

纠正偏差的最理想方法应该是在偏差未产生之前，就注意到偏差产生的可能性，从而预先采取必要的防范措施，防止偏差的产生。

预测偏差的产生，虽然在实践中有许多困难，但在理论上是可行的。例如，一个企业可以通过建立企业经营状况的预警系统来预测偏差。我们可以为需要控制的对象建立一条警戒线，反映经营状况的数据一旦超过这条警戒线，预警系统就会发出警告，提醒人们采取必要的措施防止偏差的产生和扩大。

要使预警系统准确客观，一是要尽量采用客观的衡量方法，用定量的方法记录并评估业绩，把定性的内容具体化；二是管理人员要从组织的角度来观察问题，尽量避免形而上学，避免个人的偏见和成见，特别是在绩效的衡量上要确保信息可靠，因为谁也不愿意提供对自己不利的证据。

（三）灵活性原则

组织在执行计划过程中经常可能遇到某种突发的、无力抗拒的变化，这些变化使计划与条件严重背离，有效的控制系统应在这样的情况下仍能发挥作用，维持组织的运转。也就是说，控制应该具有灵活性或弹性。控制的灵活性原则要求制订多种应付变化的方案且留有一定的后备力量，并采取多种灵活的控制方式和方法来达到控制的目的。这一方面需要有替代方案，另一方面不能过分依赖正规的控制方式，如预算、监督、检查、报告等。它们虽然都是比较有效的控制工具，但也有一定的不完善之处。数据、报告、预算有时会同实际情况有很大的差别，过分依赖它们有时会导致指挥失误、控制失灵。因此需要采用一些随机应变的控制方式和方法，如弹性预算、跟踪控制等。

（四）经济性原则

控制是一项需要投入大量的人力、物力和财力的活动，其耗费之大正是许多问题应予控制而没有加以控制的主要原因之一。是否进行控制，控制到什么程度，都涉及费用，因此必须考虑控制的经济性，要把控制所需的费用与控制所产生的效果进行经济上的比较，只有当有利可图时才实施控制。控制的经济性原则，一是要求有选择地实行控制，全面周详的控制不仅是不必要也是不可能的。要正确而精心地选择控制点，太多不经济，太少会失去控制。二是要求努力降低控制的各种耗费而提高控制效益，改进控制方法和手段，以最少的成本查出偏离计划的现有或潜在的原因，费用的降低使人们有可能在更大的范围内实行控制。花费少而效率高的控制系统才是有效的控制系统。

第二节　控制的基本过程

控制是根据计划的要求，设立衡量绩效的标准，然后把实际工作结果与预定标准相比较，以确定组织活动中出现的偏差及其严重程度，然后在此基础上，有针对性地采取必要的纠偏措施，以确保组织资源的有效利用和组织目标的圆满实现。无论在什么地方，也无论控制的对象是什么，控制的过程都包括三个基本环节：确立控制标准、衡量绩效和纠正偏差。

一、确立控制标准

（一）控制标准的含义

控制标准是指计量实际或预期工作成果的尺度，是从整个计划方案中选出的对工作绩效进行评价的关键指标，是控制工作的依据和基础。确定控制标准是控制过程的第一步，要控制就要有标准，离开可比较的标准，就无法实施控制。

（二）制定控制标准的要求

由于控制的目的是保证计划和组织目标的实现，所以，控制标准的确定必须以计划和组织目标为依据。除此之外，控制工作中所制订的标准应该满足以下几个方面的要求。

1. 简明准确

它是指要保证标准明确、不含糊，对标准的量值、单位、可允许的偏差范围等要明确说明，对标准的表述要通俗易懂，便于理解和接受。含糊的、解释起来主观随意性大的控制标准是不利于控制的。

2. 相对稳定性

它是指标准要有一定程度的稳定性，要能用于一段较长的时间，即使有弹性，也是在一定的原则范围内变化。否则，标准经常变化，会使标准缺乏权威性，并加大控制工作的难度。但这种稳定不是绝对的，控制标准也要随组织活动的发展进行必要的调整。在一般情况下，随着组织的发展和组织效率的提高，控制标准应不断提高。

3. **合理**

它是指标准的确定要客观，不能过高，也不能过低，要使绝大多数人通过努力都可以达到。因为建立标准的目的，是用来衡量实际工作的，并希望工作达到标准的要求。所以，控制标准的建立必须考虑到工作人员的实际情况。如果标准过高，人们将因根本无法实现而放弃努力；如果标准过低，人们的潜力又会得不到充分发挥，将降低工作效率。

4. **可操作性**

它是指标准要便于对实际工作绩效的衡量、比较、考核和评价。要使控制便于对各部门的工作进行衡量，当出现偏差时，能找到相应的责任单位。

5. **利益目标一致性**

因为控制标准具有指导意义，会引导控制对象的行为，因此标准要有利于组织的整体利益和组织目标的实现。

（三）控制标准的类型

控制标准有定量和定性两类。

定量的控制标准是以明确的、数量化的指标来表现的。这种标准客观性强，易于把握。常用的定量标准有以下三种。

1. **实物标准**

实物标准是企业在耗用原材料、能源、雇用劳动力，以及生产产品的质量、性能和用途等方面的标准，如企业的产品质量、单位产品工艺消耗定额、废品的数量等。

2. **价值标准**

价值标准反映了组织的经营状况，包括成本标准、利润标准和资金标准等，如单位产品成本、年利润额、销售收入、税金等。

3. **时间标准**

时间标准是指完成一定工作所需要花费的时间限度，如工时定额、工程周期、交货期、生产线的节拍、生产周期等。

定性的控制标准是指反映事物某些基本性质的指标。有些工作绩效不能用数量来衡量，只能进行一些定性的描述，如某人的工作能力、某人的工作态度、某人的职业素质、某品牌的美誉度、企业的信誉等。

（四）制定标准的方法

在实际工作中，制定标准主要有如下三种方法。

1. **经验估计法**

经验估计法即由经验丰富的管理人员结合实际情况，以直接估计来制定标准的方法。这种方法的优点是简便易行，工作量小，并方便标准的及时修改。其缺点是对于影响标准的各项因素不能仔细分析和计算，技术依据不足，受管理人员主观因素的影响，容易出现偏高偏低的现象，因而水平不易平衡。为了提高工作质量，在应用这种方法时，必须依靠群众，进行调查研究，尽量避免只依靠个别人的经验作为制定标准的唯一依据。要仔细地、客观地分析研究各种资料，尤其是要同过去的同类资料进行对比。

2. 统计分析法

统计分析法是通过分析反映企业在各个历史时期经营状况的数据或对比同类企业的水平，运用统计学方法为未来活动而建立的标准。最常用的有统计平均值、极大（或极小）值和指数等。统计分析法常用于确立与企业的经营活动和经济效益有关的标准。这种方法的优点是简便易行，但由于受历史的局限而难以反映发展和变化的要求。

3. 技术分析法

技术分析法又称工程方法。它是以准确的技术参数和实测的数据为基础的，主要用于测量生产者或某一工程的产出定额标准。例如，机器的产出标准，就是根据设计的生产能力确定的；劳动时间定额是利用秒表测定的受过训练的普通工人以正常的速度按照标准操作方法对产品或零部件进行某个工序的加工所需的平均必要时间。

以上三种制定标准的方法各有优劣，在日常管理工作中可根据标准的性质、工作的要求选择使用。

二、衡量绩效

（一）衡量工作的核心问题

有了合理的标准，下一步就要对实际工作绩效进行评价。为此，要收集实际工作的数据，了解和掌握实际情况，对照标准进行衡量。在这里，衡量什么以及如何去衡量，是两个核心问题。

1. 衡量什么的问题

应该说，衡量什么的问题在此之前就已经得到了解决。因为在确立标准时，随着标准的制定，计量对象、计量方法以及统计口径等也就相应地被确定了。所以，要衡量的是实际工作中与已制定的标准所对应的要素。

2. 如何衡量的问题

如何衡量的问题是一个方法的问题，在实际工作中有各种各样的方法，常用的有如下几种：

（1）个人观察。最普通的衡量方法是通过个人观察，直接观察受控对象的工作完成情况，特别是在对基层工作人员工作业绩进行控制，以及衡量因素比较简单时，这是一种非常有效的、无可代替的衡量方法。因为通过直接观察得到的第一手资料，避免了间接信息在传递过程中可能出现的遗漏、被忽略和信息的失真。但是个人观察的方法也有其局限性：首先，这种方法工作量大，需要花费管理者大量的劳动，也不可能全部跟踪；其次，仅凭简单的观察往往不能考察更深层次的工作内容；再次，由于直接观察时间占整个工作时间的比例有限，往往不能全面了解到各个方面的工作情况；最后，工作表现在被观察时和未被观察时往往不一样，管理者所看到的有可能只是假象。

（2）统计报告。统计报告就是根据衡量标准，采集相关的数据并按一定的统计方法进行加工处理而成的报告。采用统计报告时特别要注意两个问题：一是所采集的原始数据要真实、准确；二是所使用的统计方法要恰当。否则，统计报告就没有实际意义。此外，统计报告要求全面，要求包括涉及工作衡量的各个方面，特别是其关键点不能遗漏。随着计算机运用越来越广泛，统计报告的地位越来越高，作用越来越重要。

（3）口头报告。口头报告的优点是快捷方便，而且能够得到立即反馈。其缺点是：报告内容容易受报告人一时的主观意识所左右，也不便于存档查找和以后重复使用。口头报告与书面报告相比，后者的质量更容易取得别人的信任。

（4）抽样检查。在全面检查工作量比较大而且个人工作质量比较平均的情况下，通过抽样检查来衡量工作业绩，不失为一个好方法。抽样检查就是随机抽取一部分工作作为样本，进行深入细致的检查、测量，再通过样本数据的统计分析，从而推测全部工作的情况。这是一种科学有效的方法，如在大批量生产的企业，产品的质量检查通常就采用这种方法。

无论采取哪一种方法来衡量工作业绩，都要注意所获取的信息质量主要体现在以下四个方面：① 真实性。即所获取的信息应能客观地反映现实，这是最基本的要求。② 完整性。即不要遗漏重要的信息，以不影响工作的全面性和可靠性。③ 及时性。就是信息的采集、加工、检索、传递要及时，以反映即时动态。过时的信息会失去其作用，使控制工作无效，甚至导致错误的结果。④ 适用性。即应根据不同部门的不同要求，采集不同种类、范围、内容、精确度的信息。

（二）分析衡量结果

获得了实际工作的真实、可靠的信息，就是获得了衡量结果。那么，分析衡量结果，就是要将实际结果与控制标准进行对照，找出差距，为进一步采取管理行动做好准备。

1. 确认存在的偏差

在充分收集和分析各种信息后，把实际的工作业绩与控制标准相互对照，便可找出绩效与标准之间的差异。如果绩效与标准之间不存在偏差，可以认为是被控制者按照计划的要求完成了任务。但是，绩效与标准完全吻合的情形十分罕见，大多数情况下两者会存在差异。对于偏差，可根据绩效与标准的高低关系做出正偏差和负偏差的分类。实际业绩超过标准时为正偏差，实际业绩低于标准时为负偏差。另外，在比较时，管理人员应该保持客观，不要单看数据，而应同时考虑外在环境变迁对实际绩效的影响。

正偏差即顺差，出现正偏差，表明受控者取得了良好的绩效，应肯定成绩，总结成功的经验。但正偏差也不是越大越好，如正偏差太大，很可能是原定的目标或控制标准太低，应对其进行检查，必要时可予以修正。

负偏差即逆差，表明实际执行结果劣于控制标准。出现逆差表明被控者绩效完成得不好，必须及时查明原因，从而找出解决问题的方法。

2. 出现偏差的原因分析

采取纠正行动之前，管理者必须仔细分析产生偏差的原因，这样才能使采取的纠正措施合理有效。

造成偏差的原因可能是在组织内部，也可能是在组织外部；可能是可控的，也可能是不可控的。造成偏差的原因一般有以下几种：

（1）标准不合理。有时标准制定得不切实际，过高或过低。如制定的目标过高，则可能使绝大多数人完不成控制标准。也有的标准绝大多数人轻而易举就可以完成，这说明控制标准定得太低了。还有的标准过于概括，可操作性差，致使相关人员在执行过程中难以把握，从而出现了偏差。这时应根据具体情况，及时调整标准，使之合理可行。

（2）标准执行的问题。有时标准本身不存在大的问题，但是由于执行者自身的原因也可能使工作出现偏差。如工作人员责任心不强、工作能力不够；或者没有就标准的有关细节进行认真的培训，致使有关人员对标准的掌握不够具体和明确等。这时应该加强员工培训，甚至改组领导班子等。

（3）外部环境发生重大变化。组织外部环境的重大变化也会影响计划的执行，如国家相关的政策法规的改变、某个大客户突然破产、发生重大的自然灾害等。由于这些因素往往是不可控的，所以，一般只能采取一些补救措施。

三、纠正偏差

一个控制过程的最后一个环节就是采取管理措施，纠正偏差。

（一）修订标准或调整计划

在某些情况下，如负偏差过于严重，或是正偏差有疑问，就要考虑原来的标准或计划是否存在不切实际的地方。如果标准定得过高或过低，即使组织内外部各因素都处在正常状态，也必定会出现预料之外的偏差。有两种情况需要对标准进行修订或对计划进行调整：

（1）原先的计划或标准有不科学、不合理的地方，在实施中发现了问题。

（2）原来是正确的计划或标准，由于客观条件发生了较大的变化而需要做出调整。在作出修订标准的决定时，管理者一定要慎重，防止被用来作为工作业绩不佳的借口；应从控制的目的出发做详细的分析，确认标准或计划的确存在不合理的地方才做出修订或调整的决定。

（二）采取纠偏措施

在多数情况下，需要采取措施以纠正偏差。确定纠偏措施以及实施过程中要注意如下问题。

1. 使纠偏方案双重优化

针对某一对象的纠偏措施可以是多种多样的，一个可行的纠偏方案，其经济性必须优于不采取任何措施、使偏差任其发展可能带来的损失，如果实施纠偏方案的费用超过存在偏差带来的损失，其经济性就不好，这是第一重优化；第二重优化是在此基础上，将经济可行的方案进行对比，选择追加投资量少、纠正偏差效果满意的方案来组织实施。

2. 充分考虑原计划实施带来的影响

当发现偏差时，已部分或全部实施了原计划。由于客观环境发生了重大变化，或是主观认识能力的提高而引起纠偏的需要，这可能会导致对部分原计划甚至全部计划的否定，从而要对企业的活动方向和内容进行重大的调整。这种调整可以称为“追踪决策”。在制定和选择追踪决策的方案时，要充分考虑原计划的实施所带来的影响。

3. 注意消除人们对纠偏措施的疑虑，协调好组织成员之间的关系

任何纠偏措施都会在不同程度上引起组织结构、关系和活动的调整，从而会涉及某些组织成员的利益。因此，管理人员要充分考虑到组织成员对纠偏措施的不同态度，协调好组织之间的关系，争取更多人的理解和支持，以保证纠偏措施能顺利进行。

第三节　控制方法

一、预算控制

（一）预算和预算控制的概念

预算是一种计划技术，是指用数字，特别是财务数字描述企业未来的活动计划，它预估了企业在未来时期的经营收入或现金流量，同时也为各部门或各项活动规定了在资金、劳动、材料和能源等方面的支出不能超过的额度。

预算控制就是根据预算规定的收入与支出标准来检查和监督各个部门的生产经营活动，以保证各项活动或各个部门在充分达成既定目标、实现利润的过程中对经营资源的利用，从而使经费支出受到严格有效的约束。预算控制是管理控制中最基本、运用最广泛的方法。

（二）预算的编制

为了有效地从预算收入和费用两个方面对企业经营进行全面控制，不仅需要对各个部门、各项活动制定分预算，而且要对企业整体编制全面预算。分预算是按照部门和项目来编制的，它详细说明了相应部门的收入目标或费用支出的水平，规定了它们在生产活动、销售活动、采购活动、研究开发活动或财务活动中筹措和利用劳动力、资金等生产要素的标准。全面预算则是在对所有部门或项目分预算进行综合平衡的基础上编制而成的，它概括了企业相互联系的各个方面在未来时期的总体目标。只有编制了总体预算，才能进一步明确组织各个部门的任务、目标、制约条件以及各部门在活动中的相互关系，才能为正确评估和控制各部门的工作提供客观的依据。

任何预算都需要用数字形式来表述，全面预算必须用统一的货币单位来衡量，而分预算则不一定用货币单位来计量。比如，原材料预算可能用吨或千克等单位来表述。这是因为，对一些具体的项目来说，用时间、长度或重量等单位来表述能提供更多、更准确的信息。比如，用货币金额来表述原材料预算，我们只能知道原材料的总费用标准，而不能知道原材料使用的确切种类和数量，也难以判断价格变动会产生何种影响。当然，不论以何种方式表述的各部门或项目的分预算，在综合平衡以编制企业的全面预算之前，必须转换成用统一的货币单位来表述的形式。

（三）预算的种类

依据不同的分类标准，预算可以分为不同的类型，主要有如下几种。

1. 刚性预算与弹性预算

刚性预算，是指在执行过程中没有变动余地或者变动余地很小的预算。一般来说，刚性预算控制性强，但对环境的适应性差且不利于发挥执行人员的积极性。常见的刚性预算是控制上限或控制下限的预算，如要求严格执行的财政支出预算和财政收入预算等。

弹性预算，是指预算指标留有一定的余地，有关的当事人可以在一定范围内灵活执行预算确定的各项指标和要求。弹性预算的主要优点是在制定预算时就考虑到了未来事项的不可预知性，只确定了行为的基本原则或范围，实际执行时可以根据情况调整，灵活性强。缺点是灵活性掌握不好就造成失控，可控制性差。

2. 收入预算与支出预算

收入预算，是对组织活动未来的货币收入进行的预算。企业的收入预算包括企业收入总预算、产品销售收入预算、其他销售收入预算、营业外收入预算、投资收入预算等。

支出预算，是对组织活动未来支出进行的预算。支出预算是企业预算中最重要的预算。企业的一切活动都要有投入，不存在没有支出的活动。企业的支出预算主要包括企业的货币支出总预算、外购材料支出预算、外购零部件支出预算、工资总预算等。

3. 总预算与部门预算

总预算，是指以组织整体为范围，涉及组织收入或者支出项目总额的预算，如企业收入总预算、支出总预算、成本总预算等。

部门预算，是指各部门在保证总预算的前提下，根据本部门的实际情况安排的预算，如销售部门的销售费用预算、对外招待费用预算、车间的管理费用预算等。

（四）预算的局限性

预算的实质是用统一的货币为计量单位为企业各部门的各项活动编制计划，因此它使得企业在不同时期的活动效果和不同部门的经营业绩具有可比性，可以使管理者了解企业经营状况的变化方向和组织中的优势部门与问题部门，从而为调整企业活动指明了方向；通过为不同的职能部门和职能活动编制预算，也为协调企业活动提供了依据。更重要的是，预算使管理控制目标明确，让人们清楚地了解所拥有的资源和开支范围，使工作更加有效。由于预算的这些积极作用，使得预算手段在组织管理中得到了广泛运用。但在预算的编制和执行中，也暴露了一些局限性，主要表现在以下几个方面。

1. 预算目标取代组织目标

一些管理者过于强调使所管辖部门的各项工作符合预算的要求，甚至忘记了自己的首要职责是保证组织目标的实现，如一些部门会因为节约一定的费用而使企业蒙受一定的损失，预算还会加剧各部门难以协调的局面，这些都是在做预算的时候需要考虑的问题。

2. 预算过于详细

过于详细的预算容易抑制人们的创造力，甚至使人们产生不满或放弃积极的努力，还会提供逃避责任的借口。预算过细，花费的预算费用也大，有时是得不偿失的。

3. 预算的不合理性

预算带来一种惯性，有时它会保护既得利益者。因为预算是根据基期的预算数据加以调整，不合理的惯例或以前合理而现在不合理的预算会给一些人带来利益；同时基层预算提供者总是把数据抬高一点，以便让高层领导在审批时削减，这就增加了预算的不合理性。总之，不严格的预算可能成为某些无效工作的保护伞，而对预算的反复审核又将加大预算编制的工作量。

4. 预算缺乏灵活性

企业活动的外部环境在不断发生变化，这些变化会改变企业获取资源的支出或销售产品实现的收入，使预算变得不合时宜。因此，缺乏弹性、非常具体，特别是涉及较长时期的预算可能过度束缚决策者的行动，使企业经营缺乏灵活性和适应性，使企业蒙受很大的损失。

5. 预算没有包括不可计量的无形资产

编制预算只能控制那些可以计量的，特别是可以用货币单位计量的业务活动，而不能促使企业对那些不能计量的无形资产，如企业文化、企业形象、企业活力等方面的改善。

（五）预算方法

1. 弹性预算

弹性预算又叫可变预算，通常随着销售量的变化而变化，主要用于费用预算。其基本思路是按固定费用（在一定范围内不随产量变化的费用）和变动费用（随产量变化的费用）分别编制固定预算和可变预算，以确保预算的灵活性。变动费用主要根据单位成本来控制，固定费用可按总额加以控制。

弹性预算的优点是：能够适应不同经营活动情况的变动，扩大预算的范围，更好地发挥预算控制的作用，避免实际情况变动时对预算做频繁的修改；能够使预算对实际情况的评价与考核建立在更加客观可靠的基础之上。

需要说明的是，固定费用并非一成不变，只是在一定的销售范围内基本保持不变。一般来说，可变预算基于某个销售量幅度，在此范围内，各种固定的费用要素是固定不变的。如果销售量低于该范围的下限，则要采用更适合于较低销售量的固定费用，如裁员、处理闲置设备等；如果销售量高于此范围的上限，则应考虑扩大生产规模，如扩建厂房、增加设备等，于是就有另一个与固定费用不同的可变预算。

2. 零基预算

传统的预算编制是将前一时期预算水平作为下一时期预算编制的影响因素加以考虑。例如，在上一时期预算额的基础上增减一定的数额为下一时期的预算额。这种方法考虑了时间因素的连续性，但不能反映下期各项活动的真实需要，可能造成某些活动资金紧张而另一些活动资金闲置的情况。鉴于传统预算的这种缺陷，美国得克萨斯仪器公司的彼德·菲尔于1970年提出了“零基预算法”。该方法一经提出，由于它在预算制定方面的优越性，很快为许多组织所采纳。

零基预算的基本思想是：在每个预算年度开始时，把所有还在继续开展的活动都视为从零开始，重新编制预算。预算人员以一切从头开始的思想为指导，根据各项活动的实际需要安排各项活动以及各部门的资源分配和收支。按照零基预算的方法，预算人员在编制一项活动的预算时主要考虑以下四个方面的问题：

（1）组织的目标是什么，预算要达到的目标又是什么？

（2）这项活动有没有必要开展，不开展行不行？如果必须开展，开展这项活动能取得什么样的效果？

（3）开展这项活动的可选方案有哪些？目前执行的方案是不是最好的？

（4）开展这项活动需要多少资金？资金获取途径有哪些？按目前的方案使用是否合理？

与传统的预算管理相比较，零基预算的优点是预算编制依据科学，按照具体情况考虑预算大小，有利于资金分配和节约支出。缺点是预算编制的工作量大，费用较高。

零基预算与其说是一种预算编制方法，倒不如说是一种预算控制思想。它的核心是要求预算工作人员不要盲目接受过去的预算支出的结构和规模，一切都应按变化后的实际情况重新予以考虑。

二、生产控制

企业的生产经营活动是一个动态过程，从投入原材料、零部件、劳动力等开始，经过企业系统的转换和运营，直至生产出有形的产品或无形的服务。在这一过程中，为了达到企业的预定目标，有必要对企业的各项活动实施控制。事实上，控制活动贯穿于整个生产过程，管理人员需要对原材料、零部件、劳动力等投入进行控制，需要对企业系统的转换和运营进行控制，还需要对有形的产品或无形的服务进行控制。因此，生产控制是在企业生产计划的执行过程中，对作业活动、产品数量和生产速度进行的控制，其中较为重要的控制工作包括对供应商的控制、库存控制、质量控制和成本控制。

（一）对供应商的控制

毫无疑问，供应商既为本企业提供了所需的原材料或零部件，同时他们又是本企业的竞争力量之一。供应商供货及时与否、质量的好坏、价格的高低，都对本企业最终产品产生重大影响。因此，对供应商的控制可以说是从企业运营的源头开始抓起的，对整个生产控制起着非常重要的作用。

为了能够有保障地获得高质量、低价格的原材料，同时也可避免只选择少数几个供应商，目前比较流行的做法是在全球范围内选择供应商。

许多企业正在逐步改变与供应商之间的竞争关系，试图建立一种长期、稳定、合作的“双赢”局势。传统的做法是在十余家，甚至数十家供应商中进行选择，鼓励他们互相竞争，从中选择能够提供低价格、高质量产品的供应商。现代企业也在更广范围内选择供应商，但是，一旦选定两三家供应商，就和他们建立长期、稳定的合作关系，并且协助供应商提高原材料的质量、降低成本。这时，企业和供应商就形成相互依赖、相互促进的新型关系，双方都降低了风险，提高了效益，真正做到了“双赢”。

还有一种控制供应商的方法是持有供应商的一部分或全部股份，或由本企业系统内部的某个子企业供货。这常常是跨国公司为了保证货源的及时供应和质量可靠而采用的一种做法，很多日本的大型企业常采用这种方法控制供应商。

（二）库存控制

库存控制是生产管理中的一个古老而又热门的话题，是企业运行中不可缺少的重要环节。一方面要按质、按量、按品种、按时间、成套齐备地供应所需的各种生产资料，保证生产顺利进行；另一方面要尽可能地减少资金占用，最大限度地发挥资金的使用效果。库存控制就是从保证供应、节约资金、提高经济效益的基本思想出发，寻找最佳的存货方案。常用的库存控制手段有 ABC 分类法、经济订购批量法和准时生产方式。

1. ABC 分类法

ABC 分类法的基本原理，就是把企业的全部库存物资，按照品种和占用资金的多少划分为 A、B 、C 三类。

A 类：品种占用 10% ~15%，资金占用 70% ~80%；

B 类：品种占用 20% ~30%，资金占用 15% ~20%；

C 类：品种占用 60% ~65%，资金占用 5% ~10%。

通过分类，对各类物资实行不同的管理方法。A 类物资品种最少而占用的资金最多，是库存控制的重点，应严格控制库存数量，严格盘点，采购的间隔期要尽量短，增加采购的次数，以加速资金的周转；B 类物资的品种和占用资金均次之，一般适当控制，可适当延长采购周期或减少采购次数，适当增加库存天数；C 类物资品种繁多，但占用的资金少，在资金使用上可适当放宽控制，采购周期可以更长一些，储备天数可以多一些，可以大大简化采购和管理工作，且对资金使用效果影响不大。

2. 经济订购批量法

经济订购批量（EOQ）也称最优进货批量，是一种被广泛应用的库存控制方法，是指在一定时期内进货总量不变的条件下，使订购成本和保管成本总和最小的采购批量。

经济订购批量模型考虑三种成本：一是每次订货所需的费用，即订购成本；二是储存原材料或零部件所需的费用，即保管成本；三是总成本，即订购成本和保管成本之和。

当企业在一定时期内的总需求量或订购量一定时，如果每次订购的量越大，则订购次数越少；如果每次订购的量越小，则订购次数越多。对于第一种情况而言，订购成本较低，但保管成本较高；对于第二种情况而言，订购成本较高，但保管成本较低。通过经济订购批量模型，可以计算出订购量多大时总成本最小。

设 D 为企业在一定时期内的总采购需求量，K 为每次订购所需的费用，Kc 为单位保管成本，Q 为经济订购批量，T 为总成本，则经济订购批量模型可设定为：

全年订购总成本 $= \frac{D}{Q} \times K$

全年保管总成本 $= \frac{Q}{2} \times Kc$

全年总成本 $T = \frac{D}{Q} \times K + \frac{Q}{2} \times Kc$

以上模型是一个 T 关于 Q 的数学函数，其中 D、K 、Kc 为常数，Q 为变量，要使存货总成本 T 有极小值，对函数求导则可推出：

经济进货批量 $Q = \sqrt{\frac{2KD}{K_c}}$

例如：光华公司生产甲产品预计 A 材料的每年需要量为 18 000kg，A 材料的市场售价为 15 元/kg，单位保管成本为 4 元/kg，每次进货成本 90 元，计算经济订购批量。

根据题意知道 $D = 18\ 000$kg，$K = 90$ 元/次，$Kc = 4$ 元/kg，则可以计算：

经济订购批量 $Q = \sqrt{\frac{2KD}{Kc}} = \sqrt{\frac{2 \times 90 \times 18\ 000}{4}} = 900(\text{kg})$

经济订购批量模型的有效性取决于企业是否符合以下基本情况：采购需求量应当均衡稳定，计划期（如一年）的采购总量是一定的，并且是已知的；货源充足，库存量不允许发生短缺；货品单价和运费率固定，不受采购批量大小的影响；每次的采购费用和每单位的存储费用均为常数；仓储和资金条件等不受限制。

从适用条件来看，经济订购批量模型适用于那些需求相对稳定的物料的采购。如果需求量持续波动，即使采取经济订购批量法仍会造成库存时而短缺、时而积压。

3. 准时生产方式（JIT）

JIT 是一种新的生产方式，它的目标是在需要的时间和地点，生产必须的数量和完美质量的产品。为此，要彻底消除生产过程中的无效劳动和浪费，实现零废品、零库存、零准备时间。这里的“零”，并不是真正意义上的零，而是无限小，永远达不到，但永远都有一个努力的目标。JIT 首先从降低库存着手。它认为库存是浪费的万恶之首，它像海水一样，掩盖了制造过程中的问题——礁石，要使企业像在海中航行的船那样畅通无阻，只有降低库存，使那些礁石暴露出来，进而消除礁石。这样，企业不断降低库存，不断发现问题，不断解决问题，形成良性循环，不断提高生产效率。

JIT 用“拉动式”的“看板管理”在生产现场控制生产进度，使之达到准时生产的目的。“拉动式”生产方式和一般的生产方式不同，它是在根据市场需求制订生产计划之后，只对最后的生产工序工作中心发出生产指令，最后工序工作中心根据需要向它的前道工序工作中心发出指令，前道工序工作中心向它前面的工作中心发出指令，这样，按反工序顺序逐级“拉动”，一直“拉”到第一道工序的工作中心，还可以“拉”到采购部门，“拉”到原材料供应商和零部件协作厂。在生产现场，其“拉动”是靠“看板”来实现的，看板有生产看板和运输看板，工人不见看板不生产，运输不见看板不运输，而每一张看板代表一定的数量，很容易计算和检查。它实际上是将库存放在现场，由看板数量来确定各种零部件的库存数量，每当生产运行平稳之后，就减少一些看板数量，使生产中的一些问题暴露出来，从而采取措施，加以改进。

JIT 库存系统可以减少库存，降低成本，提高效益。但是，这种方法对供应商提出了很高的要求。供应商必须在规定的时间内，按照规定的质量和数量，将原材料和零部件生产出来，并且准确无误地运输到规定的地点。许多研究指出了 JIT 库存系统实际上将库存及带来的风险转嫁给了供应商，供应商所能做的是自己消化或再次转嫁给那些为自己供货的供应商。另外，JIT 库存系统对企业选择和控制供应商提出了更高的要求。

（三）质量控制

质量是企业的生命，质量控制历来是各个企业管理控制的重点。产品质量是指产品满足消费者需要的功能和性质，概括起来包括性能、寿命、安全性、可靠性和经济性五个方面。质量控制经历了事后控制、统计抽样控制、全面质量管理（简称 TQM）等阶段。

事后控制阶段大约发生在 20 世纪 20—40 年代，它是在产品已经生产出来后做终端检查，防止不合格产品出厂。这种控制方法是对企业已经造成损失之后，再进行质量检查，损失已无法挽回。

统计抽样控制阶段发生在 20 世纪 40—50 年代，它将质量控制的重点从生产过程的终端移到生产过程的每道工序，通过随机抽样检查，将其数据用统计分析方法制作成各种“控制图”，由此来分析判断各道工序的工作质量，防止大批不合格产品的产生，减少了大量损失，但其质量控制的重点仍然停留在具体的产品生产过程上。

全面质量管理是从 20 世纪 50 年代开始的，是由美国著名的管理专家戴明首先提出来的。它是指企业内部的全体员工参与到企业产品质量和工作质量过程中，把企业的经营管理理念、专业操作和开发技术、各种统计与会计手段等结合起来，在企业中普遍建立从研究开发、新产品设计、外购原材料、生产加工，到产品销售、售后服务等环节的贯穿于企业生产经营活动全过程的质量管理体系。

阅读资料二

全面质量管理的原则

（四）成本控制

所谓成本控制，就是以成本作为控制的手段，通过制定成本总水平指标值、可比产品成本降低率以及成本中心控制成本的责任等，达到对经济活动实施有效控制目的的一系列管理活动与过程。

对于企业来说，成本控制在整个经济活动过程中发挥着重要的作用，成本水平的高低，直接决定着企业能否以收抵支和偿还到期的各项债务，进而决定企业能否健康生存与发展。对于一个成本水平较高的企业来说，它将会因为成本的原因而丧失市场竞争力，出现亏损，甚至破产倒闭。

成本控制本质上是要实现企业整体的成本控制目标，促使各个部门在明确成本责任的基础上采取一系列旨在增强成本意识、提高成本效率的管理措施。表面上看，成本控制的直接对象是产品或者服务的成本开支，其实，成本控制的主要对象是管理过程中的“人”。因此，成本控制的关键是管理中的“成本控制者”，即通过成本控制者履行自身的成本控制职责，严格执行企业的成本计划。

“成本控制者”要担负起成本管理的重任，首先需要具有较强的成本意识。成本意识，是指管理者具有的自觉将生产经营与成本挂钩的习惯性思维。这是成本控制者能够比较准确地判断成本效率的能力和提高成本效率的积极性的集中体现。归根结底，成本意识是一种问题意识、改革意识、强化管理的意识。其次，要明确成本控制者的成本责任，即各部门各个管理者必须承担的职务责任。根据成本责任大小，赋予他们相应的履行职责所必需的权利。

三、财务控制

财务控制是指按照一定的程序与方法，确保企业及其内部机构和人员全面落实与实现财务预算的过程，通常分为比率分析和经营审计。

（一）比率分析

通常情况下，仅仅从反映企业经营成果的绝对数量的某个指标往往很难得出正确的结论。例如，某企业本年度盈利 100 万元，某部门本期生产了 5 000 个单位产品，或本期人工支出费用为 85 万元，这些数据本身没有任何意义。只有根据它们之间的内在关系，相互对照分析才能说明某个问题。比率分析就是将企业资产负债表和收益表上的相关项目进行对比，形成一个比率，从中分析和评价企业的经营成果和财务状况。利用财务报表提供的数据，可以列出许多比率。常用的有两种类型：财务比率和经营比率。

1. 财务比率

财务比率及其分析可以帮助我们了解企业的偿债能力和盈利能力等财务状况。

（1）流动比率。流动比率是企业的流动资产与流动负债之比，反映了企业偿还需要付现的流动债务的能力。一般来说，企业资产的流动性越大，偿债能力就越强；反之，偿债能力则弱，这会影响企业的信誉和短期偿债能力。因此，企业资产应具有足够的流动性。资产若以现金形式表现，其流动性最强。但要防止为追求过高的流动性而导致财务资源的闲置，避免使企业失去本应得到的收益。

（2）速动比率。速动比率是流动资产和存货之差与流动负债之比，该比率和流动比率一样是衡量企业资产流动性的一个指标。当企业有大量存货且这些存货周转率低时，速动比率比流动比率更能精确地反映客观情况。

（3）负债比率。负债比率是企业总负债与总资产之比，反映了企业所有者提供的资金与外部债权人提供的资金的比率关系。只要企业全部资金的利润率高于借入资金的利息，且外部资金不在根本上威胁企业所有权的行使，企业就可以充分地向债权人借入资金以获取额外利润。一般来说，在经济迅速发展时期，债务比率可以很高。20 世纪 60 年代到 70 年代初，日本许多企业的外借资金占全部营运资金的 80% 左右。但是，过高的负债比率对企业的经营不利。

（4）盈利比率。盈利比率是企业利润与销售额或全部资金等相关因素的比例关系，反映了企业在一定时期从事某种经营活动的盈利程度及其变化情况。常用的比率有销售利润率和资金利润率。

销售利润率是销售净利润与销售总额之间的比例关系，它反映企业从一定时期的产品销售中是否获得了足够的利润。将企业不同产品、不同经营单位在不同时期的销售利润率进行比较分析，能为经营控制提供更多的信息。

资金利润率是指企业在某个经营时期的净利润与该期占用的全部资金之比，它是衡量企业资金利用效果的一个重要指标，反映了企业是否从全部投入资金的利用中实现了足够的净利润。同销售利润率一样，资金利润率也要同其他经营单位和其他年度的情况进行比较。一般来说，要为企业的资金利润率规定一个最低的标准。同样一笔资金，投入企业营运后的净利润收入，至少不应低于其他投资形式（比如购买短期或长期债券）的收入。

2. 经营比率

经营比率是与资源利用有关的几种比例关系，它们反映了企业经营效率的高低和各种资源是否得到了充分利用。常用的经营比率有三种。

（1）库存周转率。库存周转率是销售总额与库存平均价值的比例关系，它反映了与销售收入相比库存数量是否合理，表明投入库存的流动资金的使用情况。

（2）固定资产周转率。固定资产周转率是销售总额与固定资产之比，它反映了单位固定资产能够提供的销售收入，表明企业资产的利用程度。

（3）销售收入与销售费用的比率。这个比率表明单位销售费用能够实现的销售收入，在一定程度上反映企业营销活动的效率。由于销售费用包括人员推销、广告宣传、销售管理费用等组成部分，因此还可进行更加具体的分析，比如，测量单位广告费用能够实现的销售收入，或单位推销费用能增加的销售收入，等等。

反映经营状况的这些比率通常需要进行横向的（不同企业之间）或纵向的（不同时

期之间）比较，才更有意义。

（二）经营审计

审计是对反映企业资金运动过程及其结果的会计记录及财务报表进行审核、鉴定，以判断其真实性和可靠性，从而为控制和决策提供依据的活动。根据审查主体和内容的不同，可将审计划分为三种主要类型：一是由外部审计机构的审计人员对企业财务报表及其反映的财务状况进行的外部审计；二是由内部专职人员对企业财务控制系统进行全面评估的内部审计；三是由外部或内部的审计人员对企业管理政策及其绩效进行评估的管理审计。

1. 外部审计

外部审计是由外部机构（如会计师事务所）选派的审计人员对企业财务报表及其反映的财务状况进行独立的评估。为了检查财务报表及其反映的资产与负债的账面情况和企业真实情况是否相符，外部审计人员需要抽查企业的基本财务记录，以验证其真实性和准确性，并分析这些记录是否符合公认的会计准则和记账程序。

外部审计实际上是对企业内部虚假、欺骗行为的一个重要而系统的检查，因此起着鼓励诚实的作用。由于知道外部审计不可避免地要进行，企业就会努力避免那些在审计时可能会被发现的不光彩的事。

外部审计的优点是审计人员与管理当局不存在行政上的依附关系，不需看企业经理的眼色行事，只需对国家、社会和法律负责，因而可以保证审计的独立性和公正性。但是，由于外来的审计人员不了解企业内部组织结构、生产流程的经营特点，在对具体业务的审计过程中可能产生困难。此外，处于被审计地位的企业内部组织成员可能产生抵触情绪，不愿积极配合，这也可能增加审计工作的难度。

2. 内部审计

内部审计提供了检查现有控制程序和方法能否有效地保证达成既定目标及执行既定政策的手段。例如，制造质量上乘、性能完善的产品是企业孜孜以求的目标，这不但要求采用先进的生产工艺、工人提供高质量的工作，而且对构成产品的基础（原材料）提出了相应的质量要求。这样，内部审计人员在检查物资采购时，就不局限于分析采购部门的账目是否齐全、准确，更试图测定材料质量是否达到要求。

根据对现有控制系统有效性的检查，内部审计人员可以提供有关改进公司政策、工作程序和方法的对策与建议，以促使公司政策符合实际，工作程序更加合理，作业方法得以正确掌握，从而更有效地实现组织目标。

内部审计有助于推行分权化管理。从表面上来看，内部审计作为一种从财务角度评价各部门工作是否符合既定规则和程序的方法，加强了对下属的控制，似乎更倾向于集权化管理。但实际上，企业的控制系统越完善，控制手段越合理，就越有利于分权化管理。因为主管们知道，许多重要的权力授予下属后，自己可以很方便地利用有效的控制系统和手段来检查下属对权力的运用状况，从而可能及时发现下属工作中的问题，并采取相应措施。内部审计不仅评估了企业财务记录是否健全、正确，而且为检查和改进现有控制系统的效能提供了一种重要的手段，因此有利于促进分权化管理的发展。

虽然内部审计为经营控制提供了大量的有用信息，但在使用中也存在不少局限性，主要表现在以下几个方面：

（1）内部审计可能需要很多的费用，特别是一些深入、详细的内部审计耗费甚多。

（2）内部审计不仅要搜集事实，而且需要解释事实，并指出事实与计划的偏差所在。要能很好地完成工作，而又不引起被审计部门的不满，需要对审计人员进行充分的技能训练。

（3）即使审计人员具有必要的技能，仍然会有许多员工认为审计是一种“密探”或“检查”工作，从而在心理上产生抵触情绪。如果审计过程中不能进行有效的信息和思想沟通，那么可能会对组织活动带来负激励效应。

3. 管理审计

外部审计主要核对企业财务记录的可靠性和真实性，内部审计在此基础上对企业政策、工作程序与计划的遵循程度进行检测，并提出必要的改进企业控制系统的对策建议。管理审计的对象和范围更广，它是一种对企业所有管理工作及其绩效进行全面、系统的评价和鉴定的方法。管理审计虽然可以组织内部的有关部门进行，但为了保证某些敏感领域得到客观的评价，企业通常聘请外部专家。

管理审计的方法是利用公开记录的信息，从反映企业管理绩效及其影响因素的若干方面入手，将企业与同行业的其他企业或其他行业的著名企业进行比较，以判断企业经营与管理的健康程度。管理审计着重关注以下几个方面：

（1）经济功能。检查企业产品或服务的价值，分析企业对社会和国民经济的贡献。

（2）企业组织结构。分析企业组织结构是否有效地达到了企业经营的目标。

（3）收入合理性。根据盈利的数量和质量（指盈利在一定时期内的持续性和稳定性）来判断企业盈利状况。

（4）研究与开发。评价企业研究与开发部门的工作是否为企业的未来发展进行了必要的新技术和新产品准备，管理当局对这项工作的态度如何。

（5）财务政策。评价企业的财务结构是否健全合理，企业是否有效地运用财务政策和控制来达到短期和长期目标。

（6）生产效率。保证在适当的时候提供符合质量要求的必要数量的产品，这对于维持企业的竞争能力是相当重要的。因此，要对企业生产制造系统在数量和质量的保证程度以及资源利用的有效性等方面进行评估。

（7）销售能力。销售能力影响企业产品能否在市场上顺利出售，这方面的评估包括企业商业信誉、代购网点、服务系统以及销售人员的工作技能和工作态度。

（8）对管理当局的评估。即对企业的主要管理人员的知识、能力、勤奋、正直、诚实等素质进行分析和评价。

管理审计在实践中遭到许多批评，其中比较重要的意见认为，这种审计过多地评价组织过去努力的结果，而不致力于预测和指导未来工作，以至于有些企业在获得了较好的管理审计评价后不久就遇到了严重的财务困难。

管理审计不是在一两个容易测量的活动领域进行比较，而是对整个组织的管理绩效进行评价，因此可以为指导企业在未来改进管理系统的结构、工作程序和结果提供有用的参考。

本章小结

控制就是按既定计划、标准和方法对工作进行对照检查，发现偏差，分析原因，进行纠正，以确保组织目标实现的过程。

控制按控制过程分为前馈控制、现场控制和反馈控制；按采取的控制方式分为集中控制、分层控制和分散控制；按控制主体可以分为直接控制和间接控制；按控制力量的来源分为外在控制与内在控制。

有效控制的原则有：重点原则、及时性原则、灵活性原则和经济性原则。

控制的基本过程都包括三个步骤，即确立控制标准、衡量绩效、纠正偏差。

控制的方法主要有：预算控制、生产控制和财务控制。

同步练习

第七章同步练习

管理实训

项目：编制预算方案

【实训目的】

培养学生初步掌握预算控制的能力。

【实训内容】

班级组织一次座谈会，需要购置水果、饮料、小吃、奖品、用具、装饰品等，为了使活动丰富多彩又节约，请你根据有关产品的市场价格和活动设计情况，做出本次活动的开支预算方案并进行解释。

【实训组织】

1. 小组作业，课上布置，课后完成。

2．在下一次课上，由小组代表演示，并加以分析。

3．教师点评并总结。

4．结束后每组成果以书面形式上交，教师课后批阅，给出成绩并保存。

【实训考核】

由教师根据每组的发言情况及预算方案进行评估打分。

第八章

创新职能

学习目标

阅读和学习本章后，你应该能够：

- 掌握创新的含义、特点、作用和类型
- 理解创新职能与“维持”职能（计划、组织、领导、控制）的关系
- 掌握创新职能的基本内容
- 掌握创新的过程和创新活动的组织

导入案例

华为的创新

过去20多年全球通信行业的最大事件是华为的崛起，华为以价格和技术的颠覆性创新彻底改变了通信产业的传统格局，从而让世界绝大多数普通人都能享受到低价优质的信息服务。华为投入了世界最大的力量在创新，但华为反对盲目的创新，反对为创新而创新，华为推动的是有价值的创新。任正非在公司内部讲话中指出：(1) 在向高端市场进军的过程中，不要忽略低端市场；(2) 聚焦主航道，以延续性创新为主，允许小部分力量有边界地去颠覆性创新；(3) 调整格局，优质资源向优质客户倾斜。

随着移动互联网和物联网、全息直播、无人驾驶、超高清视频等业务应用的逐步引入，世界进入了一个万物互联的全联接时代，而5G正是这全联接时代的关键焦点。与3G和4G相比，5G不仅仅是移动宽带的演进，而且会对整个通信产业带来革命性影响，并改变我们每个人的工作和生活方式，使人类社会全面进入数字化时代。而5G的成功，也必然建立在全球生态链健康发展的基础上，必须走开放创新、广泛合作的道路。5G将在系统容量、终端速率、时延、业务承载能力等多个方面实现大幅度提升，并构建以客户为中心的无线超宽带网络。

共建一个更美好的全联接世界一直是华为的宏伟愿景。为了应对5G长尾应用带来的苛刻技术挑战，华为坚持投入、持续创新，利用通信行业的知识积累和技术创新推动这一进程，成为全球5G发展的主要贡献者和领导者。华为自2009年启动5G研究以来，对内坚持持续创新，对外展开全球合作。目前在5G全频谱接入、新空口技术、云化网络架构以及新射频技术等领域的创新研究取得重大突破，并积累了丰富的实验室测试和快速外场验证能力。

在对外全球合作方面，华为通过与中国移动、DOCOMO、沃达丰、德国电信等多家业界顶级运营商的5G战略合作，联合产业阵营众多合作伙伴构筑5G生态系统，共同推动5G产业前行。华为先后投入预算6亿美元，建立了超500人的专家团队。此外，还与哈佛大学、斯坦福大学、慕尼黑工业大学、清华大学等20多所顶级高校开展5G联合研究，已发表5G论文超过190篇。华为不仅取得了5G关键技术突破，还积极参与全球主要5G行业组织，如欧盟5G公私合作联盟（5GPPP）等全球性组织，并与合作伙伴开展联合创新项目。凭借在2/3/4G时代的深厚积累以及5G研究的先发优势，携多项5G创新空口技术及最新研究成果亮相5G全球峰会，展示了世界第一个6GHz以下的5G测试样机，峰值速率突破10pbs/秒，受到业界高度关注并荣获2015年业界首个5G大奖。

（资料来源：华为官方网站. http://huawei.com）

受新一代信息技术刺激，传统意义上的产业周期在显著缩短，如何在衰退到来之前就实现凤凰涅槃重获新生？创新是唯一之路。习近平在欧美同学会成立100周年庆祝大会上指出："在激烈的国际竞争中，唯创新者进，唯创新者强，唯创新者胜。"诚然，创新也是一条充满挑战和风险之路，华为的创新之路就是如此。

组织、领导与控制是保证计划目标实现不可缺少的。从某种意义上来说，它们同属于管理的"维持职能"，其任务是保证组织按预定的方向和规则运行。但是，管理是在动态环境中生存的社会经济系统，仅有维持是不够的，还必须不断调整组织活动的内容和目标，以适应环境变化的要求——这就是经常被人们忽视的管理的"创新职能"。

第一节 创新概述

创新是企业活力的源泉，是企业家精神的重要内容。创新是企业管理的职能之一。德鲁克指出，如果管理人员只限于做已经做过的事情，那么，即使外部环境和条件资源都得到充分的利用，他的组织充其量不过是一个墨守成规的组织。这样下去，很有可能会造成衰退，而不仅仅是停滞不前的问题，在竞争的情况下，尤其是这样。他还指出，企业管理不是一种官僚的行政工作，它必须是创新性的，而不是适应性的工作。

一、创新的概念和特点

（一）创新的概念

“创新”一词是由美国哈佛大学教授、著名经济学家约瑟夫·熊彼特于1912年在其成名之作《经济发展理论》中首次提出的。根据熊彼特的观点，一个国家或地区的经济发展速度和水平，在很大程度上取决于该国或地区拥有创新精神的企业家的数量以及这些企业家在实践中的创新努力。创新是对“生产要素的重新组合”，它包括以下几个方面的内容：(1) 生产一种新产品；(2) 采用一种新的生产方法；(3) 开辟一个新的市场；(4) 获取或控制原材料和半成品的一种新的来源；(5) 实现一种新的工业组织。

知识链接

创新理论研究的开拓者——约瑟夫·熊彼特

现代管理大师彼得·德鲁克进一步提出：“创新的行动就是赋予资源以新的创造财富的能力的行为。”有两种不同的创新，一种是技术创新，它在自然界中为某种自然物找到新的应用并赋予经济价值；另一种是制度创新，它在经济社会中创造出一种新的管理机构、管理方式或管理手段，从而在资源的管理中取得更大的经济价值与社会价值。

管理创新就是根据内部条件和外部环境的变化，不断创造出新的管理制度、新的管理方法、新的工艺方式和新的市场，促使管理要素更加合理地组合运行。

（二）创新的特点

创新的重要性已为人所知，为了更有效地进行创新，我们必须认识创新的特点。一般而言，创新具有以下特点。

1. 创造性

创造性是指创新所进行的活动与其他活动相比，具有突破性的质的提高。也可以说，创新是一种将创造性构思付诸实践的结果。

创新的创造性，首先表现在新产品、新工艺上，或是体现在产品、工艺的显著变化上；其次表现在组织结构、制度安排、管理方式等方面的创新上。这种创造性的特点就是勇于打破常规，在把握规律的同时能紧紧抓住时代前进的趋势，勇于探索新路子。

2. 风险性

由于创新过程涉及许多相关环节和影响因素，从而使得创新结果存在一定程度的不确定性，也就是说，创新带有较大的风险性。一个创新的背后往往有着数以百计的失败的设想。据统计，在美国，企业产品开发的成功率只有20%～30%，如果计算从设想到进行开发到成功的比率，那就更是凤毛麟角了。

创新具有风险性，首先是因为创新的全过程需要大量的投入，这种投入能否顺利地实现价值补偿，受到来自技术、市场、制度、社会、政治等不确定因素的影响。其次是因为竞争过程的信息不对称，竞争者也在进行各种各样的创新，但其内容我们未必清楚，因而我们花费大量的时间、财力、人力资源研究出来的成果，很可能对手已经抢先一步获得或早已超越这一阶段，从而使我们的成果失去意义。再次是因为创新作为一个决策过程，无法预见许多未来的环境变化情况，故不可避免地带有风险性。

3. 高收益性

企业创新的目的是要增加企业的经济效益，以促进企业发展。在经济活动中，高收益往往与高风险并存，创新活动也是如此，因而尽管创新的成功率较低，但成功之后可获得的利润却很丰厚，这就促使企业不断投入创新。微软公司创办初期，仅有 1 种产品、3 个员工和 1.6 万美元的年收入，但它经过持续的创新活动获得了巨大的经济效益，从而一跃成为大型跨国高科技公司，董事长比尔·盖茨本人也成为世界首富。

4. 系统性

企业创新是涉及战略、市场调查、预测、决策、研究开发、设计、安装、调试、生产、管理等一系列过程的系统活动。这一系列活动是一个完整的链条，其中任何一个环节出现失误都会影响整个企业创新的效果。同时，与经营过程息息相关的经营思想、管理体制、组织结构的状态也影响着整个企业的创新效果。所以，创新具有系统性。创新的系统性还表现在创新是许多人共同努力的结果，它通常是远见和技术的结合，需要众多参与人员的相互协调和相互作用，才能产生系统的协同效应，使创新达到预期的目的。

5. 时机性

时机是时间和机会的统一体，也就是说，任何机会都是在一定的时间范围内存在的。如果我们正确地认识客观存在的时机并能充分地利用时机，就有可能获得较大的发展；反之，如果错失了时机，我们的种种努力就会事倍功半，甚至会前功尽弃，出现危机。

创新也具有这样的时机性。消费者的偏好处于不断的变化之中，同时社会的整体技术水平也在不断提高，因而使创新在不同方向具有不同的时机，甚至在同一方向也随着阶段性的不同具有不同的时机，从而要求创新者在进行创新决策时，必须根据市场的发展变化趋势和社会的技术水平进行方向选择，并识别该方向的创新所处的阶段，选准切入点。

6. 适用性

创新是为了进步与发展，因而只有能够真正促使企业进步与发展的创新，才是真正意义上的创新。从这个意义上说，创新并非越新奇越好，而是以适用为基本准则。对同一个企业来说，由于基础条件不同、历史背景不同、所处环境不同、经营战略不同，从而需要解决的问题和达到的目的也不同。因而，不同的企业采取的创新方式也应该有所区别，要使创新满足本企业的适用需求。

7. 相对性

创新相对性主要表现在范围和程度两个方面。在范围方面有组织内的创新、地区性的创新、行业性的创新、全国性的创新、世界性的创新等；在程度方面有局部性的创新和整体性的创新，有渐进性的创新和根本性的创新，有模仿型创新和自主型创新。对产品创新而言，有老产品调整改革的创新，也有创造新产品的创新。组织应根据自身的情况做出相应范围和程度的创新选择。

8. 动态性

组织内外各种因素是不断发展变化的，不仅组织的外部环境和内部条件在不断发生变化，而且组织的创新能力也要不断积累、不断提高，决定创新能力的创新要素也都要进行动态调整。因此，创新绝不是静止的，而是动态的。不同时期组织的创新内容、方式、水平等都是不同的。高水平的创新总是会替代低水平的创新，从而推动组织发展，社会进步。

9. 知识密集性

创新过程在物质形态上表现为产生新产品、新服务或新流程，从知识形态上看则是进行大量的知识收集、加工、分析、抽象思维，最终形成新知识的过程。只有经过充分的知识积累，具备了以密集的知识为基础的创新能力，才有可能获得具有创造性和实用性的创新成果。

二、创新的作用

创新是现代管理的一项重要职能，对于组织乃至整个社会都具有十分重要的意义。

（一）创新是保持组织活力的源泉

在组织生存与发展过程中，都会逐步形成一套特有的处事原则、活动程序等，也就是形成自己特有的文化。这种特有文化的形成，势必束缚人们的思想，导致组织陷入僵化。创新就是对原有次序的一种否定，它能消除存在于组织成员中的惰性，促使组织成员不断地审视过去，积极探索新的行为模式，使整个组织充满生机和活力。此外，创新能不断完善组织的内部管理，使组织有效地适应环境的变化，从而更具生命力。

（二）创新是组织适应环境的根本

人的生存能力取决于人对自然环境和社会环境的适应能力，而组织的生存与发展则取决于对环境变化的应变程度。一个组织要有效地适应环境的变化，就必须对组织的内部条件进行改革和创新，没有组织机构和管理制度的完善，没有生产技术的进步、产品的革新和新产品的开发，没有资源配置的调整等的创新，适应环境变化就只是一句空话。

（三）创新是组织发展的客观要求

组织的发展在于生存空间的不断扩大，以及组织资产的不断增值。而生存空间的扩大和资产的增值，客观上要求组织不断拓展新的业务范围（地域范围和产品品种范围），不断运用先进的生产技术提高产品质量、降低成本，不断根据环境的变化调整自己的管理观念、手段和方法等，而这些只能通过创新来实现。没有创新，就没有组织的长远发展。

（四）创新是推动社会进步的重要力量

马克思说过，人类文明发展史实际上是一部生产力的发展史。而推动生产力发展最直接、最主要的动因就是创新。熊彼特在著作中也指出，资本主义的发展主要依赖于创新这一内在因素。创新必须符合市场的需要，符合社会发展的需要，否则，就不可能成为成功的创新，所以，任何创新都将对社会发展产生推动作用。此外，创新虽然是从局部开始的，但它的扩散作用，势必带动整个社会管理水平的提高，以及新技术的普及运用，从而极大地推动社会进步。

三、创新与维持的关系

在特定时期内将某一组织的管理工作可以概括为：设计系统的目标、结构和运行规划，启动并监视系统的运行，使之按预定的规则操作；分析系统运行中的变化，进行局部或全局的调整，使系统不断呈现新的状态。显然，其核心是维持与创新。任何组织系统的任何管理工作无不包含在“维持”或“创新”中。维持和创新是管理的本质内容，有效的管理是适度的维持与适度的创新的组合。

既然创新职能与维持职能一样，对组织生存发展至关重要，贯彻于整个组织的管理活动之中，那么，管理的创新职能和维持职能到底是什么关系呢?

首先，两者对组织生存和发展都非常重要，是管理活动的基本职能。

管理的四大“维持”职能是组织得以顺利存在的基本手段，也是组织中管理者和成员日常从事的基本活动。如果没有了计划、组织、领导、控制活动，组织的目标难以实现，计划无法制订和落实，工作可能偏离计划，组织要素就有可能相互脱离、各自为政、各行其是，造成资源浪费，组织效能低下。所以，维持对于企业的延续至关重要。

组织除了生存活动，还有发展活动。组织作为社会经济生态系统的一员，它除了经历内部组织要素自身不断变化发展之外，还要不断地与变化发展的组织外部环境发生物质、信息、能量的交换，这些内外变化必然会对组织活动产生不同程度的，甚至是生死攸关的影响。组织若不能及时发现这些变化，并适时进行局部或全局性调整，则有可能被变化的内外环境所淘汰。因此，创新也是组织的基本职能。

其次，创新和维持相互联系、互为条件、相互促进。

组织的管理活动是一个从创新到维持、再到创新和再到维持的循环往复的过程，互为基础，互为依托。创新是维持基础上的发展，而维持则是创新的逻辑延续；维持是为了实现创新的成果，而创新则是为更高层次的维持提供依托和框架。任何管理工作，都应围绕着系统运转的维持和创新而展开。就如同组织生命周期、产品生命周期、产业生命周期、经济周期一样，创新和维持就是在相互作用的条件下，不断地从低到高、从初级到高级的提升，从而促进管理水平的提高。

有效的管理就是根据组织内外环境条件实现维持与创新的最优组合的管理，准确把握维持与创新的均衡度。一方面，如果忽视组织内外环境变化，过度维持会引发组织的僵化和保守，抑制组织成员能力的发展，导致组织的反应能力下降，错失发展机遇；或者只注重组织的短期利益，而忽视组织的长期发展战略。另一方面，如果忽视组织的自身条件，过度创新会导致组织运行的规章制度等权威性减弱、组织结构紊乱、专业化程度削弱；或者不惜消耗大量的人力、物力和财力等资源，又不能从创新中得到收益，往往会导致组织凝聚力下降，乃至使组织瓦解。因此，只有创新没有维持，系统便会呈现无时无刻无所不变的无序的混乱状态，而只有维持没有创新，系统则缺乏活力犹如一潭死水，适应不了外界的变化，最终会被环境淘汰。维持和创新对管理者的管理技能要求是不同的，创新更多强调的是概念技能。在具体的管理实践中，管理者真正要把握好这两个活动的均衡度非常困难，这也体现了管理者的管理水平。一个好的管理者就是能将两者完美结合如同弹钢琴的艺术家一样，张弛有度、进退有节。

四、创新的种类

创新可以按照不同的标准进行分类。对创新进行分类的目的是在实际工作中能够针对不同类型的创新，采取不同的创新方法和手段，从而更有效地开展创新活动。由于创新主体所在的行业、规模、环境及创新能力不同，创新必然表现出不同的类型。

（一）局部创新与整体创新

从创新的规模与创新对组织的影响大小来分，可以把创新分为局部创新和整体创新。

1. 局部创新

局部创新是指在组织的目标与性质不变的前提下，对组织内部的某些内容、某些生产要素的组合方式、某些技术进行的创新或改造。这种创新只对组织的某个局部产生影响，并且规模也相对较小。简单地说，局部创新是在组织的个别部门、组织运行的个别环节进行的创新。

2. 整体创新

整体创新是指对组织的整体进行的改革，或者对组织发展起决定性作用的技术方面的创新。整体创新的特点是对组织的影响较大，创新本身的规模也较局部创新大，对组织的发展具有十分重大的意义。整体创新是由全体成员共同参与、涉及整个组织各方面的创新。

（二）自发创新和有组织的创新

从创新的组织程度进行分类，可以把创新分为自发创新和有组织的创新。

1. 自发创新

自发创新是指由组织成员自发进行的创新活动，比如，小岗村农民进行“包产到户”的试验就属于自发创新。自发创新通常是局部的、小范围的，并且极有可能遭到保守势力的反对和扼杀而失败。同时，由于缺乏组织，自发创新的进程、程度和影响难以控制，这会使创新结果充满不确定性。

2. 有组织的创新

与自发创新相对应的是有组织的创新。有组织的创新包含两层意思：一是组织的管理人员根据组织发展的需要，积极主动地寻求创新的机会与办法，计划和组织活动，以创新来促进组织的发展；二是组织的管理人员积极加强对自发创新的引导，使之与组织的发展目标相一致，为组织的发展服务。

（三）渐进性创新和根本性创新

根据创新的广度和深度的不同，可以把创新分为渐进性创新和根本性创新。

1. 渐进性创新

渐进性创新是指渐进的、连续的小创新。这些小创新常出自直接从事生产的工程师、工人或用户之手。通常情况下，渐进性创新对产品成本、可靠性和其他性能都有显著的影响，虽然每个渐进的创新所带来的变化是小的，但其重要性不可低估。这是因为，一是许多大创新需要有与其相应的若干小创新的辅助才能发挥作用；二是一些创新虽然从规模、科学突破上看较小，但却可能有很大的商业价值；三是渐进性创新的累积效果常常促使创新发生连锁反应。

2. 根本性创新

根本性创新是指在观念和结果上有根本突破性的创新，通常是指企业首次向市场引入的、能对经济产生重大影响的创新产品或技术，它一般是研究开发部门精心研究的结果，常伴有产品创新、过程创新和组织创新的连锁反应。这类创新要求全新的技能、工艺以及贯穿整个企业的新的组织方式。

（四）自主创新、模仿创新与合作创新

根据组织是依靠自身力量还是模仿进行创新，可以把创新分为自主创新、模仿创新与合作创新。

1. 自主创新

自主创新是指企业通过自身的努力，依靠自身力量进行的创新。在自主创新中，知识、技术或制度等方面的关键性突破是依靠自身力量实现的，这是自主创新的本质特点。一般说来，自主创新所具有的率先性不仅能为创新企业在竞争环境中确立优势地位提供前提，而且还能给创新企业带来大量的渐进性创新以及与之相关联的创新群。在各种创新活动中，自主创新最具有主动性和专有性，但这种主动性和专有性是以企业自身的知识和能力为条件的，也是以独立承担创新风险为代价的。因此，自主创新也是难度最大、风险最高的创新。自主创新主要适用于风险型及高新技术企业。

2. 模仿创新

模仿创新是指企业在率先创新的示范影响和创新利益的诱导之下，通过合法方式学习、模仿别人的创新思路和创新成果，并在此基础上进行改进的一种创新形式。显然，模仿创新不是照抄照搬式的原样仿造，而是在保持原样的前提下有所发展、有所改善。一般说来，模仿创新是一种跟随性的被动创新。但模仿创新对模仿对象的选择，往往以率先创

新的成功企业为基础，这样模仿创新就具有较低的风险，而且可以吸取率先创新成功者的经验和失败的教训。

3. 合作创新

合作创新是指企业与科研机构、高等院校及其他企业之间所进行的联合创新行为。它通常是以合作伙伴的共同利益为基础，以资源共享和优势互补为前提，有明确的合作目标、合作期限和合作规则，双方相互信任，在创新的全过程或某些环节共同投入、共同参与、共享成果、共担风险。因此，合作创新不但可以使创新资源组合趋于优化，缩短创新时间，减少创新的不确定性，扩大创新空间，而且能够分摊创新成本，分散创新风险。通过合作创新，往往还可以使具有激烈竞争关系和利益冲突的企业联合起来，使合作各方获得更大的利益。所以合作创新已成为非常重要并日趋普遍的一种创新方式。合作创新的主要形式有：企业与企业之间的合作创新、企业与科研机构之间的合作创新，企业、高等院校及科研机构之间的合作创新等。

（五）主动创新与被动创新

根据创新的主体是否主动进行创新来分类，可以把创新分为主动创新和被动创新。

1. 主动创新

主动创新是指企业受到激励而产生的主动创新行为，表现为“我要创新”。主动创新在创新时间上领先、在创新成果上领先、在创新的持续性上领先。企业从事主动创新的前提是企业家看到或寻找到潜在的市场机会，发现科研成果的应用前景。从事主动创新的企业在创新方式上可以多样化，既可以自主创新，也可模仿创新。

2. 被动创新

被动创新是指企业迫于外在压力，在生存和发展受到威胁时而从事的创新。被动创新不会成为率先创新者，其最好的发展趋势是成为创新追随者。被动创新有其存在的客观条件，采用守成战略或缺乏创新意识的企业从事的都是被动创新。被动创新对企业发展是谋利之举，它也许对企业业绩无大的改观，但能对业绩起到维持作用。被动创新的企业属竞争适应型企业，其创新目标在于适应市场变化而不是创造新市场，满足于维持市场份额和竞争地位。

第二节　创新职能的基本内容

创新是一种思想及在这种思想指导下的实践活动，是一种原则及在这种原则指导下的具体活动，这是管理的一种基本职能。因为管理系统是一个动态的系统，仅有属于管理“维持职能”的计划、组织、领导和控制职能是不够的，还应该有能够随环境条件的变化而不断调整的“创新职能”。创新职能是管理系统中通过提供的产品或者服务的更新和完善以及其他管理职能的变革和改进来证明其存在的。对于一个有活力的组织来讲，创新无时不在，无处不在。创新贯穿于各项管理职能和组织的各个层次之中，是各项管理职能的灵魂和核心。

对于一个管理系统而言，创新涉及许多方面的内容，但其基本的内容主要表现在观念创新、目标创新、制度创新、技术创新、环境创新和组织创新等方面。

一、观念创新

观念创新的精髓是永远不存在固定的思维模式。世界著名管理大师德鲁克曾经指出："当今社会不是一场技术也不是软件、速度的革命，而是一场观念的革命。"华人管理大师石滋宜博士也指出："现在是人们的想法、观念必须完全改变的时代。"过去最有价值的东西是看得见的，而现在，最有价值的东西是看不见的，如知识、智慧。过去是企业利益优先，一切以利润最大化作为企业行为的标准，而现在要改为顾客利益优先，一切为顾客着想，让顾客满意。过去看中的是实物财产，现在更重视商品品牌、企业形象等无形资产。例如青岛海尔集团，1984 年从一个资不抵债、亏损 147 万元的集体所有制小厂，发展壮大成为今天中国家电行业的骄子，其中关键的一条就是企业领导人总是在自己思想深处找原因，面对市场不断转换经营观念，牢牢树立顾客导向意识，并信奉"市场唯一不变的法则是永远在变"。观念变革要求企业应成为"学习型组织"，因为知识经济时代，对于每一个参与竞争的企业来说，学习能力正成为新的核心竞争力。企业要善于突破现有观念的束缚，对新思想、新观念抱有积极的态度，以开放的心态主动地吸收外部新的信息，不断提高自身的综合素质和风险承受能力，这样才能实现真正的快速发展。

阅读资料一

把梳子卖给和尚

二、目标创新

企业是在一定的经济环境中从事经营活动的，特定的环境要求企业按照特定的方式提供特定的产品。当环境发生变化时，企业的生产方向、经营目标以及企业在生产过程中与其他社会经济组织的关系就要进行相应的调整。我国的社会主义工业企业，在高度集权的经济体制背景下，必须严格按照国家的计划要求来组织内部的活动。经济体制改革以来，企业同国家和市场的关系发生了变化，企业必须通过其自身的活动来谋求生存和发展。因此，在新的经济背景下，企业的目标必须调整为"通过满足社会需要来获取利润"。至于企业在各个时期的具体经营目标，则更需要适时地根据市场环境和消费需求的特点及变化趋势加以整合，每一次调整都是一种创新。

三、制度创新

制度是组织运行方式的原则规定。制度创新是从社会经济角度来分析企业系统中各成员间的正式关系的调整和变革。企业制度主要包括产权制度、经营制度和管理制度三个方面的内容。

产权制度是决定企业其他制度的根本性制度，它规定着企业最重要的生产要素的所有者的权力、利益和责任。产权制度主要是指企业生产资料的所有制，企业产权制度的创新应朝着寻求生产资料的社会成员“个人所有”与“共同所有”的最适度组合的方向发展。

经营制度是有关经营权的归属及其行使条件、范围、限制等方面的原则规定。经营制度的创新方向应是不断寻求企业生产资料最有效利用的方式。

管理制度是行使经营权、组织企业日常经营的各种具体规则的总称，包括对材料、设备、人员及资金等各种要素的取得和使用的规定。在管理制度的众多内容中，分配制度是极其重要的内容之一，提供合理的报酬以激励劳动者的工作热情，对企业的经营有着非常重要的意义。分配制度的创新在于不断地追求和实现报酬与贡献的更高层次上的平衡。

产权制度、经营制度和管理制度三者之间的关系是错综复杂的，企业制度创新的方向是不断调整和优化企业所有者、经营者、劳动者三者之间的关系，使各个方面的权力和利益得到充分的体现，使组织各成员的作用得到充分的发挥。

四、技术创新

技术创新是企业创新的主要内容，企业中出现的大量创新活动是有关技术方面的。技术水平是反映企业经营实力的一个重要标志，企业要在激烈的市场竞争中处于主动地位，就必须不断地进行技术创新。由于一定的技术都是通过一定的物质载体和利用这些载体的方法来实现的，因此企业的技术创新主要表现在要素创新、要素组合方法的创新和产品创新三个方面。

（一）要素创新

企业的生产过程是一定的劳动者利用一定的劳动手段作用于劳动对象，使之改变物理、化学形式或性质的过程。参与这个过程的要素包括材料、设备以及企业员工三类。材料是构成产品的物质基础，材料的费用在产品成本中占很大的比重，材料的性能在很大程度上影响产品的质量。设备创新对于减少原材料、能源消耗，对于提高劳动生产率、改善劳动条件、改进产品质量有十分重要的意义。企业的人事创新，既包括根据企业发展的技术进步的要求，不断地从外部取得合格的新的人力资源，也包括注重企业内部现有人力的继续教育，提高人的素质，以适应技术进步后的生产与管理的要求。

（二）要素组合方法的创新

利用一定的方式将不同的生产要素加以组合，这是形成产品的先决条件。要素的组合包括生产工艺和生产过程的时空组织两个方面。

生产工艺创新既要根据新设备的要求，改变原材料、半成品的加工方法，也要求在不改变现有设备的前提下，不断研究和改进操作技术和生产方法，以求实现对现有设备的更充分的利用和对现有材料的更合理的加工。工艺创新与设备创新是相互促进的，设备的更新要求工艺方法进行相应的调整，而工艺方法的不断完善又必然促进设备的改造和更新。

生产过程的组织包括设备、工艺装备、在制品以及劳动在空间上的布置和时间上的组合。空间布置不仅影响设备、工艺装备和空间的利用效率，而且影响人机配合，从而直接影响工人的劳动生产率；各生产要素在时空上的组合，不仅影响在制品、设备、工艺装备的占用数量，从而影响生产成本，而且影响产品的生产周期。因此，企业应不断地研究和采用更合理的空间布置和时间组合方式，以提高劳动生产率，缩短生产周期，从而在不增加要素投入的前提下，提高要素的利用效率。历史上，福特汽车公司将泰勒的科学管理原理与汽车生产实践相结合而产生的流水线生产方式是一个典型的生产组织创新。

（三）产品创新

产品创新包括品种和结构的创新。品种创新要求企业根据市场需求的变化，根据消费者偏好的转移，及时地调整企业的生产方向和生产结构，不断开发出用户欢迎的适销对路的产品；产品结构的创新在于不改变原有品种的基本性能，对现在生产的各种产品进行改进和改造，使其生产成本更低，性能更完善，使用更安全，从而更具市场竞争力。产品创新是企业技术创新的核心内容。它既受制于技术创新的其他方面，又影响其他技术创新的发挥：新的产品、产品的新的结构，往往要求企业利用新的机器设备和新的工艺方法，而新设备、新工艺的运用又为产品的创新提供了更优越的物质条件。

五、环境创新

组织与人都生活在特定的环境之中，环境的好坏对人有着重要的影响，同样，环境的好坏对一个组织的生存与发展也有着重要的影响。离开了环境，组织也就不存在了，更谈不上管理了。由于环境对组织、对管理如此重要，因此，在管理过程中，必须对组织所处的环境有一个清醒的认识，因为管理的成效在很大程度上取决于管理行为符合环境需要的程度。一切脱离环境的管理行为，最终都会造成组织的损失。

所谓环境创新，就是有效利用组织的资源，突破局部环境的束缚，造就一个有利于组织生存与发展的环境状态的过程。管理必须有效地适应环境的变化，但适应环境变化决不是管理的全部，管理同时还是一种改造环境的创造性活动。

对于组织的外部环境，管理人员的改造能力是很有限的，但绝不是一筹莫展。管理人员完全可以利用自己的聪明才智，利用组织有限的力量，通过创造市场、战略重组等手段，突破局部环境的束缚，为组织的生存与发展创造一个良好的局部环境。

对于组织的内部环境，管理人员是可以控制和改造的，而且是管理人员发挥自己领导才能的舞台。作为现代管理人员，必须树立环境创新的思想意识，主动积极地投身到环境的变化之中。

一般来说，环境创新首先是从完善内部条件入手（也就是内部环境创新）的。没有良好的内部管理，没有奋发向上的精神文化，没有先进的生产技术和雄厚的技术开发能力等作为基础，环境创新就只是一句空话。其次，环境创新必须有效地利用外部环境变化所提供的机会。对于组织来说，创新环境的能力是很有限的，只有把组织有限的能量与环境变化所提供的机会有机地结合起来，才能很好地突破局部环境的束缚，为自己营造一个良好的发展空间。

六、组织创新

组织结构是企业在构建组织时根据一定的标准，将那些类似的或与实现同一目标有密切关系的职务或岗位归并到一起，形成不同的管理部门。组织结构与各管理部门之间、与不同层次的管理部门之间的关系有关，不同的机构设置，要求有不同的组织结构形式。因此，不同的企业有不同的组织形式，同一企业在不同的时期，随着经营活动的变化，也要求组织的机构和结构不断调整。目前在组织结构创新方面可借鉴以下一些成功经验。

（一）压缩管理层次

彼得·德鲁克在其经典著作《管理的实践》中建议每个组织最多设置7个层次。汤姆·彼得斯则认为，那是在20世纪50年代的比较平静的时期提出来的，在今天这个急剧变化的时代，只有事业部较多的一类公司及非常复杂的组织才需要采用最多5层的结构，而对于任何单一的机构，如加工厂、操作中心或分销中心等最多只能有3个层次。这3个层次是：工长或领班、部门负责人、单位总经理或总裁。其中，工长或领班的工作内容和权限最需要重新确定，并使其管理幅度在1∶25到1∶75。

（二）把职能部门人员的工作地点设置在现场

虽然大部分工作的进展缓慢是由于职能部门的人员过多和职务层次过多造成的，但职能人员的工作地点和工作内容与他们的人数一样重要。像玛斯公司这样一家销售收入达70亿美元的公司，总部只有30人。该企业的效益之所以较高的主要原因在于把几乎所有的职能部门人员都安排到工厂、销售办事处和分销中心去了，而不是把职能部门人员集中在公司总部或其他总部。

（三）成立解决问题行动小组

强调快速反应是优秀企业的最大特征之一。组织规模越大，成员行动的目标一致性、快速性、协调性就越差。成功的行动小组通常具有以下特征：（1）为解决共同的问题而聚在一起。（2）人数不多，通常不超过10人。（3）工作进展的报告层次与成员的资深和问题的重要性成正比。（4）非长期性。问题解决，小组会自动解散。（5）自愿性和非正式性。（6）接受迅速追踪考核。（7）没有文秘类的助理人员。（8）档案文档是非正式的，而且往往少之又少。

阅读资料二

鞍钢宪法的管理创新

第三节　创新的过程和组织

一、创新的过程

要有效地组织创新活动，就必须研究和揭示创新的规律。一般来说，创新必须依循一定的步骤、程序和规律。创新是对旧事物的否定，对新事物的探索。创新在最终的成果取得之前，可能要经历无数次反复，无数次失败。创新必须突破原先的制度，破坏原先的秩序，在不断的尝试中寻找新的程序、新的方法。成功的创新要经历寻找机会、提出构想、迅速行动、坚持不懈这样几个阶段。

（一）寻找机会

创新是对原有秩序的破坏。创新活动正是从发现和利用旧秩序内部的那些不协调开始的。组织的创新，往往是从密切地注视、系统地分析社会经济组织在运行过程中出现的不协调开始的。管理者要以敏锐的眼光捕捉这些不协调，并引导组织成员分析导致不协调的原因；同时让他们认识到这可能给组织带来的巨大的机会或严重的威胁，使他们意识到创新的必要性和紧迫性。如果所有组织成员或大多数组织成员达成了共识，则创新的时机就成熟了。

（二）提出构想

在观察到不协调现象的产生以后，还要透过现象究其原因，分析和预测不协调的未来变化趋势，估计它们可能给组织带来的积极或消极后果，并在此基础上，努力利用机会或将威胁转变为机会，提出多种解决问题、消除不协调、使系统在更高层次实现平衡的创新构想。

（三）迅速行动

创新成功的秘密在于迅速行动。提出的构想可能还不完善，但这种并非十全十美的构想必须立即付诸行动才有意义。一味追求完美，可能坐失良机，把创新的机会白白地送给竞争对手。20 世纪 70 年代，施乐公司为了把产品搞得十全十美，在罗彻斯特建造了一座由工商管理硕士（MBA）占用的 29 层高楼。这些 MBA 们在大楼里对第一件可能开发的产品设计了拥有数百个变量的模型，编写了一份又一份市场调查报告，然而，当这些人继续不着边际地分析时，当产品研制工作被搞得越来越复杂时，竞争者已把施乐公司的市场抢走了50%以上。创新的构想只有在不断地尝试中才能逐渐完善，企业只有迅速地行动才能有效地利用“不协调”提供的机会。

（四）坚持不懈

构想经过尝试才能成熟，而尝试是有风险的。创新的过程是不断尝试、不断失败、不断提高的过程。因此，创新者在开始行动以后，为取得最终的成功，必须坚定不移地继续下去，绝不能半途而废，否则便会前功尽弃。要在创新中坚持下去，创新者必须有足够的自信心、较强的忍耐力，能正确对待尝试过程中出现的失败。伟大的发明家爱迪生曾经说过：我的成功乃是从一路失败中取得的。这句话对创新者应该有所启示。

二、创新活动的组织

组织的管理者不仅要根据创新的上述规律和特点的要求，对自己的工作进行创新，而且更主要的是组织下属创新。组织创新，不是去计划和安排某个成员在某个时间去从事某种创新活动——这在某些时候也许是必要的，但更要为部属的创新提供条件、创造环境，有效地组织内部的创新。

（一）正确理解和扮演“管理者”的角色

管理人员往往是保守的。他们往往以为组织雇用自己的目的是维持组织的运行，因此自己的职责首先是保证预先制定的规则的执行和计划的实现，“组织的活动不偏离计划的要求”便是优秀管理人员的象征。因此，他们往往自觉或不自觉地扮演现有规章制度的守护神的角色。为了减少组织运行中的风险，防止大祸临头，他们往往对创新尝试中的失败吹毛求疵，随意惩罚在创新尝试中遭到失败的人，或轻易地奖励那些从不创新、从不冒险的人。在分析了关于管理的维持与创新职能的作用后，再这样狭隘地理解管理者的角色，显然是不行的。管理人员必须自觉地带头创新，并努力为组织成员提供和创造一个有利于创新的环境，积极鼓励、支持、引导组织成员进行创新。

（二）营造促进创新的组织氛围

促进创新的最好方法是大张旗鼓地宣传创新，激发创新，树立“无功便是有过”的新观念，使每一个人都奋发向上、努力进取、跃跃欲试、大胆尝试。要造成一种人人谈创新、时时想创新、无处不创新的组织氛围，使那些无创新欲望或有创新欲望却无创新行动、从而无所作为者感觉到在组织中无立身之处，使每个人都认识到组织聘用自己的目的不是要自己简单地用既定的方式重复那些也许重复了许多次的操作，而是希望自己去探索新的方法，找出新的程序，只有不断地去探索、去尝试才有继续留在组织中的资格。

（三）制定有弹性的计划

创新意味着打破旧的规则，意味着时间和资源的计划外占用，因此，创新就要求组织的计划必须具有弹性。

创新需要思考，思考需要时间。把每个人的每个工作日都安排得非常紧凑，对每个人在每时每刻都实行“满负荷工作制”，则创新的许多机遇便不可能被发现，创新的构想也无条件产生。美籍犹太人宫凯尔博士对日本人的高节奏工作制度就不以为然，他说：“一个人成天在街上奔走，或整天忙于做某一件事……没有一点清闲的时间可供他去思考，怎么会有新的创见？”他认为，每个人“每天除了必须的工作时间外，必须抽出一定时间去供思考用”。美国成功的企业，也往往让员工自由地利用部分工作时间去探索新的设想。据《创新者与企业革命》一书介绍，IBM、3M、奥尔-艾达公司以及杜邦公司等都允许员工利用5% ~15%的工作时间来开发他们的兴趣和设想。同时，创新需要尝试，而尝试需要物质条件和试验的场所。要求每个部门在任何时间都严格地制订和执行严密的计划，则创新会失去基地，而永无尝试机会的新构想就只能留在人们的脑子里或图纸上，不可能给组织带来任何实际的效果。因此，为了使人们有时间去思考、有条件去尝试，组织制订的计划必须具有一定的弹性。

（四）正确地对待失败

创新的过程是一个充满着失败的过程。创新者应该认识到这一点，创新的组织者更应该认识到这一点。只有认识到失败是正常的，甚至是必需的，管理人员才可能允许失败，支持失败，甚至鼓励失败。当然，支持尝试、允许失败，并不意味着鼓励组织成员去马马虎虎地工作，而是希望创新者在失败中吸取有用的教训，学到一点东西，变得更加理智，从而缩短下次失败到创新成功的路程。美国一家成功的计算机设备公司在它那只有五六条的企业哲学中甚至这样写道：“我们要求公司的人每天至少要犯10次错误，如果谁做不到这一条，就说明谁的工作不够努力。”

（五）建立合理的奖酬制度

要激发每个人的创新热情，还必须建立合理的评价和奖惩制度。创新的原始动机也许是个人的成就感、自我实现的需要，但是如果创新的努力不能得到组织或社会的承认，不能得到公正的评价和合理的奖酬，则继续创新的动力就会渐渐消失。促进创新的奖酬制度至少要符合下述几个条件。

1. 注意物质奖励与精神奖励相结合

奖励不一定是金钱，而且往往不需要是金钱方面的，精神上的奖励也许比物质报酬更能满足人们创新的心理需要。而且，从经济的角度来考虑，物质奖励的效益要低于精神奖励，金钱的边际效用是递减的，为了激发或保持同等程度的创新积极性，组织不得不支付越来越多的奖金。对创新者个人来说，物质上的奖酬只在一种情况下才是有用的：奖金的多少首先被视作衡量个人工作成果和努力程度的标准。

2. 奖励不能视作“不犯错误的报酬”，而应是对特殊贡献，甚至是对希望做出特殊贡献的努力的报酬

奖励的对象不仅包括成功以后的创新者，而且应当包括那些成功以前，甚至是没有获得成功的努力者。就组织的发展而言，也许重要的不是创新的结果，而是创新的过程。如果奖酬制度能促使每个成员都积极地去探索和创新，那么必然会产生对组织发展有利的结果。

3. 奖励制度要既能促进内部的竞争，又能保证成员间的合作

内部的竞争与合作都是重要的。竞争能激发每个人的创新欲望，从而有利于创新机会的发现、创新构想的产生，而过度的竞争则会导致内部的各自为政、互相封锁；协作能综合各种不同的知识和能力，从而可以使每种创新构想更加完善，但没有竞争的合作难以区别个人的贡献，从而会削弱个人的创新欲望。要保证竞争与协作的结合，在奖励项目的设置上，可考虑多设集体奖，少设个人奖，多设单项奖，少设综合奖；在奖金的数额上，可考虑多设小奖，少设甚至不设大奖，以使每一个人都有成功的希望，避免“只有少数人才能成功的超级明星综合征”，从而防止相互封锁和保密、破坏合作的现象。

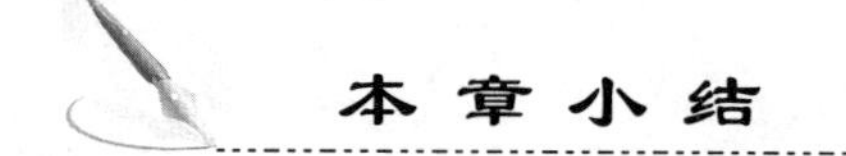

本章小结

创新首先是一种思想及在这种思想指导下的实践，是一种原则以及在这种原则指导下的具体活动，创新职能是管理的一种基本职能。创新包括以下几个方面的内容：生产一种新产品，采用一种新的生产方法，开辟一个新的市场，获取或控制原材料和半成品的一种新的来源，实现一种新的工业组织。

管理创新的内容包括观念创新、目标创新、制度创新、技术创新、环境创新和组织创新。

成功的创新要经历寻找机会、提出构想、迅速行动、坚持不懈这样几个阶段。组织创新不是去计划和安排某个成员在某个时间去从事某种创新活动——这在某些时候也许是必要的，但更要为部属的创新提供条件、创造环境，有效地组织系统内部的创新。

同步练习

第八章同步练习

管理实训

项目：创新思维训练

【实训目的】

通过分组讨论、辩论，激发学生的创新思维，掌握管理创新的主要内容。

【实训内容】

创新方案的制订。

【实训组织】

将班级同学分成若干个小组，每个小组推选一名组长。假设某公司面临经营困难，组内针对这家公司设计一些创新改革方案，以图扭转局面，然后组间竞争，对组内制订的方案进行修正。

【实训考核】

每位学生提交一份有关此次创新实训的心得，教师根据提交的心得评定成绩。

参考文献

1. 周三多. 管理学[M]. 5 版. 北京:高等教育出版社,2018.

2. 李培林,杜智勇,李益民. 管理学[M]. 北京:北京大学出版社,2017.

3. 邢以群. 管理学[M]. 5 版. 杭州:浙江大学出版社,2019.

4. 程国平,罗玲. 管理学原理[M]. 4 版. 武汉:武汉理工大学出版社,2019.

5. 焦叔斌,杨文士. 管理学[M]. 5 版. 北京:中国人民大学出版社,2019.

6. 马淑文,古家军. 管理学[M]. 杭州:浙江工商大学出版社,2016.

7. 肖智润,郝皓. 管理学[M]. 北京:清华大学出版社,2021.

8. 王凤彬,李东. 管理学[M]. 6 版. 北京:中国人民大学出版社,2021.

9. 席佳蓓,张美文,程艳新. 管理学[M]. 南京:东南大学出版社,2013.

10. 郝云宏,向荣. 管理学[M]. 北京:机械工业出版社,2013.

11. 张金成. 管理学基础[M]. 2 版. 北京:人民邮电出版社,2015.

12. 邹非,王菁. 管理学基础[M]. 4 版. 厦门:厦门大学出版社,2017.

13. 游天嘉. 管理学[M]. 上海:上海交通大学出版社,2017.

14. 陈耀. 管理学[M]. 北京:高等教育出版社,2014.

15. 杨洁,孙玉娟. 管理学[M]. 2 版. 北京:中国社会科学出版社,2016.

16. 王作军. 管理学理论与实务[M]. 重庆:西南师范大学出版社,2016.

17. 林志扬,陈福添,木志荣. 管理学原理[M]. 5 版. 厦门:厦门大学出版社,2018.

18. 王文周. 管理学(微课版)[M]. 北京:北京师范大学出版社,2021.

19. 韩瑞. 管理学原理(国际思考 · 本地行动 · 中国案例)[M]. 北京:中国市场出版社,2013.

20. 周文坤. 管理学[M]. 上海:上海人民出版社,2013.

21. [美]斯蒂芬 · 罗宾斯,玛丽 · 库尔特. 管理学[M]. 15 版. 北京:中国人民大学出版社,2022.

22. [美]海因茨 · 韦里克, 马克 · V · 坎尼斯,哈罗德 · 孔茨. 管理学:全球化、创新与创业视角[M]. 14 版. 北京:经济科学出版社,2015.

23. 周三多,陈传明,刘子馨,贾良定. 管理学——原理与方法[M].7 版. 上海:复旦大学出版社,2018.

24.《管理学》编写组. 管理学[M]. 北京:高等教育出版社,2019.

25. [美]彼得 · 德鲁克. 管理的实践[M]. 北京:机械工业出版社,2018.

26. 杨学儒,董保宝,叶文平. 管理学研究方法与论文写作[M]. 北京:机械工业出版社,2018.

27. 单凤儒. 管理学基础[M].7 版. 北京:高等教育出版社,2021.

28. 单凤儒. 管理学基础实训教程[M].7 版. 北京:高等教育出版社,2021.

29. 兰炜,康银瑞,程青玥. 管理学基础[M]. 北京:清华大学出版社,2015.

30. 冯国珍. 管理学习题与案例[M].3 版. 上海:复旦大学出版社,2018.